民事审判争点归纳

技术分析与综合运用

MINSHI SHENPAN ZHENGDIAN GUINA

JISHU FENXI YU ZONGHE YUNYONG

黄 湧◇著

法律出版社 LAW PRESS · CHINA

作者简介

黄湧　厦门市集美区法院法官，全国审判业务专家，厦门大学法律硕士。近年来，以“争点归纳技术研究”为主题在《人民司法》《法律适用》《民事审判指导与参考》《判解研究》等刊物发表论文若干，成为民事审判的爱好者已20余载并尊此为业。

第二版序言

《民事审判争点归纳:技术分析与综合运用》出版以来,我陆续收到许多业界同仁与读者朋友的意见和建议,对于所有的支持理解,我表示由衷感谢,有人关注自己的作品实在是件令人高兴的事,一切的批判指正,我都虚心接受。

第二版的内容,除了修正一些误写之外,相较第一版内容,主要有以下不同:

1. 我增写了第十一章的内容,对解决“漂流审”问题做了一些思考,提出自己不成熟的解决方案,并草拟《民事案件准备庭操作规程(建议稿)》(见附录F),供大家参考。

2. 顺应形势,我增加了一些可视化的内容,于附录C中加入可供观摩“后置式争点归纳技术运用”的庭审视频(该起案件由我主审),此部分内容可与本书第九章配合阅读。

3. 在一些章节增加参考案例,适度增强本书实践性。

最后,对所有读者的肯定与批判,对法律出版社李群编辑、陈昱希编辑的悉心支持,再次表示感谢!

加印说明

2023年《民事诉讼法》修改，条文序号发生了变动，本次加印对相关法律条文的序号等进行了调整。

2023年10月

序　言

写作这本书的渊源应当追溯到十几年前，那时我在厦门市集美区人民法院担任民事法官，在复杂案件的审判中，最让我忧心的有两件事：一是害怕处理繁杂的诉讼材料，二是不愿意面对诉讼对抗的凌乱，我常为"一场庭下来昏了头"的现象而懊恼。当时我就在琢磨，能不能寻到一种招简功深的技法，能将纷乱的案件材料串联起来。这种需求很迫切，催促着我反反复复地思索。

2005年，我参加福建省法院系统的学术讨论会，看到了宁德市中级人民法院余梓安法官写的《民事诉讼中驾驭庭审能力问题初探》一文提到的争点归纳方法，脑海中忽然有了一个想法，法官只要找准案件的争议焦点，形成争点线索，或许就可以很好地捋顺一个案件。但复杂的案件中，争议焦点如珍珠般散落在杂乱的证据材料沙砾中，如何识别，又如何串线，存在很大的未知数。

拿定主意去做这项研究，我开始收集相关的资料。我国台湾地区学者邱联恭老师的专著《争点整理方法论》是我收集到的最有价值的资料，这本书详细介绍了争点整理的目的意义、方法程序，让我受益丰厚。大陆学者赵泽君教授于2010年出版的专著《民事争点整理程序研究——以我国审前准备程序的现状与改革为背景》也给了我很多的启发。我在资料收集中发现，学界目前虽有围绕争点整理进行研究的著述,如陈桂明教授撰写的《审前准备程序设计中的几对关系问题》(载《政法论坛》2004年第4期);齐树洁教授主编的《民事审前程序新论》中设“争点整理”专章(厦门大学出版社2011年版);胡亚球教授撰写的《民事诉讼制度进化中的争点整理程序》[载《苏州大学学报(哲学社会科学版)》2012年第3期],等等。但学者重点研究的都是审前程序中的争点整理,而我国民事诉讼法中尚未对争点整理程序作出规定,这些研究成果,没有制度设计的配合,在实践中较难得到适用。因此,我在研究中更多地考虑实务需要,将关注的重点放在争点归纳技术,而非争点整理程序上。本书所研究的争点归纳技术,可以适用于审前程序中,也可以适用于之后的审判程序中,具有较强的实践性。

为了避免研究的盲目性,在定题之前,我重点考察了法官对争点归纳工作的实证操作情况。我们成立了课题组,做了一项调研,对我所在区法院100件存在二次以上开庭的复杂民商事案件进行调查,发现实践中的问题主要体现在:民事法官往往在庭审中被表面的问题(如证据细节)过多地分散了注意力,未有效地将关注点落在争点问题上,他们都知晓庭审中存在争议焦点归纳环节,但对争点归纳技术的掌握却比较生疏,不大了解争点是如何形成的,争点由什么构成,争点如何变动,如何应对争点的模糊性等问题,缺少指导争点归纳工作的一般法则。

之后,我围绕争点归纳这一问题点,开展了研究工作,研究一直是在办案等工作之余零零散散进行的,阶段性的研究成果陆陆续续发表在《人民司法》《法律适用》《民事审判指导与参考》《判解研究》等刊物上，也被“天同诉讼圈”等微信公众号转载。本书是对这些阶段性研究的一次整理，试图将它们规整得更加体系化；同时在整理的过程中，也不断地产生新的思考，迸发出新的想法，我决心把这本书写得更有普遍意义一些，可供法官、律师们在工作中借鉴，又能对学者研究我国司法实态、学生了解法官的思维模式有所助益。这是我写作本书的初衷。

关于本书的研究方法，我想着重谈以下几个方面：

1. 本书中，我试图避免将司法之过程描述成一个机械的过程（如三段论的演绎推理），我会努力揭示一些多元的层面，描绘一个立体的法官是如何面对争点的杂乱性、模糊性、变动性等问题的。我始终认为，在司法中，法官是“活”性的，他（她）应当根据对当事人实体利益与程序利益的权衡，尊重当事人的意愿来决定诉讼的进程，成为一个更加有温度的法官。

2. 在研究中，我特别注重分析可行性（如制度制约、法官接受的心理、当事人配合度）。“好的设计的美感在于适切性，在于为所获得的东西付出最少的努力”，[1]在为法官同仁们提供技术支持时，我们应时刻考虑技术的安排是为所获得的东西付出最小的努力还是增加了麻烦。我们要防止以过度简化的方式去面对复杂的诉讼，以固定的模式去套取诉讼世界。须知，盲目追求“招简功深”，有时会让自己落入陷阱。

3. 关于本书的写作态度。我始终带着质疑来看待自己写作的内容，我认识到，文中的每一部分的作用都是有限的，例如，追

〔1〕［美］布莱恩·阿瑟：《技术的本质》，曹东溟、王健译，浙江人民出版社2014年版，第85页。

求争点的位序合理的技术会受到争点繁杂性的限制,允许争点变动特别是诉讼标的争点的变动会遭遇诉的恒定理论的抵牾,法官在采用争点释明技术时可能会撞上审判中立与审判效率这面墙,争点协商技术的运用可能有悖于诉讼对抗的本质,只有承认这种有限性,在充分考虑限制条件的情况下去探讨技术的设计与运用,才是较为科学的态度。

我很赞赏纳西姆·尼古拉斯·塔勒布说的一句话,"我对我所说的负责……如果我错了,那么首先受到伤害的是我自己"。[1] 在本书中,我采用的案例很大比例是我自己办过的案件(当然,为了讨论的需要,我有时会将多案中遇到的问题集中到一个案件中)。我认为,个人经验是一个人观点的真实性和真诚性的背书,自己不办案,只进行所谓的"观察性研究",很容易受到"过滤性选择"的影响,这是很危险的。真正来自现实、长久积淀的想法才是可以接受的。要成为一名成熟的法官作者,最好一开始就成为一名法官,而不是从未办案的研究者。

4. 关于如何阅读本书。我觉得你可以把它当作一道"流水席"来品味,最好能够按文章的编排顺序来阅读。第一至六章,主要工作是厘清争点归纳的基本技术规范,具体包括了争点归纳技术概述(第一章)、争点归纳的位序性技术(第二章)、争点的变动性之应对技术(第三章)、争点释明技术(第四、五章)与争点协商技术(第六章)四项技术,其中,关于释明技术的运用分就事实争点与证明标准争点各设一章。对第二至六章的排序,是基于以下

〔1〕 [美]纳西姆·尼古拉斯·塔勒布:《反脆弱——从不确定性中获益》,雨珂译,中信出版社 2014 年版,第 XXVI 页。

考虑:争点归纳的位序性技术涉及诉讼标的争点、法律争点、事实与证据争点之间的位序关系,与第一章承接得较为紧密,将其设于第一章(介绍争点的种类、特点)之后,便利读者从宏观的角度去审视各种类型的争点之间的关系。第三至六章编排的线索是,第三章讨论的重点是诉讼标的争点变动,第四章、第五章则分别讨论事实争点与证据争点的释明,诉讼标的争点—事实争点—证据争点,符合法律关系—要件事实—证据的思考逻辑。第六章的争点协商技术,主要建立于各类争点已得到归纳的基础上,将其安排在第五章之后,较为顺理成章。

第七至十章将前面介绍的技术融会到一起,研究争点归纳在审判流程中的全程性与阶段个性特点,探索以争点为线索的前置型、后置型两种庭审模式,研究争点中心型判决书撰写模式,试图将争点归纳技术运用于审判的各个场域。如果说,第一至六章是为了“流水席”做各种食材准备的话,第七至十章则将审判流程、庭审设计、判决书撰写等大餐端给在座的诸君。

在各章的撰写中,我在文头均设计了一个“诉讼人参与”的困惑环节。民事审判一事,参与者涉及法官、律师与当事人,在文章中这些困惑的场景里,我虚构了两位人物:法官阿正、律师阿争。我试图通过他们,从不同的视角去看待争点问题,凸显出争点问题对各诉讼主体的重要性与独特性;我尝试将争点的归纳技术设为若干进阶,一个章节一个章节地呈现法官阿正与律师阿争的成长过程,有利于法官与律师有计划地学习如何运用争点技术。

同时,为了使读者能更加直观地从案例中理解、掌握本书的各项技术内容,我将全书所引用的案例按序进行编号,并在附录

A 中将案例号与对应的技术内容进行列示,方便读者查阅。在附录 B 中,我将自己承办案件的庭审(与前文对应,分“前置型”与“后置型”争点归纳的两种模式)摘要整理出来。在附录 C 和附录 D 中,我附上相关庭审视频和自己撰写的三份争点中心型判决书(文书的写作各有侧重),庭审粗糙,文书简陋,无意炫耀,只是希望能便于您有所对照,从而直观、便捷地了解全书内容。

好吧,这本书就交到您的手里了。

目　录 CONTENTS

上篇 争点归纳的技术分析

目　录

下　篇
争点归纳技术的综合运用

上篇

争点归纳的技术分析

第一章

争点归纳技术概述

本章我们将界定什么是争点，争点有哪些特性，什么是争点归纳技术，然后讨论争点归纳技术的研究能为我们带来什么收获，它与目前的其他审判方法有什么不同之处？

［法官的困惑］

阿正是一名初任民事法官，最近审理了一件原告 A 起诉被告 B 公司及该公司驾驶员 C 的机动车交通事故责任纠纷案件。在书记员送达应诉材料后，被告迟迟未提交书面的答辩意见。为了审理好案件，阿正可没少花时间准备，细细审查原告的诉状，搜索了相关法条，并找来了侵权责任法的相关论著，阅读了涉及机动车交通事故责任与用人单位责任等相关章节，掌握涉及本案的法律要件。庭前的学习，似乎让阿正信心满满。开庭那天，在原告发表起诉意见后，之前讳莫如深的被告 B 公司的代理人突然倾倒出以下答辩意见：(1) 涉案车辆是被告 B 公司向 D 公司借用，车辆所有人为 D 公司，故本案的被告不适格；(2) C 当日驾车系公车私用，不是职务行为，故 B 公司不担责；(3) C 因避让违规驾驶的一辆公交车而撞伤原告，行为属于紧急避险，故二被告均不担责；(4) 原告起诉时已超过诉讼时效，应驳回其诉讼请求；(5) 即便被告有责任，原告违反交通规则横穿公路，自身具有过错，应减轻被告责任。面对突然袭来的抗辩意见，阿正法官有点蒙了头。

是否需要去理顺一下争议点？这个案件的争议点看起来有那么多，其中哪些争议点对于审判是有价值的？能否对它们进行分类？它们之间又有何联系呢？

第一节　什么是争点与争点归纳技术

一、争点是什么

根据舒国滢先生的研究，“争点”一词来自希腊文 στάσι(stasis)，拉丁文写作 status 或 constitutio，德语为 strittige Punkten，英语译作 Issue，本义是指拳击手攻击对手时“站立的位置”，后来可能被转用于法庭辩论中，指控辩的双方必须首先要找到司法辩论的着眼点（起点）。在这个意义上，“争点”指的就是“争论的起点”。[1]

从汉语词源上看，在《说文解字》中，“争”字在篆文中是“爭”，很形象地由“爪”+“又”+“丿”构成，指事符号代表双手抓抢同一物品，造字本义是竞相抢夺。顾名思义，争点就是人们争论的要点。

在我们每个人与他人交往的过程中，争执无所不在，买卖双方在合同订立的过程中会对相关条款的设定产生分歧，公司董事在重大决策的过程中会形成不同立场，夫妻双方对孩子的教育上

---

[1] 舒国滢：《“争点论”探赜》，载《政法论坛》2012 年第 2 期。

会持不同教育观点……在这个世界上,如果没有争执,我们将认为自己的主张始终是合理的,井底之蛙将囿于自己的错误中,危险、荒谬的主张将流行于世,这无疑是可怕的。真理越辩越明,但问题在于,人类在辩论中容易受情绪所左右,注意力也难以持续集中,容易出现焦点涣散、概念转移、自说自话等错误。由此,研究如何准确地把握问题的核心并一以贯之地展开论证,对我们来说就显得极为重要。在某种意义上,正确地提出问题往往比解决问题还重要,而争点,恰恰是问题的核心。

那么,什么是民事诉讼法上的争点呢?在提交诉讼前,人们有一个朴素的争议,这是固有的,它往往先于法律而存在,但一旦它变成诉讼请求,就必然被人脑强加的概念所约束。此时,争点就不再是固有的,而是因人们制定的法律制度所生成的,这是民事诉讼法上的争点与诉讼前的争点的不同之处。

对于争点,民事诉讼法理论界有三种不同的解释,狭义的解释是争点仅指事实争议的焦点,如有学者认为:"争点是这样一种事实,当事人双方围绕其真伪或存在与否持有完全相左的主张,处于争执不下的状态。"〔1〕较为宽泛的解释认为:"当事人之间的争议往往表现为事实争议,这就是事实争点。法律处理上的争议则属于法律争点。诉讼争点是由事实争点和法律争点构成

〔1〕 齐树洁:《构建我国民事审前程序的思考》,载《厦门大学学报(哲学社会科学版)》2003年第1期。转引自李祖军:《契合与超越——民事诉讼若干理论与实践》,厦门大学出版社2007年版,第386页。

的。”[1]最广义的争点概念则认为,争点之范围涵盖了当事人在诉讼标的、法律适用、事实与证据上的争执焦点,各争点间并呈相互关联状态。[2] 在司法实务中,争点被称为“争议焦点”,指的是诉讼当事人希望法院裁决的有实质性争议的事项,这里之所以强调实质性争议,主要是为了避免将案件细枝末节上的争议和与案件处理结果无关的争议纳入争点,导致案件审判的效率低下。笔者认为,法官裁判案件必须完成确定请求权基础、分析法律要件、认定案件事实、审查涉案证据等诸项工作,以此为切入点,争点亦应涵括以上诸范畴。因此,本书在论述中,除特别声明,争点之范围包括了诉讼标的争点、法律争点、事实争点与证据争点等项。[3]

综上,本书所述之争点,应指当事人间在诉讼标的、法律适用、事实、证据以及一些程序事项等方面具有实质意义的争议焦点。对程序争点这部分的内容,较为琐碎,本书除在第七章就争点归纳的全程性讨论中对此有所涉及外,不再作专门的论述。

二、争点的几个组成部分

如上所述,争点涵括了诉讼标的争点、法律争点、事实争点与证据争点等方面。

---

[1] 陈桂明:《审前准备程序设计中的几对关系问题》,载《政法论坛》2004 年第 4 期。转引自李祖军:《契合与超越——民事诉讼若干理论与实践》,厦门大学出版社 2007 年版,第 386 页。

[2] 邱联恭:《争点整理方法论》,台北,三民书局 2001 年版,第 79 页。

[3] 对此,《最高人民法院关于适用〈中华人民共和国民事诉讼法〉的解释》第二百二十八条已规定,法庭审理应当围绕当事人争议的事实、证据和法律适用等焦点问题进行,可兹参照。

(一)诉讼标的争点

根据我国民事诉讼法学界传统观点,诉讼标的是指双方当事人之间发生争议而请求人民法院裁判的实体权利义务关系。[1]

关于诉讼标的争点,在定义上有广义与狭义之分。

广义的诉讼标的争点是指围绕当事人所主张的实体法上的权利(请求权基础)是否正当而产生的争议,它在内容上等同于诉讼标的,区别在于语气形式不同,诉讼标的采用的是陈述句语气,而诉讼标的争点采用的是疑问句语气,如A以《民法典》[2]第一千一百九十一条第一款作为请求权基础,诉B赔偿损失,本案的诉讼标的为"用人单位责任纠纷",而本案的诉讼标的争点则为"A以《民法典》第一千一百九十一条第一款作为请求权基础是否正当",在这种定义下,诉讼标的争点存在于每一个诉讼案件之中。

狭义的诉讼标的争点是指当事人间就诉讼标的的确定(亦即审判对象与范围的确定,涉案的法律关系为何)而产生的争议。在这种定义下,诉讼标的争点一般会出现在两种情形下:一种情形呈静态,即当事人对这个案件属于何种法律关系(或请求权基础)有不同的理解,由此产生该案究竟属于何种法律关系(或请求权基础)的争议(如原告主张本案是买卖合同关系,而被告主张本案是承揽合同关系);或原告所主张的请求权基础出现竞合时,就如何固定请求权基础而产生的争议。另一种情形呈动态,在案件

[1] 此系旧诉讼标的说的观点,本书中所述的诉讼标的,均采此观点。

[2] 为便于阅读,除案例判决书外,本书的法律名称均使用简称。

审理的过程中,原告有可能对法律关系(或请求权基础)作出调整,如变更或增加,而对方当事人可能对此有不同的认识,由此导致争议的发生;或原告主张的请求权基础不当,因法官释明建议原告变更请求权基础而产生的争议。

对诉讼标的争点,本书采广义的理解,民事诉讼起于争议,终于争议的解决,这其中最大、最上位的争点,应当是当事人所主张的实体法上的权利能否得到法院支持,将这个问题作为“诉讼标的争点”这一概念的内涵,能反映出诉讼的本质,其有一定的科学性。

有人质疑,为何要在“诉讼标的”概念之外再造“诉讼标的争点”概念,有何实益? 笔者认为,任何一个概念,应反映其意欲建构的目标理论的特有属性,以达到储藏特定价值的目的。民事诉讼的目的在于争议的解决。“诉讼标的争点”概念是为实现争议解决这一目标理论而拟制的。“诉讼标的争点”将“诉讼标的”以一种争点的形态反映出来,为当事人树立了一个开展诉讼攻防的“目标靶”,有利于突出诉讼的对抗性,通过对抗以实现事实与法律的查明,具有诉讼法上的实益。

(二)法律争点

法谚有云:“你(当事人)给我(法官)事实,我给你法律(权利)。”传统的诉讼法学说认为,适用法律属于法官专属的权利,不依赖于当事人的看法,当事人的相关论争对法官不产生约束力,故不存在法律争点一说。但随着诉讼民主的进步,诉讼观念已发生变化,法律问题在现代越来越成为一个开放性的问题,法官不应对自己持有的法律观点保持缄默,法官对当事人负有法律观点的开示义务,法律的解释结论应在当事人间、当事人与法官间通过对话而达成,法律争点也随之出现。

从生成原因上分析,法律争点可能因各方对法律规范中模糊语义持不同解释、对法律规范中的法律漏洞持不同的填补意见、对法律规范间的冲突或对法律是否生效持不同认识等原因而产生。在内涵上,我们可将法律争点指称为涉及法律规范内容的解释与填补、法条冲突的选择、法律效力的确定等方面的争点。广义上,法律争点包括合同纠纷案件中涉及合同内容的解释与填补、合同条款冲突的选择、合同效力的确定等方面的争点,甚至还可能包括经验法则的理解问题,这些均可归入法律争点的范畴。在三段论推理中,法律争点属于大前提的内容,对法律争点的科学归纳与解决必须以熟练掌握法律(合同)解释方法为前提,法律(合同)解释方法的运用在此渗入民事诉讼之中。

最有代表性的法律争点,是涉外民商事纠纷中的准据法确认问题,根据最高人民法院发布的有关准据法的相关文件,在诉辩之后,法官先要对双方争议的准据法予以确定,再进入下一阶段的案件审理。这种规定,是基于涉外案件中不同国家的法律规定差别较大,不进行准据法确定就无法进行案件审理的特性而做出的。在一般的民事案件中,虽然无此种较为极端的问题存在,但法律争点的确定与解决,仍有其必要性,能防止案件的审理面过于宽泛。

(三)事实争点

事实争点指的是根据法条的构成要件所归纳的待证事实方

面的争点,也就是事实的实质争议点。日本司法研修所对要件事实的经典定义是,“实体法权利的发生、妨碍、消灭等法律效果是否产生,与是否存在相应的具体事实紧密相关,这些事实就被称为要件事实”。[1] 根据这个定义,要件事实并不是呈现于案件审理过程中的全部事实,只是其中该当于实体法法律要件要素的事实。在案件的审判中,法官往往需要从纷繁的生活事实中先整理出要件事实,但他(她)不能止步于此,在具体的纷争中,当事人对某些要件事实可能并不存在争议,其争议往往特定于某项或某几项要件事实上。为了顺利地完成对事实的判断,法官就必须在所有的要件事实中确定本案裁判中具有关键性作用的事实争点,这些距离当事人之间的争议最近的事实,是案件中最核心的事实。生活事实→要件事实→事实争点,法官对案件事实的层层聚焦,能有效避免其对无关事实进行发现,从而能节约司法资源。

在确定事实争点时,法官们最常犯的错误是失于笼统,难以对其准确地特定化、适当地具体化,笔者曾见一笼统归纳的极端情况,在某起侵权案件中,主审法官直接将“原告诉请被告赔偿是否有依据”列为争点,这种做法根本无法起到聚焦案件审判要点的作用。实践中,常见的笼统归纳的情形主要是将“评价性事实”列为事实争点,根据学者的介绍,实体法法律要件按照其记载内容的抽象度不同可分为事实性要件和评价性要件,“前者是指该要件系以某一特定的社会事实为原型,在社会一般观念中具有相同的或类似的印象,诉讼中可将该要件内容作为事实问题处理的

---

〔1〕 许可:《民事审判方法——要件事实引论》,法律出版社2009年版,第40页。

法律要件”，分析当事人对这些要件的诉辩意见，我们可以归纳出事实争点；“后者则是该要件内容并非以某一特定社会事实为原型，而是对各种社会事实进行推断而得出的一种价值判断，在社会一般观念中并不具有相同或类似的印象，诉讼中不可直接作为事实问题加以处理的法律要件”，[1] 如民事实体法中规定的重大误解、显失公平、善意取得、表见代理、故意、过失等，这些要件不应当被归纳为事实争点。试举一例，在一起买卖合同纠纷案件中，“要约是否成立”，即不应被归纳为事实争点，因为“要约”并不以某一特定的社会事实为原型，其具有评价属性，而“被告 5 月 1 日向原告提出愿以价金 5000 元出售某型号小天鹅洗衣机一台，并称可于 5 月 4 日交付”的事实则是“要约”的基础事实，此项事实是否存在，可以作为案件的事实争点。至于这项事实可否被认定为“要约”，则属于对评价性概念的解释问题，如有争议，应属于下文所讨论的法律争点问题。

能否准确归纳事实争点，核心在于如何确定特定化、具体化的标准。诉讼中的要件事实大体上可分为人的行为和事件两类，一般来说，人的行为包括行为主体、行为客体、行为内容以及行为时间等要素，事件则包含事件内容以及时间等要素，法官在归纳事实争点时，应充分考虑以上要素，将它们涵括进去，具备上述要素的要件事实一般能满足具体性和特定性的要求。另外，在具体化的工作中，还应当考虑诉讼中的多重因素，比如，该事实举证的难易程度，以及是否能够为当事人和社会普通民众所理解。例

---

[1] 许可：《民事审判方法——要件事实引论》，法律出版社 2009 年版，第 25 页。

如,在一起人身损害赔偿案件中,若将“被告是否有过错”列为事实争点,则不具备特定化与具体性,“被告是否有过错”是一项抽象的评价性事实,一方面,当事人难以对此举证;另一方面,也难以为当事人所理解。而若以“被告(行为主体)在驾车时(行为时间)是否明显超速(行为内容)”作为事实争点(证明被告存在过错),则具有特定性与具体性。

实践中,对事实争点进行归纳的另一大困难在于,请求权基础所涉及的法条有很多是不完全性法条,需补充性法条来进行补充;或虽为完全性法条,但仍需其他法条来补充。此时,需要法官从“法条群”中去提炼要件事实,进而围绕要件事实从诉辩对抗中去寻找事实争点,这需要法官对法律体系掌握得娴熟,并有较高的逻辑能力,对法官提出了很高的挑战。审判实践中,法官的思考轨迹常常是从一法条跳跃到另一法条,对应的要件事实往往是逐层呈现的,所以争点归纳也是逐步深入的,很难一次性到位。〔1〕

除具体性特点外,事实争点还具有并存性特点,如在一起人身损害赔偿案件中,要件事实争点可能包括“被告在驾车时是否明显超速”“超速行驶与原告伤情之间是否有因果关系”“损害赔偿额中医疗费如何计算”等数项,各争点间还可能存在一定的位序性(详见第二章对争点位序性技术的讨论),这也需要引起我们的重视。

(四)法律争点与事实争点的区别

行文至此,我们必须对法律争点与事实争点做一下区分。这

〔1〕 关于要件事实的提炼,参见许可:《民事审判方法——要件事实引论》,法律出版社 2009 年版,第五章“要件事实的检索方法”。

二者的混淆,在审判实务中较为常见。一些法官望文生义地将法律争点理解为“法律要件上的争点”,将一些事实争点也看成法律争点,将事实问题与法律问题混为一谈,导致案件审理的脉络混乱、线条不清。

应当认识到,法律争点与事实争点是不同层面之问题,前者是抽象面,涉及法规范的评价,揭示的是实体法规范的解释争议;后者是具体面,涉及事实的认定,揭示的是对案件事实的争议。如在一起宾馆人身损害赔偿案件中,“是否有张贴安全提示”是一事实争点,而“未放置安全提示”是否可解释为《消费者权益保护法》第十八条第二款规定的未“尽到安全保障义务”则是法律争点,涉及对“宾馆未尽安全保障义务”的法律解释问题。又如,在一起案件中,对于“是否已超过诉讼时效”,抽象面的法律争点可能是“被告通过电子邮件通知的行为是否可构成诉讼时效的中断”,而具体面的事实争点可能是“原告是否已将电子邮件发送到了被告的邮箱”。简言之,事实争点来自对法条内容的分析,它的“母体”是实体法法律要件,但它不是对法律条文的解释争议,它只是在解释之后,在法律条文内容的事件化过程中产生的争议。

区分法律争点与事实争点的实益在于,我们可以根据争点类型的不同,有针对性地予以应对。司法实务中,对于法律争点,我们主要运用传统的法律解释学理论予以解决,而对于事实争点,我们则主要运用证据学理论去处理,二者的解决路径,是泾渭分明的。准确地对法律争点与事实争点进行区分,有益于问题的分类,提升审判的逻辑性与清晰度。

在司法实务中,很多案件可能同时涉及法律争点与事实争点,优先选择解决哪一类争点,可能导致不同的审判路径。这种选择余地的存在,为法官们拓宽了解决难题的视野,提供了更多的解纷渠道。根据笔者的观察,在法官中有侧重于适用实体法解决问题与侧重于适用程序法解决问题的两种类型。前者更加注重法律争点问题,在研究上较侧重于类型化分析与抽象的思考,后者较注重事实争点与证据争点问题,在研究上侧重于具体化分析,很多的经验型法官即属于此类。

(五)证据争点

证据争点,包括证据关联性、合法性、真实性方面的争点,举证责任分配上的争点,证明标准问题上的争点。在证据争点中,既可能存在法律问题(如证据合法性、关联性的认定,结果意义上的证明责任分配,本证是否达到证明标准,是否导致行为意义上的举证责任发生转移问题等),也可能存在事实问题(如证据真实性、证明力判断中"证人与一方当事人是不是亲属关系"等),但由于它们均与证据相关,故提炼出证据争点概念,有利于突出证据环节中存在的争议问题。

证据争点整理的工作任务大致有三项:一是"判断有无审核该项证据之必要性"〔1〕;二是对有争议的事实进行举证责任分配规范的阐明;三是在具体案件中,通过释明证据"三性"(真实性、合法性、关联性)中何为有效率的争点,指导举证、质证行为。正确的证据争点整理,可明确当事人举证、质证的方向与责任,防止

〔1〕 邱联恭:《争点整理方法论》,台北,三民书局2001年版,第56页。

裁判突袭。

对于证据争点是否值得在案件审理的过程中进行详细地归纳,实践中是有异议的。有观点认为,证据争点往往失于琐碎,要避免过分归纳,防止因此导致审理、判决的冗长。

笔者认为,在证据争点归纳上,可重点考虑证据“三性”的判断、举证责任的分配、证明标准的释明三方面内容,仅将对要件事实的认定有重大意义的证据纳入争点的范围。在证据争点归纳中,要关注要点,适时地忽略细节(如一些间接证据争点)。尤其要注意在判决书中不宜过分详细地记载、分析证据争点,防止判决书过于冗长、繁复。

关于证据争点的解决,基于有关证据资料真实性的审查问题已是传统证据法学教科书及相关著述的重要内容,又由于本书侧重于围绕争点的特性来研究裁判方法问题(研究焦点集中于争点的逻辑结构、变动、位序、释明等问题),所以对审核证据资料真实性的要求和方法,不再赘述。仅就证明标准争点的释明问题,于第五章予以讨论。

(六)程序争点

所谓程序争点,是指在案件审理的过程中,当事人之间、当事人与法官之间因程序问题而产生的具有实质性内容的争执。程序性事项争点内容较广,涉及诉之合法性争点、申请回避、申请保全等诉讼程序进行过程中产生的争点。笔者认为,程序争点与上述争点的分类标准是不一致的,程序争点既可能为法律争点,也可能为事实争点,还可能是证据争点。在案件的审理过程中,程序争点可能具有先位性，应当优先考虑，故有讨论的必要性，对此，本书在争点整理的全程性部分，将会述及。但单纯就争点的类型来说，其不宜与上述争点并列提出。

三、争点之间的逻辑关系

依以上概念界定来进行实务操作，产生的问题是，对于一则具体案件的审理，应从何处入手进行争点整理工作，这涉及争点间逻辑关系的把握。

在一个法律人的眼中，世界莫不由“权利与义务”构成。立法者是通过权利义务这一工具，将民法上的利益进行分配。对审判者而言，在审理具体案件时，首要任务是对案件的性质进行确定，只有在对案件的法律关系作出正确判断后，才能进一步把握立法对权利义务分配的要旨，据以正确司法，此即学者们通常所说的民事法律关系的裁判方法。依我国民事诉讼法学界传统观点，将诉讼标的理解为双方当事人发生争议而请求人民法院作裁判的实体权利义务关系。故将民事法律关系的裁判方法运用于案件的争点归纳上，我们的归纳工作首先应围绕诉讼标的争点展开。逻辑上，诉讼标的争点对于其后各争点而言，是最上位争点，诉讼标的确定，我们才能发现可能蕴含于其中的法律争点；诉讼标的确定，我们才能将要件事实整理出来，进一步发现事实争点；而只有事实争点得到确定，证据争点才能呈现出来。在以上各争点中，诉讼标的争点、法律争点属于实体法范畴，证据争点属于程序法范畴，事实争点则是联系实体法与程序法的桥梁。各争点之间的关系可见图1－1：

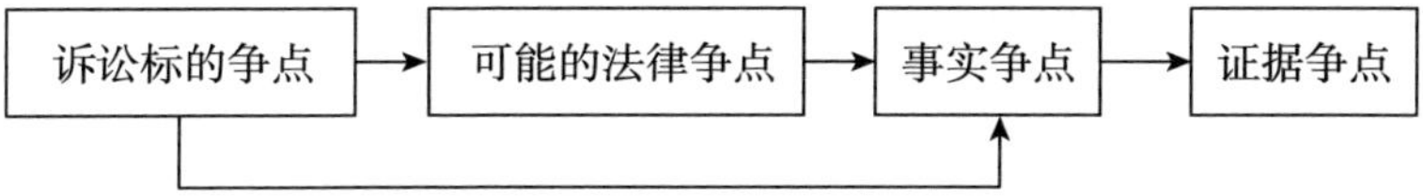

图1－1　各类型争点关系

【案例1】　A乘B公司之司机驾驶之公交车,途经崎岖道路时B采取紧急制动,此时A在车上与朋友嬉闹未注意,故在紧急制动中摔伤,A起诉B,要求赔偿损失。依民事法律关系的裁判方法,法官首先应确定本案的诉讼标的争点为“客运合同法律关系是否正当”或“侵权人身损害赔偿法律关系是否正当”(在确定广义的诉讼标的争点时,首先需解决一个狭义的诉讼标的争点问题)。若原告选择以“侵权人身损害赔偿法律关系是否正当”作为诉讼标的争点(广义的诉讼标的争点得到确定),原告、被告争执的“原告在车上与朋友嬉闹的行为是属于被害人具有重大过失还是一般过失”,即成为本案的法律争点;诉讼标的争点确定后,法官可进一步通过对该项法律关系的权利义务内容进行梳理,根据原告、被告的诉辩,以确定案件的事实争点,结合案情,本案事实争点可能为肇事车辆在事故发生时点的速度、被告司机是否在事故发生时点接听手机等内容,而对此项事实争点的正确判断,有赖于交警部门测量的制动车距的数据真实、程序合法,有较于对同车证人的证词(证明司机有接听手机)、原告从电信部门调取的通话记录等证据的真实性等一系列证据争点的分析、认定。以上诸项,必经层层剥离,又经层层组合,才能得出科学的法律结论。

必须说明的是,以上的思维过程所反映的各争点间的逻辑关系,仅是一种常态,实践中的情况,并非如此单纯。考察实践中法官们的思维,有时是在事实与法律间进行“来回穿梭的观察”,[1]一方面,法官们可能从案件的要件事实去探寻事实争点与证据争点;另一方面,他(她)们又须从展现出来的事实争点与证据争点中重新去检讨已整理出来的要件事实,之后,再返回去解决新的事实与证据争点问题。在一些特殊的情况下,随着事实争点、证据争点与法律争点的变化,甚至会引起诉讼标的争点的变动(详情可参见本书第三章),这里所涉及的是一种相互阐明的思考过程。因此,在“诉讼标的争点—法律争点—事实争点—证据争点”渐次展现的逻辑背后,各争点间亦存在一种相互渗透、相互补充、相互影响的关系。[2]

关于以上争点之间的位序性问题,详见本书第二章的分析。

四、争点的特性

在复杂的民事诉讼中,争点具有多样性、变动性、模糊性、私权性等特征。

(一)争点具有多样性

其体现在以下层面:

1. 在时间维度上,不同的诉讼阶段,争执的事项可能不一。在立案审查阶段,争执点可能在于案件的管辖问题。在诉讼保全

〔1〕 王泽鉴:《法律思维与民法实例——请求权基础理论体系》,中国政法大学出版社2001年版,第37页。

〔2〕 相关的论述及其与刑事审判的区别可参见[日]中村宗雄、中村英郎:《诉讼法学方法论——中村民事诉讼理论精要》,陈刚、段文波译,中国法制出版社2009年版,第66~67页。

阶段，争执点可能在于保全之必要性。在庭审过程中，原告宣读诉状后，争执点可能首先体现在诉讼标的是否确定的问题上，而随着诉辩的深入，可能出现法律争点、事实争点，至于证据上的争点，多在举证、质证阶段呈现出来。

2. 在空间维度上，争点在不同的程序中都可能出现，它可能出现于法院适用实体法审理案件时的诉讼程序中，也可能出现在服务于诉前调解、庭后调解等判决外程序之中。

3. 在内容上，由于社会生活越来越复杂化、价值也呈多元扩散，导致了争执的事项内容的多样化、繁杂化。就诉讼案件而言，不同类型的案件争点可能不一，比如，买卖合同案件，争点可能会集中在产品质量问题上；又如，侵权案件，其争点可能会集中在行为过错的认定上。

（二）争点具有变动性

随着案件审理的进行，之前潜存于当事人间的争点或当事人原来未意识到的争点，可能于该过程中具体凸显，而成为新争点；之前当事人争执的某些内容，可能经过数轮的诉辩、举证质证的筛选后，被发现是“伪争点”；或当事人对之前的争执达成妥协，使争执问题得到解决而从争点队列中被剔除。故而，我们对争点问题不应采取机械静止的态度，而应有机动态地看待。

（三）争点具有模糊性

首先，诉讼标的争点可能是模糊的。在起诉时，当事人可能仅提出概括、笼统的诉讼请求，对原因事实也可能遗漏表述或者表述不清,法官难以据此判明何为本案之诉讼标的。其次,法律争点可能难以直观获得。适用于本案的法条可能为非完全性法条,法官要在体系中寻找补充性法条,还要考虑被告答辩中适用的法条,在这样一个"法条群"中梳理本案之法律规范,必然会导致问题的复杂化,致使法律争点模糊不清。最后,事实争点、证据争点亦可能存在晦暗不明。当事人可能会提出一些语焉不详的事实主张并和盘将所有证据提交给法官,这些繁杂混乱的诉讼资料,非经法官的梳理、解析,无法自动生成当事人的展开诉讼对抗的争执焦点。

(四)争点具有私权性

民事诉讼法主要是确定私权存在与否及其范围的法律。充分尊重当事人的自主意识,是民事诉讼立法蕴含的机理。在争点的处理上,我们应当充分尊重当事人对争点的选择权,同意当事人以协商结果来划定争点之范围,赋予其选择程序以追求程序利益(因争点之整理、简化、限缩所可导致之劳费节省)之机会。

五、争点归纳技术

本书所研究的争点归纳,是指争点归纳主体在民事诉讼中厘清当事人之间的争点及其内容的活动。在这个活动中,使争点及其内容在争执主体间形成。

(一)争点归纳的主体

从我国的立法设计上看,根据《最高人民法院关于适用〈中华人民共和国民事诉讼法〉的解释》第二百二十六条、第二百二十八条的规定,法官是争点归纳的唯一主体,法官的诉讼行为构成了争点归纳的全部内容,对当事人的争点归纳主体资格,司法解释并未予以规定。而在理论界,则有观点认为,当事人在诉辩对抗中自行确定争议焦点,法官只是将这些争点宣示出来,当事人可以协商确定争点来制约法官的争点确定权力。这种观点似乎将争点归纳的主体确定为当事人,法官在其中只起辅助作用。作为两种观念的折中,在我国台湾地区,争点归纳则在法官与当事人协同下进行。[1] 在尊重处分权主义原则下,我国台湾地区的相关规定明文赋予当事人进行争点协商的权利,同时要求法院适时介入,对当事人的争点归纳提供必要的协助,以保障争点整理的科学性。笔者认为,在我国当前民事审判以“案结事了”作为主导目标的价值追求下,早先民事审判方式改革中的当事人主义诉讼模式在一定程度上有向职权主义诉讼模式回归的趋向,在此背景下,对于争点之归纳,法官应为主角,充分发挥其诉讼指挥功能。当然,这不意味着当事人与律师对争点归纳无所作为。一方面,法官在争点归纳工作中,应行使好释明权,充分尊重当事人在程序利益与实体利益保障上的选择权。当事人亦可采用协商的方式来确定无争议事实,划定事实争点、证据争点的范围。另一方面,协助法官开展争点归纳工作也是律师的一项重要职责,高质量的审判是三方甚至多方互动的结果,律师在庭前阅卷、团队讨论、文书起草以及庭审工作中,均应将预判争点、确定攻防步骤、

[1] 邱联恭:《程序选择权论》,台北,三民书局2004年版,第99~117页。

向法官呈明争点作为核心工作,使法官能对己方的诉讼主张作出回应。

(二)争点归纳技术的定义

在技术研究领域,将“技术”定义为“完成目的的一种手段,它可能是一种装置、一种方法或者一个流程”。[1] 依此,所谓的争点归纳技术,即是为了完成争点归纳的目的而采取的一种手段。

在技术研究领域,“目的”“原理”“现象”“效应”是研究工作中应提及的四个重要范畴。笔者试从这四个层面来分析争点归纳技术。

从目的论,如将民事诉讼的目的定位于“解纷”(民事诉讼的“纷争解决说”),民事审判技术就是解决纷争的技术,它可能涉及纷争的定位(如涉及争点归纳技术)、纷争的调和(如涉及调解技术)、纷争的裁断(如涉及判决技术)等诸方面。纷争的事实越辩越明,前提是我们要知道什么是正确的辩点,这才是争点归纳技术所期待解决的问题。在这个意义上,争点归纳技术,属于民事审判技术的一个子域,是纷争调和、裁判的前提,是纷争解决的前置性技术。

从原理论,民事审判的形式逻辑学基础是演绎推理的三段论推理,整个裁判过程可理解为三段论方法的适用过程,故我们也可将争点归纳技术理解为三段论推理这一主技术下的子技术,它有助于形成演绎推理的大、小前提(法律争点对应大前提,事实争

[1] [美]布莱恩·阿瑟:《技术的本质》,曹东溟、王健译,浙江人民出版社2014年版,第28页。

点对应小前提),是辅助演绎推理这一核心集成的一个小系统,其功能在于有效地制造起诉讼攻防。

从现象论,如前文分析,民事诉讼的争点具有多样、变动、模糊、私权等特点,争点归纳技术是从捕捉争点的现象中建构起来的。对应地,它可能包括以下四项技术:对争点归序的技术(解决争点多样性问题);应对争点变动的技术(解决争点变动性问题);对争点释明的技术(解决争点模糊性问题);争点协商的技术(解决争点私权性问题)。本书第二至五章的内容,即围绕争点的特性展开,分别就上述各项技术作出论述,这是本书的脉络所在。争点归纳技术与争点特性间的关系可见图 1-2:

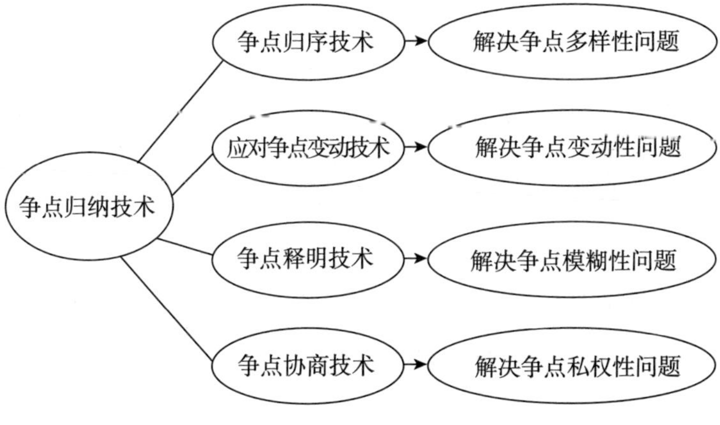

图 1-2　争点归纳技术与争点特性关系

从效应论,每一项技术,都能在核心部分发现它所利用的效应。确定诉讼标的争点、法律争点、事实争点间逻辑关系的技术,是基于大陆法系以制定法调整社会关系这一法律适用模式所必然生成的;处理争点变动的技术,是基于诉讼法世界所处理的对象事实是动态的、不明确的(相较于实体法世界的静态),为了实现民事诉讼法中纠纷一次性解决的目标,而必然采取灵活的应对措施这一效应而生成;争点的释明技术,则是基于尊重当事人在争点形成过程中的主体性、防范裁判突袭这一效应而产生。

六、争点归纳技术与争点整理程序的区别

有学者认为,争点整理程序,“是指为消除纠纷和实现集中审理的目的,在审前程序中法院协助当事人按照一定的顺序和方式所进行的明确和固定诉讼标的、案件事实、证据上和法律上争点的诉讼行为以及由此形成的相互关系的总和”。[1] 我国台湾地区“立法”“司法”实务即以此模式进行争点整理工作。我国大陆因未在民事诉讼程序中严格区分审前程序和庭审程序,亦未采纳案件的集中审理主义,立法中并无实质意义上的争点整理程序。

立法例及学说理论上的争点整理程序,是集中审理主义的产物。何谓集中审理主义?它来自对传统民事诉讼“漂流审”的克服。理论上所说的“漂流审”,指的是这么一种司法状况,即在一次庭审中,法官会通过当事人的举证、质证、辩论来查明一些事实,在该次庭审结束之后,当事人可能会补充法律意见,也可能补充事实、证据(尽管有举证时限制度的规定,但目前实务中执行的弹性很大,该制度基本上呈“空洞化”),而法官也可能发现有些法律问题未厘清,有些事实、证据未查清,于是案件可能再次开庭,

---

〔1〕 赵泽君:《民事争点整理程序研究——以我国审前准备程序的现状与改革为背景》,中国检察出版社2010年版,第33~34页。

案件就这么审审停停，停停审审，每次审理间隔很长，像是在随波逐流。这种审理模式，在很大程度上影响了诉讼的效率，也使当事人可以隐藏诉讼攻击防御的手段，对另一方制造诉讼突袭。作为对“漂流审”弊病的克服，集中审理模式走上历史的舞台。德国《民事诉讼法》采行集中审理诉讼模式的典型立法例。所谓集中审理主义，是指在诉讼的前阶段，法官通过对当事人双方的诉辩意见进行归纳、分析，召集当事人确定无争议事实，并重点对案件的争点进行特定与限缩，而在诉讼的后阶段，当事人则围绕前阶段所特定的与限缩的争点进行诉讼的攻击与防御，对相关证据进行调查，开展法庭辩论，法官对于前阶段确定的争点之外的争议，在后一阶段诉讼程序中将不予审理。这种制度的目的是防止突袭裁判，在诉讼的前阶段，要求当事人将所有的攻击防御方法都列举出来，法官引导当事人整理争点，而在诉讼的后阶段，只围绕前期确定的争点开展诉讼攻防。前期所确定的争点能约束当事人，同时也对法官产生拘束力，能避免诉讼突袭与裁判突袭，也不会因为有新的争点的出现而导致案件审审停停，能保证审理的连续性。

应当说，集中审理主义是一种很理想的模式，我国台湾地区2000年对“民事诉讼法”进行修改时，重点引进了集中审理主义，但根据我国台湾地区法官的介绍，集中审理主义在我国台湾地区的运用并不理想，有些法院的适用率较低，学术界对此的评价也不一。

技术领域的研究告诉我们，“在技术领域，域的选定取决于它所能完成的集成的便利程度和效率，以及它和其他集成形成链接的容易程度以及成本”,[1]本书为何选择研究争点归纳技术而非争点整理程序,正是基于以上考虑。我国目前的诉讼法制度,没有实践争点整理制度的土壤:一是我们没有强制答辩制度,无法在诉讼的前阶段即有效地整理出争点;二是我们没有争点失权制度。对当事人在诉讼的后阶段提出新的争点,没有规定失权的效力;三是我们虽有规定举证时限制度,但如前所述,其在实践运作中名存实亡。所以说,在我们目前这个制度语境中,讨论争点整理程序制度,是不合时宜的。

由此,本书所研究的争点归纳,是从技术角度来切入的。与立法例及学说理论上所说的争点整理程序的区别在于,本书试图通过争点归纳技术的运用,使审判思路清晰,正如前面所说的,找到一条主线,将有用的案件资料,有序地串联起来,从而更好地行使好诉讼的指挥权,使诉讼更具有逻辑性。相对于争点整理程序将争点整理定位于庭审前,本书基于目前当事人诉讼水平不一等国情特点,探求在庭审前及庭审过程中归纳争点,在这种认识前提下,争点归纳技术能与其他程序形成链接,且不会产生排斥反应,实施成本不高,而收效甚巨。针对分散性的审理缺乏审判效率的问题,我们主张在争点归纳技术上做扩展延伸,通过采取在法庭辩论终结前做全程归纳、阶段性固定、争点协商等方式,尽可能地减少可能出现的“漂流审”问题,以保证审判之效率。

---

[1] [美]布莱恩·阿瑟:《技术的本质》,曹东溟、王健译,浙江人民出版社 2014 年版,第 78 页。

第二节　研究争点归纳技术的意义

关于研究争点归纳技术的必要性与重要性,可从五个层面得到反映。

一、对抗式诉讼的需要

原则上,任何司法裁判都是在有争议问题的情况下才作出的,在这重意义上,无论是纠问式诉讼,还是对抗式诉讼,争点归纳技术对于司法裁判案件均具有普遍的适用性。但相较而言,对抗式诉讼较之纠问式诉讼,与争点归纳技术更具有亲缘关系。在纠问式诉讼中,法官直接面对的是案件事实;而在对抗式诉讼中,法官直接面对的是当事人的攻击防御。案件事实往往在有效的攻击防御中呈现出来,因此,争点归纳技术是重视诉讼攻防的当事人主义诉讼体制下的一项必不可少的审判技术。在我国,随着个人财产的激增以及社会经济活动的日趋活跃,私人领域的纠纷成为民事诉讼的主流。这直接促成了处分权主义的登场,早期的纠问式诉讼的大幕已落,对抗式诉讼成为主流,这使争点归纳技术在诉讼舞台上的作用更显重要。我们对争点归纳技术的研究的一个重要目的即在于,从归纳出来的诸种争点类型、争点组合中,找到与本案审理适配的一种模式,以解决对抗式诉讼的需求。

二、提高案件审理的质量

笔者曾提出一个观点,争点归纳是民商事案件审判的“脊梁”。审理一起案件,若能做到争点完备、明确,一则庭审有方向,法官驾驭庭审的主导地位能充分发挥;二则能充分发挥当事人辩论主义的优势,把焦点问题说清、说透。这两项功能均为案件事实的查明与法律适用的准确提供了坚实的保障。实践中,那些质量不高的判决之所以出现,往往是由于法官被表面的问题(如举证质证中的大量细节问题)过多地分散了注意力,而缺乏一种案件审理的方向感,少了一种围绕争点推进案件审理的“坚持”。有观点认为,“诉讼人解决问题的任务,与逻辑数学中定理的证明很相似”[1]。争点归纳技术,类似于法官应掌握的一套数学方法,将纷乱的诉讼材料以有序的方式进行整理归纳,打通了某条通往正确的事实认定、法律适用世界的特殊行进路径。如果我们将法官对事实、法律的探知视如行夜路,争点即如“火把”,帮助法官照亮道路,从而在曲折路径中蹒跚前行。

三、提升审判效率

笔者参与的课题组曾对本院审理的100件存在多次开庭情况的民商事案件进行调研,发现法官在第一次开庭诉辩后对争议焦点进行归纳的案件仅9件,在第一次开庭结束前对争议焦点进行总结回顾的案件仅7件。争议焦点归纳的缺失,多导致案件“漂流审”的出现,在该类庭审的笔录中,只记载着证据的举证、质证内容,但我们无法判明法律适用与事实查明、各项证据之间的逻辑关系。这导致审判“随波逐流”,仅具有程序的空壳,缺少明

---

〔1〕[美]霍华德·加德纳:《智能的结构》,沈致隆译,中国人民大学出版社2008年版,第200页。

确的方向,一些事实经多次庭审反复查明,审理时间冗长。争点归纳技术的有效运用,有助于解决效率问题。第一,法官可就相关争点帮助当事人达成共识(适用争点协商技术),看看哪些先前的争议可改列为不争执事项甚至可以再次简化排除,以减少将来庭审中的无益活动。第二,法官可就各类争点作出梳理,确定庭审的方向,以此引导当事人举证、质证,避免庭审中重复、杂乱现象的出现。第三,争点型庭审与争点型文书的衔接,有助于减轻法官的撰写判决书负担,提升办案效率。如法官在庭审中进行争点归纳后,要求"当事人围绕各争点综合证据情况逐一进行论证、辩论"的做法,对各争点项下的证据进行了有计划的整理,笔录中的当事人的综合论证内容,均可在文书中"当事人诉讼主张与证据部分"予以直接援引,为法官提供了较大的便利。另外,争点变动应对技术有条件地允许对争点及时调整,争点释明技术将法官的心证以适当的方式公开给当事人,均能最大限度地实现纠纷的一次性解决,提高审判效率。

四、提升诉讼的民主性与计划性

民事审判过程中,我们通常需要避免两种倾向。一种倾向是法官职权过度介入。根据当事人主义的原则,法院的裁判对象应当由当事人提示,法官不应超越当事人的讼争范围而裁判;如果法官超越了这一范围,就极可能导致审判者的恣意不公。重视争点归纳技术的运用,使法官的思维始终不离当事人实质上的讼争,能保证法官更加客观地去认知事实、适用法律,避免以一种侦探式的主观臆想去推理案件。同时,法官通过争点归纳的形式向当事人隐性地公开心证,能消解审判的过于集中、职权化,避免对当事人造成裁判突袭,从而提升诉讼的民主性。另一种倾向是法官审理过分松散。法官没有履行好诉讼指挥权,审判缺乏计划性,任由当事人发挥,导致攻防系统不受节制地自由生长,整个审理呈现出混乱无序的状态。而通过对争点的整理归纳,法官不断在法官的审理判断系统与当事人的诉讼攻防系统中寻找结合点,并以此为主线来组织诉讼攻防,能提升审判者对整个诉讼进程的掌控能力,从而有效避免庭审的松散化与“漂流化”问题。从以上两方面观察,争点归纳技术的运用不仅是寻找案件答案的钥匙;还是合理定位法官与当事人关系,在法官介入案件审理与尊重当事人诉讼自主性之间寻找最大公约数的有效工具,使诉讼民主与审判计划有机地统合起来。

五、提升法官与诉讼当事人的法思维能力

争点归纳技术的掌握,有利于提升法官逻辑智能领域的知识,在案件审理中抓住案件争点这一“牛鼻子”,分层次、有步骤地推进审判进程;同时,也训练当事人特别是职业律师的法思维能力,以提升国民的法律素养。善于运用争点归纳技术来推进案件审理,对于经验较少的法官尤有重要的意义。笔者的亲身体会是,当一名法官存在实体法上的知识不足或认知事实的社会阅历缺乏时,可适用科学的审判方法来弥补。如法官对本案应适用的法律是否完备、解释是否合理缺乏把握时,他(她)可通过归纳法律争点而增加诉讼对抗,赋予当事人更多的辩论机会,从辩论中寻找、解释法律;当法官对案件事实的认定缺乏信心时,他(她)可

通过释明凸显事实争点，让当事人围绕争点充分举证、质证，事实越辩越明，在辩论中有利于法官准确地作出认定。实践中，法官办案各有所持，有的法官靠实体法功力，有的法官靠社会经验，有的法官靠审判方法上的功力；当法官进入一个陌生的审判领域时，审判方法上的功力的运用尤其重要。

综上，争点归纳技术能为民事审判的公正性与效率性等提供实质性的帮助，称得上是民事审判中的一项核心技术。

第三节　争点归纳技术运用中的特点与局限

一、技术运用的特点

（一）相较于请求权基础分析法，争点归纳技术更加关注动态的诉讼过程

请求权基础分析法的研究重点是三段论中的涵摄过程，尤其关注的是作为大前提的法律条文的解释问题，王泽鉴先生的《法律思维与民法实例》与梁慧星先生的《裁判的方法》两部著作，均着墨重于法律解释问题，书中涉及的案例无一例外是“待决事实清楚”；作为实体法学者，他们对大前提的研究可谓精辟，但很少从诉讼的具体场景出发来讨论问题，对实体法如何在诉讼中实现显得不是那么关注。有学者从法律实务的角度评价这种实体法角度的研究方法，“以确定的待决事实为研究前提，与动态的诉讼过程有一定应用差距，因此也降低了其对实务的指导效果”，[1]

〔1〕 许可：《民事审判方法——要件事实引论》，法律出版社2009年版，第8页。

笔者对这一评价表示认同。在真实的诉讼场景中,所运用的实体法可能随着诉辩而逐步呈现,而且可能会变动,案件的要件事实也可能会流动。争点归纳技术的运用,较能关注到审判过程中的这种流动性,使请求权基础分析法能够运用到鲜活的具体案件中。

(二)相较于要件审判九步法,争点归纳技术更加关注审判中的循环性

邹碧华法官的要件审判九步法将审判过程分步骤地揭示出来,可谓逻辑分明,线条清晰,呈现出几何学的美感。但该方法似乎重于请求权要件的分析与三段论的涵摄,在一定程度上牺牲了案件中的珍贵细节,未对审判中的动态性与交互性予以充分的重视。实践中,当我们深入复杂案件内部时,容易发现,它们常常并不向我们显示出任何孤立的基本结构单元,而是表现为由整体的不同部分之间的关系构成的复杂的网络。诉讼标的、法律、事实、证据等争点形成一张争点网络,相互依存,彼此影响,法官的认知又从外界影响着这张网络。在复杂案件中,我们很难依照设定的九个步骤直线性地去审理一起案件,逻辑的世界往往很容易就撞上复杂的“墙”。真实的审判,是在处理各争点间形成的复杂的关系网,要想得到正确的结论,往往必须经历法律到事实,事实到法律的多次循环。审判犹如抓鲶鱼,案件是滑不溜秋的,但无论它怎么折腾,只要牢牢把握住争点,它还是被我们握在手中。

(三)具有反向求证性的特征

我们将审判工作与围棋比赛相类比,围棋高手的思考时间往

往不是花在正向的找寻上,而是投资在逆向的小心检验上,如确定挑拣出来的着点有无漏算,有无盲点。审判工作中,一名成熟老练的法官也往往不是把大把的时间花在请求权基础、要件事实的确定上,而是花在围绕争点分析诉讼攻防,听取各方意见,小心检验自己的判断上。人们常说:“提出问题比解决问题更加重要。”争点的作用,在于它为验证提供了资料,提供了平台。新手与老手的区别在于,前者多在找寻,后者多在求证。实践中,老法官们的办案思考常在少数要点之间,鲜少会如法科学生们运用请求权基础分析法进行逐层过滤。这当然不是说请求权基础分析法、要件审判九步法等审判方法不重要,对于一名老练的法官来说,这几个步骤已融于一步,而将更多的时间留给了求证。

争点归纳技术的运用,还使法官所关注的目标更为集中,能将注意力集中于实质争议点,避免精力耗散,减轻审判负担。对于一名优秀的法官来说,最忌讳的是思考不能持久、不够深入。为了解决求证过程中的注意力转移、思维涣散问题,争点归纳技术提供了一种精纯的思考工具,通过归纳整理,将审判中的实质问题以争点的形式驻留下来,逼迫法官不分神地想下去,从芜杂的案件材料中整理出秩序,揭示出案件的真相,保证了适用法律的公平。

总体来说,请求权基础分析法、要件审判九步法似乎偏重从实体法方向解决问题,重在请求权要件的分析与三段论的涵摄;而争点归纳技术则偏重从诉讼法方向解决问题,关注审判中的动态性与交互性。对于疑难案件,有时甚至以程序正义来证成很难实现的实体正义(如采用争点协商与争点释明技术),争点归纳技术与审判实践的联系也由此较之请求权基础分析法及要件审判九步法更为紧密。在我们运用争点位序性技术、争点变动性技术进行争点的释明与协商时,我们或许更能感知到审判活动中的活性成分,而不是冷冷的逻辑。

二、质疑与回应

笔者在与法官、律师同仁们的交流中,收集到一些对争点归纳技术适用的质疑意见。这些意见很犀利,有的一针见血,很大程度上启发了思考,我试做以下回应。

(一)在简单案件中适用争点归纳技术,是否导致简单案件繁复化

回应:原则上,争点归纳技术适用于案情复杂、争议大、分歧多以及证据多的案件。对于案情相对简单的案件,一般没有太多争点,即便有争点,是非对错也较为清晰可见,较少需要适用争点归纳技术,但我们也不能因此持一种排斥适用的态度。实践中,有些案件表面上看诉争金额较小、事实也较为清楚,但实际上并不简单,只有经过争点归纳后,才能发现双方暗藏的争执;在某些有一定争议的简单案件中,通过法官归纳争点,引导协商,也可能有利于促进案件的和解。故争点归纳技术在特定情况下,对简单案件的审理也是有助益的。

(二)强调对争点的审理,是否违反全面审查原则

这种质疑是有一定道理的,我们需要警惕法官的唯争点论(即只围绕争点开展审理),如果这样,他(她)就容易忽视案件中

的丰富细节，而案件的正确裁判有时恰恰取决于一些细节问题。而且，过分依赖争点归纳技术可能会被虚假诉讼的操纵者所利用，如在无争议事实的归纳中，恶意的当事人可能假借于此将一些违法的内容通过合法的形式予以确认。

回应：围绕争点开展案件审理与法官按法律规范要件全面审查案件并不矛盾，并不是说法官仅围绕争点进行审理，而对其他要件事实一概不予审查。审判实践中，民事法官先通过全面审查法律要件，提示当事人补足诉讼主张、抗辩主张（德国法上的诉讼主张的一贯性与抗辩主张的重要性审查），才使争点逐步地、全盘地显现出来，此时再重点围绕争点进行审查。这样，争点归纳技术与按法律规范要件的审查就统一起来了。全面审查仍是不可缺少的一个环节，用来防止当事人恶意串通规避法律、侵害案外人利益或公共利益。

（三）强调对争点的审理，会不会造成更多的争议

回应：要防止对争点“反应过度”，过分解读争议，会潜在地在当事人间挑起争议。热力学第二定律告诉我们，能量具有不可逆转的发散本质，很多能量不值得回收，因为回收这些散落的能量，可能耗用更多的能量。在我们讨论争点归纳技术时，必须充分注重争点归纳的节约性问题，如在各类型争点中，证据争点显得较为琐碎，不宜在案件中过多地归纳。而有些争点，明显具有“伪争点”的特征，可以在归纳前建议当事人撤回。也可以通过争点协商的形式，引导双方当事人简化争点。要警惕在运用争点归纳技术过程中，为解决问题而制造出更多的问题。

(四)争点归纳技术的运用,是否具备现实条件

回应:我们应当关心法官的"职能运营",掌握司法的实态、法官的困难所在(这种困难可能体现在利益集团的施压、立法制度的疏漏、审判资源的不足、案件类型的错综复杂等方面),帮助法官制定对策,准确分析法官所面临的实际限制条件。只有在此基础之上确定的技术,才具有适用的可能性。海德格尔有一句名言:要了解锤子,不是盯着看就可以了,而是要拿起来用。只有在各种限制性条件中充分实践,总结出来的技术才是科学的、合理的。

第二章

争点归纳的位序性技术

本章我们将介绍不同类型的争点之间,以及同一类型争点内部的各项争点之间可能存在的位序关系,建立一些基本的争点位序关系模型,并揭示出争点基本位序外所存在的复杂形态,立体地、多角度地呈现争点位序性问题的样态,避免以一种机械的眼光来看待审理的位序性问题,同时,就以何立场、何阶段、何方式为争点进行排序,提出建设性意见以供实务参考。

[法官与律师的困惑]

法官阿正已掌握了争点的基本类型,能初步地归纳出争点。但他随即遇到了一个问题:对于这些归纳出来的争点,是径直交由当事人,笼统、不分位序地要求他们围绕争点开展诉讼攻防;还是先对这些争点予以适当梳理排序,再要求当事人围绕排序后的争点开展诉讼对抗。这一问题,表面上似乎仅着眼于争点这一小层面,但实质上却关乎案件审理的脉络,决定一场审判活动的走向。律师阿争也遇到这样的问题,在做实习律师时,他曾听师傅说过,优秀的律师通常在抉择的能力上高人一筹,他们善于在制定起诉及应诉的策略时,择选出最合理、经济的路径。阿正与阿争查阅诉讼法理论相关著述,发现理论界很少进行此项研究;在实务中,发现民商事法官极少对争点进行排序并建议当事人按位序开展诉讼攻防,也发现律师很少对审判路径提出建议。这引发我们的如下思考。

第一节　什么是争点位序性技术

一、争点位序性技术的内涵

【案例2】 原告A因随团旅游而在被告B宾馆住宿。2008年9月19日晚,原告A在洗浴房摔倒致伤,被紧急送往医院治疗,经医院诊断为右股骨颈骨折,行右侧全髋置换术。2008年11月14日,原告、被告签订《酒店公众事故赔偿协议书》,协议内容如下:原告A损失了医疗费40,082元、护理费3321元;被告B宾馆一次性赔偿原告A 43,400元整,其他责任双方互不追究。上述协议经双方签字认可。被告B宾馆已依协议约定赔付医疗费、护理费43,400元。事后,经鉴定部门评定,原告A的伤情为九级伤残。

原告A于2009年10月15日以对涉案协议存在重大误解及协议内容显失公平为由法院提出诉请:(1)撤销原告、被告所签订的《酒店公众事故赔偿协议书》;(2)判令被告B宾馆支付医疗费、残疾赔偿金、交通费、伙食补助费、营养费、残疾鉴定费、精神损害抚慰金合计164,514元。

被告B宾馆答辩称,宾馆配套设施齐全,工作人员也尽了相关的管理义务,原告A因不当使用洗浴房而摔倒致伤,应自担其责。况且在事故发生之后,被告B宾馆出于人道主义与原告A签订了赔偿协议,原告A要求撤销该赔偿协议没有充分的理由,且已超过法定的申请撤销的除斥期间,请求驳回原告A的诉讼请求。

法院经审理认为:(1)原告A于订立赔偿协议一年内向法院申请撤销协议,未超出法定时限。被告B宾馆提出原告A已超过法定的申请撤销的除斥期间一节,无法律依据,法院不予支持。(2)原告A就其提出的对涉案协议之签订存在重大误解一节,未提供相应事实与法律依据,法院不予支持。(3)就原告A提出涉案协议内容显失公平一节,审查的重点在于协议的约定赔偿金额是否明显违反公平原则,这就首先需要对被告B宾馆是否承担赔偿责任做出判断。经法院释明,原告A主张以人身损害赔偿法律关系作为诉讼标的诉请赔偿。经法庭的现场勘察,较明显可感知洗浴房所铺设的地砖在浸水后较湿滑,被告B宾馆无法证明于事故发生时已配置防滑设施,法院因此认为被告B宾馆未尽善良管理人所应履行的保障义务。考虑原告A对自身安全没有尽到一般人所应尽到的谨慎注意义务,对自身的伤害存在较大过错,法院认定被告B宾馆应承担的责任类型为次要责任。经计算原告A的各项损失金额并考虑被告B宾馆所应承担的赔偿比例,涉案协议所约定的金额与原告A依法所能获得的损害赔偿金额并无大的差距,故原告A提出协议显失公平一说,缺乏依据,法院不予支持,遂作出判决:驳回原告A的诉讼请求。

分析原告、被告诉辩意见,在该案中,各方争议点包括:

1. 诉讼标的争点

原告A提出了撤销赔偿协议的诉讼请求,其诉请内容是明确的,但本案的诉讼标的争点是基于重大误解法律规范,还是基于显失公平法律规范呢?这在当事人间存在争议(狭义的诉讼标的争点)。被告B宾馆提出原告A只能选择其中的一项,而不能同时在诉讼中提起。原告A则认为,其有权提出预备之诉,由法院先行审查重大误解法律规范是否成立,如不成立,再由法院审查显失公平法律规范是否成立。

2. 法律争点

针对被告B宾馆关于"解除协议已超过了除斥期间"的抗辩,原告A提出,其在法定期限内已发送E－mail到被告法定代表人邮箱,在邮件中已明确主张撤销协议,此属于合同法规定的通知形式,故未超过除斥期间。被告B宾馆认为,"发送邮件的行为"不属于《合同法》第五十五条第一项规定的撤销权消灭情形。由此,"发送邮件的行为"是否为第五十五条第一项的文义范围所涵盖即成为一项法律争点。〔1〕

3. 事实争点

(1)被告B宾馆法定代表人的邮箱是否以及何时收到原告A发出的撤销协议的邮件?

(2)原告A在签订赔偿协议时是否存在对协议内容理解上的重大错误?

(3)订立协议过程中被告B宾馆是否利用原告A急于处理的心态钳制对方?协议金额与实际金额的差距是多少?

(4)被告B宾馆是否未在洗浴房内放置防滑安全警示标识?

〔1〕 该案审理时间为2010年,故在法律适用方面应援引《合同法》相关条文。下文涉及该案法律适用时亦同。

(5)原告A各项损失的金额确定。

4. 证据争点

(1)原告A提供订立协议时在场证人证言,欲证明原告A在订立协议时受到被告B宾馆的精神压迫;被告B宾馆对证人证言的真实性提出异议。

(2)原告A丈夫证实洗浴房未设安全设施、未贴安全提示;被告B宾馆对证言的真实性提出异议。

(3)双方对损失方面的相关证据持有不同认识。

案例2中展示的争点,是复杂案件审判中的一种实态。在法官们从事的争点归纳工作中,我们捕捉到的常是一个个分散的、横向铺展开来的点,但要勾勒出足够清晰的视觉印象,仅发现一个又一个的争议点是不够的,还必须将这些点连成有意义、有内在必然性的紧密联系的线条[其实,对于有审判经验的法官而言,他(她)在开始时是依着一个粗的线条去选择"点"的,这些"点"中已包含将来更清晰的线条所需要的要素],精心拟定明确而周详的审理计划(尽管审理过程中还会遭遇始料不及的变化)。

这个反映审理位序性的线条,不仅是被法官看到的,而且还包含着发现、推断与发明的成分,可能包含着法官的创造力,体现着法官的能动性,是法官发挥诉讼指挥作用的重要一环。当然,如何通过在起诉、应诉及庭审过程中合理安排好攻防中的位序,引导法官按有利于己方的顺序来推进案件审理,亦考察律师的执业能力。

所谓的争点归纳的位序性技术,即是针对争点归纳工作中忽视争点间的位序关系这一现象,通过合理地对各种类型的争点以及同一类型争点中的不同争点进行排序,依位序开展案件审理,是提升案件审理质效的一项技术安排。一方面,争点位序性技术的运用,有利于提高民事审判的逻辑性,进而更好地查明事实、准确地适用法律;另一方面,争点位序性技术的运用,还有助于提升审判效率。由于对不同的争点处理难度不一,在审判实践中,出于简省的策略性的考虑,有时可选择难度较小的争点优先审理,由此即可得出本案结论,从而避开对较难的争点的审理,实现诉讼经济。

二、争点位序性技术的理论依据

争点间的特定位序关系,在大陆法系国家具有一定的必然性,其理论依据可从对大陆法系审理模式的分析来得出。根据日本学者中村宗雄的研究,与英美法系在民事诉讼中采"事实出发型"的审判模式相对,大陆法系国家采"规范出发型"的民事审判模式,"(在这种审判模式中)诉讼之前就已有实体法的规定,当实体法认可的权利未能实现时,当事人便可以向法院提起诉讼,请求实现其权利……法院则从适用规范出发探究诉讼对象"。[1]我国的民事审判实践,亦主要采用这种由法及事的审判模式。在审判工作中,法官事先并不知事实,他们必须从原告的诉请中去进行法律分析,离开了实体法律规范对要件事实的规定,他们根本无法确定所要发现事实的范围,当然更无法框定与本案相关的

〔1〕 参见[日]中村宗雄、中村英郎:《诉讼法学方法论——中村民事诉讼理论精要》,陈刚、段文波译,中国法制出版社2009年版,第263~264页。

证据材料的边界。因此,我们走的是一条规范出发型的裁判模式。[1]

规范出发型诉讼,决定了争点的位序对应为诉讼标的争点→可能的法律争点→事实争点→证据争点,逐级展开。这种审理模式,适用于给付之诉、确认之诉、形成之诉三种诉讼模式。在确认之诉、形成之诉中,这种审理模式的痕迹更加彰显。确认之诉本质上是对某项法律关系的确认,原告在诉讼请求中就必须表明法律关系的内容,而欲表明法律关系,当然需先确定该项法律关系的规范,因此裁判活动需先从规范出发,次及事实与证据问题。这在形成之诉中亦然。

三、争点位序性技术的外延

争点归纳的位序性技术的适用范围涵盖两个方面的内容:第一个方面涉及对诉讼标的争点、法律争点、事实争点、证据争点间的排序处理;第二个方面则涉及对以上各类争点内部子项争点的位序安排。

在第一个方面,如第一章所述,诉讼标的争点对于其后各争点而言,是最上位争点,明确了诉讼标的,才能在确定的范围内去搜寻是否存在法律争点;明确了诉讼标的、法律争点,所需要查明的事实才能完整地呈现出来,我们才能发现事实争点,在链条的最末端,才涉及相关的证据争点问题。

当然,以上列举的争点链条(且称为标准型争点链条),是理

〔1〕 吊诡的是,我国民事裁判文书长期以来受到学界的影响,在格式上体现出“先交代事实,后适用法律”这一模式,与法官的真实的思维路径恰好相反。

论上最为完整的一种形态。实践上,这种链条并不当然完整地存在,它可能存在很多种特殊形态。在下文所述的简单型争点链条中,即不存在完整的争点链条,而只存在链条的片段(如一案中并不存在狭义的诉讼标的争点或法律争点,而仅表现为广义的诉讼标的争点→事实争点→证据争点);在争点的链条中也可能存在某项争点的缺位型(如在一个案件中,可能不存在法律争点,而直接表现为诉讼标的争点→事实争点→证据争点);各类型争点间也可能并不存在逻辑关系(如一个案件中,某法律争点项下的事实无争议,但另一无争议的法律要件项下的事实存在争议,此时,该法律争点与事实争点之间即无涵盖关系),下文将对争点链条的标准形态与某些特种形态进行整理。

争点位序性技术运用形态可见图2-1:

- 争点位序性技术运用形态
  - 技术运用常态
    - 不同类型争点之间
      - 标准型
      - 法律争点缺位型
      - 简单型
    - 同一类型争点之间
      - 诉讼标的争点间
      - 法律争点间
      - 事实争点间
      - 证据争点间
  - 技术运用特殊形态
    - 诉讼标的争点与法律争点无逻辑关系
    - 法律争点与事实争点无逻辑关系
    - 事实争点优于法律争点进行审理
    - 证据争点改变上位争点

图2-1　争点位序性技术运用形态

第二节　技术运用常态之一——不同类型争点之间的位序性技术运用

一、标准型位序性技术运用

不同类型争点间的位序关系体现为：

1. 先确定诉讼标的争点。明确案例 2 的请求权基础是重大误解法律规范，还是显失公平法律规范，抑或两项法律规范的一并提出。将诉讼标的争点列在其他争点之前的意义在于，可限缩案件的审理范围。假设最终确定的请求权基础是基于重大误解法律规范，我们就无须审理诸如“订立协议过程中被告是否利用原告急于处理的心态钳制对方”“协议金额与实际金额的差距”涉及显失公平法律规范要件等事实争点。在本案中，原告有权利提出合并之诉，将重大误解法律规范与显失公平法律规范一并提出。

【案例 3】　原告系融资租赁合同的出租方，其起诉承租方，诉请承租方支付全部租金，并解除合同、收回租赁物。本案中，即存在诉讼标的的确认问题。通过分析原告的诉讼请求可知，其提出给付全部租金实际上是要求继续履行合同，仅是要求租金加速到期，而同时要求解除合同、收回租赁物，则等于出租人同时选择了两个相互排斥的诉讼标的（一为继续履行，一为解除合同），有违民事诉讼法有关“有明确的诉讼请求”这一案件受理的条件，故原告只能择一行使。法官应当就此进行释明，如果释明后出租人仍不作出选择，则裁定驳回起诉。以上处理意见，已于《最高人民法院关于审理融资租赁合同纠纷案件适用法律问题的解释》第十条第一款中予以明确。

2. 法律争点先于事实争点审理。案例2中,原告在法定期限内通过发送E-mail到被告法定代表人邮箱,提出撤销协议,是否属于《合同法》第五十五条第一项规定的行使撤销权的通知形式,涉及法律解释问题,应先于前文所列争点3.(1)这一事实争点审理。假设经法律解释,此种通知形式不属于法定通知形式,则争点3.(1)即无须审理。

【案例4】 原告是一个占有40%股权的股东,其诉称,在其不知情的情况下,各被告股东召开股东会议,以60%的赞成率通过股东决议,处分了公司的办公设备一套。原告认为被告的行为违反了《公司法》第四十三条的规定(该条第二款规定:股东会会议作出修改公司章程、增加或者减少注册资本的决议,以及公司合并、分立、解散或者变更公司形式的决议,必须经代表2/3以上表决权的股东通过),诉请法院确认无效。被告答辩称,《公司法》第四十三条并未规定处分公司的重大资产须经特别多数决程序,股东会决议并不就此而无效。另外,《公司法》第一百二十一条规定:上市公司在一年内购买、出售重大资产或者担保金额超过公司资产总额30%的,应当由股东大会作出决议,并经出席会议的股东所持表决权的2/3以上通过。但该办公设备的价值未达公司资产总额的30%,也不属于公司的重大资产。法官将本案的争点归纳为两项:一是法律争点,处分公司的重大资产是否属于《公司法》第四十三条第二款规定的调整范围;二是事实争点,涉案的办公设备的价值是否达到公司资产总额的30%。

以上两项争点中，法律争点具有优先性。如适用法律解释方法对《公司法》第四十三条进行解释，能确定《公司法》并未规定处分公司的重大资产须经特别多数决程序，则无须审理事实争点问题，可径自驳回原告的诉讼请求。另外，从效率上看，事实争点问题可能涉及鉴定等问题，在程序上较为烦琐，将其审理位序放在后面，可以减少案件的诉讼成本。

3. 回到前引损害赔偿纠纷案件中，在前列各项事实争点间，亦存在位序的关系。依被告之原意，争点3.（1）与争点3.（2）、3.（3）、3.（4）间包含的抗辩应属预备性之抗辩（即若除斥期间抗辩不成立，则以不存在重大误解、显失公平等情形作为抗辩理由），若对争点3.（1）审理后，得出原告诉请撤销协议已超过法定的除斥期间，则争点3.（2）、3.（3）、3.（4）、3.（5）无须审查；若对争点3.（1）审理后，查知原告诉请未超过法定的除斥期间，则争点3.（2）、3.（3）、3.（4）、3.（5）才真正进入审查视域。

4. 在排除了被告关于除斥期间之抗辩后，争点3.（2）、3.（3）进入了我们的视域。从表面上看，争点3.（2）、3.（3）是一种择一的关系，原告只需在重大误解与显失公平两项诉请撤销合同的理由中获得一项支持，即可达其诉讼目的。但深入分析，从诉讼效率考虑，二者仍存在位序关系，争点3.（2）宜列于争点3.（3）之前，理由是：显失公平的认定会涉及对人身损害赔偿民事责任的认定，相较而言，其法律要件会比论证重大误解成立的法律要件更为繁杂，故从提升诉讼效率、节约诉讼成本的角度，宜将重大误解之争点列于前，使当事人得以通过较便捷的方式获得诉讼利益。

5. 在重大误解之法律争点经审查不获支持情况下，显失公平之法律争点进入我们的审查范围,而欲审查协议是否显失公平,首先需要确定原告依法所能获得的赔偿数额,再与协议确定的赔偿数额进行比较。争点3.(4)、3.(5),均是确定原告依法所能获得的赔偿数额的法定条件。在顺序上,责任确定应前置于损失金额的确定,只有在被告需要承担民事责任的前提下,损失金额才有确定的必要。

6. 相关证据争点的审查,在事实争点确定之后进行。

由上可见,在标准型的争点位序性技术运用中,前一争点问题的解决,均构成后一争点是否成为审理对象的前提,审理是否推进,视上位争点的审理情况而定。

二、法律争点缺位型位序性技术运用

【案例5】 原告A花费20万元购置车辆后,与被告B公司签订汽车租赁挂靠合同,委托被告将车辆代为出租。合同届满后,原告多次向被告公司要求归还车辆未果。后发现,被告B公司隐瞒原告,将涉案车辆过户到自己名下,并委托二手车行售卖,该车已过户至被告C名下。原告诉请判令被告B、C返还车辆。

分析:在案例5中,原告在庭审中听取被告C发表答辩意见后,发现涉案车辆的所有权可能因善意取得而发生转移,原提出的诉讼请求可能无法得到法院的支持,遂追加诉讼请求,将诉讼请求改为"二被告返还车辆,如车辆无法返还,则由二被告共同赔偿原告损失20万元"。其诉讼标的由"物权返还请求权"变更为"物权返还请求权若无法达成,则主张损害赔偿请求权",这一诉讼标的范围的扩大(狭义上的诉讼标的争点问题),需要法官予以审查,决定是否应允。被告C提出其系支付了合理对价16万元,通过车行购得车辆(当时车辆所有人系登记为被告B),其行为属于善意取得。原告对其是否以合理对价取得车辆提出异议,并对被告C提供的支付车辆价款转账记录的真实性提出异议。故依对善意取得的要件事实进行分析,“被告C是否以16万元对价取得车辆”属于事实争点,而在这一争点项下,“转账记录的真实性”成为证据争点。故本案原告A对被告C的争点链条为“物权返还请求权若无法达成,则主张损害赔偿请求权”(狭义的诉讼标的争点)→“是否以16万元对价取得车辆”(事实争点)→“转账记录的真实性”(证据争点)。原告A对被告B的争点链条为“物权返还请求权若无法达成,则主张损害赔偿请求权”(狭义的诉讼标的争点)→“车辆损失的金额”(事实争点)→“车辆价值评估报告”(证据争点)。因原、被告双方不存在法律争点,本案的争点链条即跳过了法律争点这一环节。

三、简单型位序性技术运用

【案例6】　原告委托被告代工生产服装一批,用于出口外销。双方约定了交货期限,但被告逾期交货。因时间紧迫,原告为了不违反与国外公司订立的合同中所确定的交货期限,将原拟用的海运运输方式改为空运,造成运费增加,原告诉请被告赔偿运费损失。被告对合同约定的交货期限、逾期交货等均无异议,但提出空运费用的计算缺乏依据,空运单上无法体现承运货物与本案货物之间存在关联性。

分析:在简单民商事案件的审理中,该类争点归纳位序性问题最为常见。在本案中,当事人均认同本案应依违约损害赔偿法律关系作为诉讼标的,对此不存在争议,故不存在狭义的诉讼标的争点。双方对涉案法条的解释,亦不存在认识差异。仅是对要件事实之一,即损害赔偿额的确定产生分歧。而赔偿额的确定,取决于空运单与本案相关事实是否存在关联性,即本案的争点链条简单地体现为诉讼标的争点(广义的诉讼标的争点)→事实争点→证据争点。案件审理围绕此争点链条进行即可。

第三节　技术运用常态之二——同一类型争点内部的位序性技术运用

一、诉讼标的争点间的位序性技术运用

【案例7】　原告、被告订立买卖合同,原告以被告存在根本违约为由诉请解除合同并赔偿损失,法院在审理中认为本案可能存在合同无效情形并依法向原告行使释明权。原告在坚持原有诉讼标的基础上提出,若合同无效,则要求返还交付物并判令被告承担缔约过失责任。

分析:原告原本主张的诉讼标的为“买卖合同违约纠纷”,追加后的诉讼标的为“买卖合同违约纠纷”+“买卖合同无效纠纷”。此种情形,涉及对诉之预备合并的适用。[1] 故本案中,合

〔1〕 所谓预备合并,是指同一原告对同一被告为预防其提起的前诉无理由,而同时提起不能与前诉并存的起诉,在前诉无理由时可获得有理由判决的诉之合并。

同违约这一诉讼标的较之于合同无效这一诉讼标的，应优先审理。在审理合同违约之诉时，先行审查合同效力问题，若认定合同有效，才对违约损害赔偿问题进行审理；若经审查认定合同无效，则进行合同无效之法律后果（返还原物及缔约过失责任承担等）的审理。

二、法律争点间的位序性技术运用

【案例8】 在一起承包地征收补偿费用分配纠纷案件中，被告是一位农村承包经营户，其将讼争的1.5亩土地转包给原告开发鱼塘，双方签订的土地承包合同书中约定：如碰到国家征用土地，鱼塘开发费和鱼塘财产归原告所有；土地和青苗费归被告所有。现土地被征用，青苗及地上附着物补偿费的标准为30,000元/亩，双方就补偿款的分配产生争执，原告诉至法院。法官将案件争点归纳为：(1)土地承包合同书载明的鱼塘开发费及鱼塘财产是否属于地上附着物的范畴。(2)如何适用公平原则，合理地确定青苗及地上附着物补偿费的分配比例。

分析：上述两项争点，均属于法律争点。前一项争点涉及对合同的解释问题，需要运用文义解释、目的解释等解释方法，确定鱼塘开发费及鱼塘财产是否可涵括于“地上附着物”的范畴。如经过解释，能确定该部分财产属于“地上附着物”，我们才进入第二个法律争点的审理，即考虑如何适用公平原则，合理分配青苗与鱼塘开发费、鱼塘财产的补偿款项。在位序上，第一项争点优先于第二项争点，是前提性的争点。

另外，在法律争点内容中，对于涉及法条选择的法律争点，在位序上应优先审理,其他关乎法律基本要件的解释、漏洞填补的法律争点,则在法条选择的争点问题解决之后才展开。

三、事实争点间的位序性技术运用

【案例9】 A诉称,其与B订立钢材买卖合同一份,其已依约向B发送钢材,但B未依约给付钢材款,现诉请判令给付。B答辩称:(1)合同系B的职工C与A订立,而C并未获得B之授权,故涉案合同并未成立;(2)本案系附条件合同,双方约定,若B取得某建设工程的承包权,则A向B供货,而目前B未取得承包权,条件未成就,故涉案合同未生效;(3)A交付钢材时,接收人为B之门卫D,D擅自将该批钢材挪用于自己建房,故A未履行合同义务;(4)A虽交付钢材,但据D述,钢材质量存在问题,其应承担违约责任。

分析:事实争点的位序问题,可能是我们在审判实务中经常遇到的问题。通常,一个案件的要件事实争点中可能有一个核心问题,数个一般问题;也可能有几个核心问题,数个一般问题。它们之间的关系可能是递进的,也可能是并列的。在一般情形下,事实争点的整理可依历史方法来进行。所谓历史方法,是指就案例事实发生的历史过程,按照顺序来检讨其要件事实争点。[1] 典型的情形可体现于合同纠纷案件。在上述案例中,依历史方法,要件事实争点可依序整理如下:(1)"C是否曾经取得B的授权以

---

〔1〕 此处所述的历史方法,参考了王泽鉴教授在论述案例分析步骤时提出的解题方法,本书将其引用于争点归纳实践。

及 A 是否善意无过失”（该要件事实的成立决定着合同的成立）；(2)“合同是否附条件及条件是否成就”（该要件事实的成立决定着涉案合同的生效）；(3)“A 向 D 之交付是否应视为已向 B 交付从而完成履行合同义务”（该要件事实的成立决定着合同的履行）；(4)“A 交付的钢材质量是否符合法定或约定义务”（该要件事实的成立决定着违约的成立及责任的承担）。上述涉及合同成立—生效—履行—违约等争点的归纳，全依合同脉络进行，前一事实争点问题的解决，构成是否开展后一事实争点论争的前提，逐层推进。

在一些侵权损害赔偿案件中，也典型地反映出事实争点间的逐层递进关系。如在一起医疗损害赔偿纠纷中，法官将医生在手术过程中是否存在某项违规行为作为第一位序的事实争点，将此项行为与患者死亡之间是否存在因果关系作为第二位序的事实争点，再将患者的监护人是否未将患者原有隐疾告知医院作为第三位序的事实争点，后一争点均以前一争点为前提，争点的线索清晰完整。

这里再举一件我国优秀的法学家、法官杨兆龙所承办的保险赔款案件，在该案的判决书中，我们可以清晰地看到事实争点的位序脉络。在该判决书的说理部分，作者将理由分成了四个争议焦点，环环相扣。每一个争议焦点都是下一个争议焦点的前提条件。第一个争议焦点“原告的货物在该轮上”如果不能认定，该案就与保险合同完成无关了，也就不会再考察“原告之货物是否损失”的问题了。而第二个争议焦点确定了货物全损后，才继续审理触礁事故与损失间的因果关系问题。在第三个争议焦点肯定了“近因”和赔偿全额后,实际上就判决了被告败诉。这才有第四个争议焦点来讨论是否“假执行”(先予执行)的问题。[1] 当然,若深入探讨,第二、三个争议焦点之间可能并没有固定的位序,实践中,可依难易程度来确定审理之先后。本案中,关于全损的判断,相较因果关系的判断更为容易,故可列在前面。如无损失,则第三个争议焦点可不再审理。

在司法实务中常见的事实争点位序性处理情形还包括:(1)对过错责任和损害赔偿数额之间关系的处理,通常只有在确认了过错责任之后,才产生损害赔偿数额的计算问题。(2)在违约损害赔偿案件中,有无该违约金给付请求权发生之事实,是前位的事实争点,在该事实未被证明为存在以前,通常法官无须考虑是否根据被告的请求酌减违约金这一问题,在此,违约金是否过高的事实争点即为后位的事实争点。(3)在代位权诉讼案件审理中,债权人和债务人之间是否存在债权债务关系与债务人和次债务人之间是否存在债权债务关系,这两个要件事实中前一个事实是前提,法院必须首先对第一个法律关系进行审查,就代位权是否存在问题加以判断;其次才对债务人和次债务人之间的法律关系予以审查和判断。

另外,实践中,直接事实争点和间接事实争点亦有位序性问题。有关间接事实争点的确定,宜依经验法则,考虑其有助于推定要件事实(对于事件事实之推认具有关联性)时,才成为事实争点。

---

〔1〕 周恺:《如何写好判决书——判决书的写作与实例评改》,中国政法大学出版社 2010 年版,第 125 页。

当然，在很多情形下，我们也会发现，有些事实争点的关系是并列的，可能并不存在先后的位序关系。如在损害赔偿纠纷案件中，损害赔偿的计算标准和损害赔偿的起算时间即是并列的关系，不存在审理的位序性问题。实务中，有些事实争点交叠在一起，递进与并列相互交织，使争点间的位序关系呈现出一种复杂态，法官很难客观地理出一个位序来，在很多情形下，似乎也没有必要将位序关系理得那么清楚。但我们对于明显地存在位序关系的事实争点，仍应有一个清醒的认知，据此保证案件审理的逻辑性，并提升审判之效率。

四、证据争点间的位序性技术运用

【案例 10】　如在案例 9 中，B 在另一单交易中曾向 A 出具的委托 C 签订合同的授权委托书的真实性（此证据争点决定了 C 是否曾经取得过 B 的授权）审查，即为第一位序的证据争点，而 A 与 B 订立的附条件生效的口头协议的真实性问题（此证据争点决定着 A 与 B 是否约定以取得某建设工程的承包权作为合同生效的条件），即为第二位序的证据争点，以下类推……

分析：在与不同的事实争点匹配的各对应证据之间，它们的位序性由事实争点的位序性来决定。当然，这里也存在出于诉讼效率的考虑，法官可能根据审查判断证据的难易程度不同，反过来去调整对事实争点的排序。

第四节 争点归纳位序性技术运用之特殊形态

以上对于争点位序性技术的运用,仅适用于通常情况。实践中的情况可能较为复杂,也充满变动性。这是我们需要注意到的。这些特殊形态可能主要表现在以下方面。

一、狭义的诉讼标的争点与法律争点无逻辑关系

【案例 11】 客车驾驶员 B 为避让车辆,采取紧急刹车措施,导致乘客 A 摔倒受伤,A 诉至法院要求赔偿。由于 A 在起诉时未表明是以客运合同法律关系,还是以人身损害赔偿法律关系作为诉讼标的,本案存在一个狭义的诉讼标的争点,需要 A 来明确。同时,被告客运公司以紧急避险作为抗辩理由,驾驶员 B 的刹车行为在法律上是否可以被认定为紧急避险,系本案的一个法律争点。

分析:从位序上看,本案的法律争点先于狭义的诉讼标的争点而存在,因为原告无论是以合同法律关系,还是以人身损害赔偿法律关系作为诉讼标的,本案的法律争点并无变化,它并不依托于狭义的诉讼标的争点而存在。例如,在一起是买卖合同还是承揽合同有争议的案件中,原告的通知行为是否可解释为诉讼时效的中断这一法律争点,即不依狭义的诉讼标的争点的确定而先行存在。所以,对狭义的诉讼标的争点与法律争点间的位序关

系，不能绝对化理解。[1]

二、法律争点与事实争点间无逻辑关系

【案例12】 在案例2中，法律争点(原告在法定期限内通过发送E-mail到被告法定代表人邮箱，提出撤销协议，是否可解释为《合同法》第五十五条第一项中规定的行使撤销权的通知形式)，与事实争点3(2)、3(3)、3(4)、3(5)(原告主张重大误解与显失公平的法律诸要件是否成立)之间即不存在逻辑关系。

分析：法律争点与事实争点之间的关系，可能只是并列关系，并无涵摄关系。这种情形指的是，一个案件既存在法律争点，也存在事实争点，但事实争点并不在该法律争点涵摄的范畴内，而属于无法律争议的法律要件项下的有争议的事实。在这种情况下，即不存在法律争点先于事实争点审理的问题。所以，我们所指的法律争点排列在先的情况，应仅指法律争点与事实争点存在涵摄关系的情形。

三、事实争点优先于法律争点进行审理

【案例13】 原告A到被告B商场购买液晶电视一台，导购人员在向A提供的宣传彩页上，载明电视的型号为J，使用寿命为80,000小时；但A提货时发现，电视型号为J普及型，使用寿命为70,000小时。现A以B的行为构成欺诈为由，诉求解除合同，返

---

〔1〕 需要说明的是，广义的诉讼标的争点(即当事人所主张的实体法上的权利是否正当)与法律争点之间，仍存在必然的逻辑关系，法律、事实、证据争点的解决，均围绕诉讼标的争点的解决而展开。

还原物,B按售价的2倍赔偿损失。B辩称,A本想购买的电视即为J普及型,B没有实施欺诈误导行为。

分析:该案中,“A所希望购买的是哪一款电视”,是一事实争点,在确定购买J普及型电视确实违反了A的真实意志时,才进一步审理是否存在欺诈的问题。B的抗辩意见“导购人员按宣传册进行宣传的行为不构成欺诈”,则属于法律争点,需要法官对《消费者权益保护法》第二十条的“虚假或者引人误解的宣传”进行法律解释。此时,法律争点的审理即位列于事实争点的审理之后。

【案例14】 在一起涉及房屋腾退的案件中,出租人主张其要对租赁的房屋进行拆盖,经承租人同意,双方已签订了退租合同,故出租人要求承租人腾退房屋。为补强自己的诉请,出租人还提出,即便双方对退租合同可能存在争议,鉴于涉案房屋破损较严重,基于改良建筑的需求,其亦有权提前解除租赁合同,收回房屋进行拆盖。承租人抗辩称:(1)退租合同未成立;(2)房屋的拆盖这一所有权的行使,应受到租赁权限制,出租人不得基于房屋需要拆盖而解除租赁合同。

分析:在该案上,退租合同是否成立,属于事实争点,而房屋的拆盖是否应当受到租赁权的限制,则涉及对相关法律条文的解释问题,属于法律争点。在位序上,事实争点应先审理,若存在退租合同,则之后的法律争点即无须审理;若不存在退租合同,则需要继续审理法律争点问题。

案例13与案例14均属于前文所述的法律争点与事实争点之

间不存在涵摄关系的情形,但较前文所述的二者间存在并列关系更进一步,此时的事实争点,成为一个前置性的问题,成为是否需要解决法律争点问题的前提条件。

四、证据争点引出事实争点甚至改变诉讼标的争点

【案例15】 原告A以被告B(林某某)向其借款10万元未按期偿还为由,向法院诉请被告还款,并提供欠条(载明"B欠A人民币10万元,定于2015年6月30日前偿还")佐证。立案法官将诉讼标的确定为民间借贷法律关系。在庭审过程中,被告承认欠款事实,但称其已全额还款,并提供由原告签名确认的声明一份,载明:"本人于2014年1月起至2015年7月止与林某某所有运输费用全部缴清,特在此以笔声明。于2015年7月止,本人与林某某再毫无债务相欠,特此为据!"法官在审查该份证据中了解到,被告将部分土石运输工作转包给原告,由原告组织车辆进行运输,后经双方结算,被告需支付原告运输费用10万元。基于这一新出现的事实,法官重新对原告出示的欠条进行核实,发现被告在出具欠条时,出于减省需要,仅载明欠款金额及偿还日期,未陈明欠款的性质。法官经审查认为,原告的义务是按照被告的要求完成工作并交付工作成果,因此,本案的诉讼标的并不是民间借贷法律关系,而应当是承揽合同法律关系。

分析:在审判实践中,诉讼标的争点、法律争点与事实争点、证据争点之间常存在来回跳跃、变动的关系,有时,新的证据的出现,可能导致始端的法律关系出现变化,使新的诉讼标的争点呈现出来。在事实争点与证据争点之间,也存在这种跳跃性,有时

会从证据资料中发现当事人没有主张的要件事实,使我们需要重新回到事实争点中;审判实践中,我们在判断证据有无关联性时,也常需回到要件事实中,这可能会挖掘出新的事实争点。

第五节　如何科学地运用争点位序性技术

一、正确认识争点位序性技术的运用

基本思路:把握基本的原则,但又不拘泥于此,要看到其中的复杂性与变化性。

在通常情形下,在诉讼标的与法律、事实及证据各争点间,诉讼标的争点(广义的诉讼标的)应确定在先,只有先固定诉讼标的,才能对其他争点展开审理;只有框定事实争点,证据争点问题才可能呈现出来。但在法律争点与事实争点间,情形则较为复杂,仅在法律争点与事实争点存在涵摄关系的情形下,法律争点应当优先于事实争点进行审理;而在其他情形下,二者是可以择一先行审理的,此时选择哪一项争点先行审理,并没有一个确定的答案,主要看法官与当事人对诉讼效率的考量。

各类型争点间还存在一定的循环性。根据一些学者的研究,司法的过程是一个诠释学循环的过程,这种循环发生在事实与规范之间、整体事实与部分事实(包括要件事实与非要件事实)之间、证据方法与待证事实之间。[1] 从争点这一视角来观察,在很

〔1〕 段厚省、张峰:《证明评价原理:兼及对民事诉讼方法论的探讨》,法律出版社2011年版,第157页。

多复杂案件的审理中，诉讼标的、法律、事实及证据各争点之间存在来回顾盼、不断修正的过程，正是在这个过程中，争点之范围得以逐步框定。在很多案件的审理过程中，争点是逐步呈现出来的。因此，对待争点的位序性问题，不应忽视实践中争点的复杂面与多变性，应当认识到，诉讼标的争点→可能的法律争点→事实争点→证据争点，是规范出发型诉讼的逻辑要求，但真实的诉讼可能并不服从于静态的逻辑，它可能是跳跃的、开放的、反复的（当然，这种变化应在诉讼恒定原则的约束下）。综上，在规范出发型的诉讼模式中，法官在遵循逻辑的同时，应根据案件在审理中的变化适时调整争点位序的安排。律师出于诉讼效率的考虑，亦有责任提醒法官对争点的位序作出调整。当然，一位对争点归纳技术掌握很娴熟的法官，应当合理地适用诉讼恒定原则，努力减少各争点间的诠释学循环过程，防止因争点不能固定而引起的案件反复审理、效率低下。

二、运用位序性技术的阶段

基本思路：正如英美法法谚云："（一名律师在法庭上）当法律对你方有利，就敲响法律；当事实对你方有利，则敲响事实。"对于律师而言，在制定起诉、应诉策略时，应重点考虑优先从哪一个争点层面解决问题、制造问题有利于达到最优效果。

对于法官而言，在案件审理的前阶段，对于争点的位序性，应有考虑，但可粗放些，无须过于精细，而且，在司法实践中也难以做到位序分明。在案件审理的后阶段（特别是对于需要第二次、第三次开庭的案件），则应加强对争点位序性的确定工作，使审判的脉络尽可能地清晰,借此避免一些不必要的审理,节约诉讼成本。在判决书的撰写阶段,我们最应重视争点位序性技术的运用,此时在文书中应对各项争点予以最合理化的布局,努力追求文书的逻辑性与精简性。

就争点位序性技术在庭审阶段的运用,可分两种情形处理:对于进行了证据交换的案件,可在庭审诉辩意见发表后的争点归纳中对争点进行排序(详细内容可以参见本书第八章);对于未进行证据交换的案件,可在诉辩后先初步归纳争点,暂不对争点进行排序,但在当事人举证、质证后,对争点进行第二次归纳时,再对争点进行排序(详细内容可以参见本书第九章)。

三、确定争点的位序的方式

基本思路:争点之位序,应由法官以行使诉讼指挥权的方式予以确定,在此过程中,律师应充分发挥其建议权,帮助法官修正争点之位序。在某些情况下,法官应充分尊重当事人的选择,将争点之位序交由当事人协商确定。

审理顺序的确定是法官诉讼指挥权的一项重要内容,在很大程度上应由法官参考律师的意见依职权确定。但这种适用模式不可绝对化,在一些情况下,在审理位序性问题上应尊重当事人的选择,站在保护当事人利益的角度来考虑,充分保护当事人的诉讼利益。

【案例16】 A基于买卖合同所取得之价金债权起诉B要求给付货款,B抗辩称:(1) A之价金债权确曾存在,但B对A享有一项基于借款合同产生的借款债权,其借款债权早于价金债权到期，其可对A行使抵销权；(2)A所享有之价金债权已超过诉讼时效。在事实争点的顺序上，若依前述的历史方法，因“B对A享有的借款债权是否存在”这一事实争点形成时间较早，本应列于第一位序，随之才是“A是否于诉讼时效届满前的某日通知B要求给付货款”这一事实争点。但从诉讼效果考虑，此位序安排却不尽妥当。因为在大多情况下，当事人在提出诉辩时，因时间仓促或诉讼能力不足，对审理顺序多缺乏理性的考虑，此时，法官应帮助当事人对诉讼成本进行分析，妥当安排争点顺序。

在本案中，依B之原意，抗辩(1)应属预备性之抗辩(即其真意应为：若时效抗辩不成立，始以借款债权为抵销)，因为，只有在对(2)先行审理的情况下，才能决定是否再继续审理抗辩(1)。若对(2)审理后，得出A之债权已超过诉讼时效，则B之抵销权无须行使；若对(2)审理后，查知A之债权未逾诉讼时效，则B之“抵销权是否成立”的抗辩才真正进入审查视域。如就“是否成立抵销权”先为审理，则必涉及对价金债权与借款债权是否均成立的判断，而花费精力就各债权的构成要件、要件事实、要件证据审查判断，造成了诉讼拖延，潜在地损及当事人的程序利益。

另外，在法律争点与事实争点间，在很多情形下，二者也是可以择一先行审理的。在这种情形下，法官究竟要先从民法解释学的层面来解决法律争点问题，还是先从证据法层面来解决事实争点问题；律师究竟应从哪一个问题层面出发提出诉讼主张或抗辩理由，可视哪一个层面更经济来择取。一个案件中，当法律争点的区域较为模糊导致适用法律解释方法较为棘手，而对争议事实的查明无须花费较多诉讼成本时，可考虑从事实争点入手来解决问题。当从事实争点出发会面临较为复杂的论证问题(如遇到是否达到优势证据的判断问题)、当事人举证又较为困难时,若法律争点争执的区域较为清晰,适用法律解释学的方法较为简便,则可以考虑先解决法律争点问题。在前述的情形中,法官、律师应与当事人进行充分沟通,引导当事人考量诉讼成本,理性地做出选择。这当然亦有利于降低案件的审理难度,于法官、律师亦有实益。

观察实务中的运作情况,有趣的是,我们常常会发现,与学者们重民法解释学理论的运用不同,法官多倾向于从事实层面去解决问题,这是他们熟悉的领域,较为轻车熟路。而且,一名法官在实践领域从业越久,这种倾向就越强。

——— 延伸思考 ———

在一本讨论专业领域的工匠精神的著作中,作者提出,"你必须针对具体的情况建立自己的决策树"。〔1〕 争点的位序性技术,即属于法官与律师们建立自己决策树的技术,它厘清了一个案件审理的逻辑线索,于复杂案件中尤有适用之必要。争点的位序性现象,很难脱离具体的案件而被挖掘到,若不留意,很容易就从我们的思维中断线逸失,建议法官、律师们在案件的审理中,多留心捕捉可能涉及的争点位序性现象,并对此予以记录、

〔1〕 [美]马修·克劳福德:《摩托车修理店的未来工作哲学——让工匠精神回归》,粟之敦译,浙江人民出版社2014年版,第17页。

提炼、整理，耐心体会存乎于审理位序中的奥妙，此于提升自己的逻辑思维能力，进而提高案件质效，应大有裨益。

同时应予以说明的是，真实审判的过程，难能有那么多的首尾一贯，它大多是零乱的，是法官在办案中左冲右突的过程。我们写争点的位序性技术，不是说在当事人于庭审的诉辩意见发表后就实现争点的规整，而是经由不断地发现、调整，在下文所述的后置型的争点归纳中、在争点中心型裁判文书的写作中，逐渐实现争点的有序性，它是无序→有序的过程，正是审判的历史旅程，反映了审判工作的鲜活性。

第三章

争点的变动性之应对技术

本章我们将讨论争点的变动性问题，揭示出争点的变动是民事诉讼之常态，在一定范围内接受争点的变动性，有利于实现纠纷的一次性解决。我们将在第二节中重点讨论诉讼标的争点变动问题，提出有条件地认可诉讼标的争点变动的主张，并建立具体的变动模型，从变动前后的诉讼标的是否具有"共通性"，来处理诉讼标的争点变动与争议恒定之间的紧张关系。

[法官与律师的困惑]

法官阿正从事民事审判工作已有数年，办得案件越多，他越感到案件的审理并不是一个单向度、直线型的过程，试图以预先拟定的计划来应对案件的做法，在实践中往往会遭遇很多困难。在他看来，复杂案件的争点常常是一层一层地显露出来的，宛如花朵开放一般地逐层呈现，法官认定事实与适用法律是一个不断深化、渐进探索的过程。问题是，对于争点的变动性，法官应宽允到何种程度，才不至于使案件审理出现过分延迟。毕竟，每个法官都同时承办大量案件，诉讼效率始终会左右着案件的审理走向。

律师阿争亦有了一定的职业经验积累，面对一些亲友就某个具体案件可能有何裁判结果的咨询时，他已不像以前那样有“信心”，他常常直言无法预测案件的最终走向。是啊，无论做了多么充分的庭前准备，都难以避免在庭上碰到新问题新情况，诉讼标的、法律、事实与证据等争点的变动似乎是审判中的常态，如何应对这些变动呢？

第一节　什么是争点的变动性之应对技术

一、争点变动性的内涵

【案例17】[1]　案外人西科拉电子公司作为卖方，向案外人山东泰开电缆有限公司出售射线式CCV交联电缆在线监测仪X－RAY 8000 NXT一台，交货地点为买方山东泰开电缆有限公司生产现场。西科拉电子公司委托案外人敦豪货运公司运输上述货物，敦豪货运公司转委托被告联冠物流公司运输上述货物。根据敦豪货运公司（甲方）与被告联冠物流公司（乙方）于2011年5月31日订立的公路运输服务协议，甲方委托乙方为公路承运方，乙方根据甲方所发出的书面运输指示的要求为甲方提供在中华人民共和国区域内的公路运输服务。该协议第12.1条约定：“除非事先得到甲方的书面认可，否则乙方不得将本协议下的运输业务部分或全部交由第三方履行。尽管有前述规定，在任何情况下，乙方均对其委托的第三方的所有行为承担全部责任。”

就上述货物，敦豪货运公司作为投保人，于2014年4月2日

〔1〕关于该案的处理，有兴趣的读者可参看附录B中关于该案的庭审笔录。

向原告美亚保险公司承保货物运输险,被保险人为西科拉电子公司,保险金额为1,309,000元。

2014年6月10日,被告联冠物流公司转委托被告盛丰物流公司承运本案货物,双方在转委托运单上约定,“货物发生损失,若选择保价,按实际损失赔偿,但实际损失高于声明价值的,按声明价值赔偿;若选择不保价,则在不超过运费的3倍限额内赔偿实际损失”,本案中,承运人未选择保价,仅交纳运费1050元。

2014年6月16日,上述货物由被告盛丰物流公司从西科拉电子公司发货仓库运往目的地山东泰开电缆有限公司收货仓库。2014年6月23日,上述货物运抵目的地时,收货方在运单上手写备注“其中一木箱的上盖有破损(裂纹两道,左右各一道),两侧渗水,导致元件线路板浸泡”。原告美亚保险公司委托的某保险公估有限公司和某质量认证公司对受损货物进行勘验和评估后认为“本次湿损木箱系在雨淋前已出现了破损才导致如此积水……破损原因在于装箱时叠码不当,重量集中承压在木箱盖板上而不是木箱四周加强壁板上,最终导致木箱盖板到货时凹陷破损”,评定事故的总损失金额为576,659.38元(含受损设备的残值20,000元)。2015年1月8日,原告美亚保险公司向被保险人西科拉电子公司支付了赔偿款576,659.38元,并取得了保险人出具的豁免责任和代位求偿书。

原告美亚保险公司遂于2015年3月向法院提起诉请,请求判令被告联冠物流公司赔偿损失576,659.38元并承担本案诉讼费用。

【承办法官对有关争点变动的记录】

1. 初次阅卷，预判可能存在的争点：

(1)根据原告起诉的事实与理由，分析其诉讼请求，可将本案的诉讼标的确定为《保险法》第六十条第一款中规定的保险人代位求偿请求权(案件的请求权基础为保险人代位求偿请求权相关法律规范)，初步看来，本案的诉讼标的是确定的，似乎不存在狭义上的诉讼标的争点；(2)从同类型案件审理情况预判，本案的事实争点可能为：在货物运输合同的履行过程中，运输人是否存在违反合同义务行为？

2. 第一次庭审中发生的争点变动：

被告联冠物流公司庭审中答辩称：(1)涉案货物的实际承运人为盛丰物流公司(可以盛丰物流公司向联冠物流公司出具的运单为证)，要求追加盛丰物流公司作为共同被告；(2)对原告提供的公估报告所确定的货损价值有异议。原告美亚保险公司认为：(1)是否追加盛丰物流公司作为本案共同被告，由法院依法决定；(2)公估报告程序合法，应作为认定货损价值的依据；(3)根据最高人民法院法释〔2006〕10号规定，在保险代位求偿权案件审判中不审理保险赔偿关系，故损失金额的计算不属于本案审理的范围。

在以上诉讼进程中，一项法律争点问题逐渐呈现出来，即最高人民法院法释〔2006〕10号中关于在审理海上保险代位求偿权案件中不审查保险赔偿金额的相关规定，是否可类推适用于本案之陆上保险代位求偿权案件的审理？

一些新的事实争点也暴露出来：被告盛丰物流公司是否为实

际承运人?货损价值应当如何确定?

3.被告盛丰物流公司答辩中发生的争点变动:

法庭经审查,决定追加盛丰物流公司为本案的共同被告,原告美亚保险公司同意法庭的追加决定,据此变更诉讼请求,诉请被告联冠物流公司、盛丰物流公司承担连带赔偿责任;在向盛丰物流公司送达应诉材料后,盛丰物流公司书面答辩称,被保险人西科拉电子公司与被告联冠物流公司之间存在货物运输合同关系,应依合同法律关系作为行使保险人代位求偿权的基础,原告美亚保险公司不得选择侵权法律关系来主张代位求偿权,故盛丰物流公司不应当作为本案的共同被告。法庭将盛丰物流公司的书面答辩意见向原告美亚保险公司及被告联冠物流公司送达后,原告美亚保险公司书面表示以被告联冠物流公司与被告盛丰物流公司构成共同侵权,作为行使保险人代位求偿权的基础。

在以上的诉讼进程中,狭义的诉讼标的争点逐渐呈现出来,即原告在行使保险人代位求偿权时,可否选择侵权法律关系作为请求权基础?

4.第二次庭审中发生的争点变动:

被告盛丰物流公司庭审中答辩称:(1)原告无权选择侵权法律关系来行使保险人代位求偿权;(2)被告盛丰物流公司不是本案的实际承运人,不应承担赔偿责任;(3)原告美亚保险公司在选择公估机构核定损失时,并未征得造成损害的第三方的同意,公估机关对事实的认定及损失的计算金额不客观。

针对被告的答辩,原告美亚保险公司述称:(1)根据《合同法》

第一百二十二条的规定，[1]在合同之诉与侵权之诉存在竞合的情况下，其有权选择其中之一作为请求权基础；(2)公估程序合法，公估报告应作为确定货损价值的依据。

被告联冠物流公司对被告盛丰物流公司提出其不是实际承运人一节，述称：被告盛丰物流公司出具的运单，可证实联冠物流公司转委托盛丰物流公司承运本案货物等内容。

被告盛丰物流公司提出一项新的抗辩意见，认为应当按照运单(单号:33548167)所记载按照运费的3倍对赔偿的金额进行限定。就此问题，原告认为，这一限定违反了《合同法》第五十三条第二项的规定，属于限制合同相对方权利的条款，应属无效。

在这一诉讼进程中，一项新的法律争点呈现出来，即涉案运单的限额赔偿规定，是否可解释为加重相对方责任的格式条款。一项新的证据争点也暴露出来：联冠物流公司所提供的盛丰物流公司向联冠物流公司出具的运单是否具有真实性？

以上的争点变动情况可见表3－1：

表3－1中广义诉讼标的争点a1为：原告主张的保险人代位求偿请求权是否具有正当性？

[1] 该案审理时间为2015年，故在法律适用方面应援引《合同法》相关条文。下文涉及该案法律适用时亦同。

表 3-1　争点变动情况

争点类型 阶段反映	诉讼标的争点(狭义)	法律争点	事实争点	证据争点
初次阅卷			c1:运输人是否存在违反合同义务行为?	
第一次庭审		b1:最高人民法院法释〔2006〕10号是否可适用于本案?	c2:被告盛丰物流公司是不是实际承运人(涉及程序争点)? c3:货损价值应当如何确定?	
被告盛丰物流公司答辩	a2:原告在行使保险人代位求偿权时,可否选择侵权法律关系作为请求权基础(涉及程序争点)?			
第二次庭审		b2:涉案运单的限额赔偿规定,是否可解释为加重相对方责任的格式条款?	c4:公估机关对事实的认定及损失的计算金额是否客观?	d1:盛丰物流公司向联冠物流公司出具的运单是否具有真实性?

案例 17 引申出对争点变动的内涵的讨论。参与讼事的人常能感知,案件的争点并不是在诉讼过程的某个阶段一次性地出现

的，它有一个逐渐呈现的过程。如在该案件中，狭义上的诉讼标的争点，呈现于被告盛丰物流公司书面答辩中，并在第二次开庭审理中进一步得到确定；法律争点［《最高人民法院关于审理海上保险纠纷案件若干问题的规定》（法释〔2006〕10 号）是否可类推适用于陆路运输案件］，出现于第一次开庭审理中；法律争点（涉案运单的限额赔偿规定，是否可解释为加重相对方责任的格式条款），则出现于第二次开庭审理中；事实争点（被告盛丰物流公司是不是实际承运人）及证据争点（运单是否具有真实性），主要出现于第二次开庭审理中。

一般情形下，案件的争点是由双方当事人对涉诉之亲历事件提炼而来，有其确定性，但诉讼本是一场原告、被告间的“攻坚战”，随着讼事的发展，当事人依其所处优劣态势调整诉讼策略，为诉讼之常态。正如我的同事厦门市中级人民法院陈林法官形容的，审判的对象犹如一朵多重瓣的花，是从内围到外围逐渐开放的，有其生命力。法官必须关照到这种活性成分逐渐呈现的过程，留心它的变动轨迹，将它作为一种诉讼中的客观现象来对待，而不是机械地去排斥它。盯紧“争点”这一花朵的“开落”，应当是办案法官的重要任务。关于争点的变动性特征，我们在第一章第一节第四部分已有介绍，读者可以参照，此处不再赘述。

本节所述的应对争点变动的技术，即是基于诉讼法世界所处理的对象的动态、不明确（相较于实体法世界的静态）这一特性，为了实现民事诉讼法中实体公正与纠纷一次性解决的目标，而采取的灵活应对技术。

二、争点变动性的外延

案件之争点由诉讼标的争点、法律争点、事实争点与证据争点构成,对应此四种类型,争点变动可分为诉讼标的争点变动、法律适用争点变动、事实争点变动与证据争点变动。相较而言,诉讼标的争点变动在四者中的影响面是最大的,我们将在本章第二节中专门做论述。

法律争点、事实争点与证据争点的变动,一般是随着案件的审理逐步地呈现出来,以下试举几例说明。

关于法律争点的变动,我们在前举案例中可见一斑。在第一次庭审中,双方的法律争点是“最高人民法院法释〔2006〕10 号规定于本案是否可予适用”(原告持肯定意见,二被告则持否定意见)。此时,另一法律争点“涉案运单的限额赔偿规定,是否可解释为加重相对方责任的格式条款”并未呈现出来,因为被告联冠物流公司在提供“涉案运单”证明被告盛丰物流公司是本案的实际承运人时,被告盛丰物流公司对“涉案运单”的真实性不予认可并否认己方为实际承运人。但在第二次庭审中,被告盛丰物流公司认识到否认运单真实性的诉讼策略可能难以见效,遂于第二次庭审中提出“涉案运单中有限额赔偿规定,应依此限定赔偿金额”,对此问题,原告提出此项限额规定违反《合同法》第五十三条第二项的规定,应属无效条款。此时,本案的第二项法律争点即“限额赔偿约定的有效性”问题才呈现出来。

关于事实争点的变动,可从案例 18 中反映:

【案例 18】 原告是自动型柴油发电机组的买方,被告是此设备的卖方。买方诉至法院,请求判令解除合同并由被告支付违约金。事实理由是被告未依约定交付设备,致原告的合同目的不能实现。被告答辩称,延迟交货经过了双方多次磋商,有双方来往信函为证,被告并不构成逾期履约。法庭初步归纳本案的事实争点为:是否存在延迟交货的违约情形。庭审中,经双方当事人举证质证相关信函,并申请证人出庭作证,逐步确定了双方多次磋商修改交货期的事实。原告遂又提出“被告所提供的用户手册载明:涉案发电机的最小的燃油箱容积为14,000升,但目前被告所配置的燃油箱容积明显小于14,000升,被告的供货无法达到约定标准,应承担违约责任”。被告则提出“被告所提供的用户手册所载明的容积仅是一种建议,原告、被告双方对日用油箱容油量可供机组运行8小时已达成一致,此从原告提交给被告的投标书中可以体现,另配用8小时日用油箱亦符合行业惯例”。由此,本案的争议逐步转移到对设备约定的标准问题上,双方究竟是以“燃油箱容积为14,000升”,还是以“日用油箱容油量可供机组运行8小时”作为油箱容积的标准,成为本案的事实争点,庭审也围绕新的争点而展开。

在另一起案件中,原告(人身损害赔偿纠纷案件中的受害人)诉请被告赔偿相关损失。就“被抚养人生活费”一项,被告提出本案的被抚养人并未丧失劳动能力,不符合赔偿要求。法庭据此初步归纳事实争点为“被抚养人A是否丧失劳动能力”。在原告提供户口簿、当地居委会证明等证据材料证明A年老体弱符合“丧失劳动能力标准”时,被告转而提出“原告自身丧失劳动能力的程度不明,无法据此计算被抚养人生活费”。本案出现了一个新的事实争点,即"如何根据扶养人丧失劳动能力程度来计算被扶养人生活费",庭审遂围绕该问题继续展开。

关于证据争点变动,可从案例19中反映:

【案例19】 在一起买方追讨货款的案件中,被告提出原告的诉请已超过诉讼时效,原告遂提供由电信公司调取的通讯记录单,证明其已在时效内向被告提出履行要求,被告对证据质证时称:"电话只能证明拨打福州市的一个号码,不能证明其他事项,不能证明通话的对象是被告工作人员。"在此情形下,法官将证据争点初步归纳为"该份证据所载明的通话对象是否为被告的工作人员"。在原告提供证据进一步证明该电话即为被告在电信部门所登记的固定电话后,被告又提出"仅有通话记录,但无法载明通话的内容"。本项证据争点变更为"原告是否在通话中提出催讨货款的主张",之后的庭审遂围绕此进一步展开。

【案例20】 在一起建设工程施工合同案件中,起初发包方提出承包方所提供的案涉工程量确认单上所盖发包方公司印章系伪造,经法院委托鉴定,该印章属真实印章;进而发包方提出该印章系盗盖,要求对书面材料上的印章是否确为落款时间所盖进行鉴定(如时间不统一,则盗盖的可能性较大)。经法院委托鉴定,印章与落款时间系同一时间。发包方继而提出印章加盖的时间与文件上文字的形成时间不是同一时间(如时间不统一,则盗盖的可能性较大),继续要求对此进行鉴定。

在案例19、20中,我们发现,新的法律、事实及证据争点的出现,多因为当事人在一条诉讼路径受阻后,提出新的攻击或抗辩路径,或者由一项争点的审理,而深入推进到其项下的争点的审理(典型的如从直接事实推进到间接事实,从直接证据推进到间接证据)。这些情形的出现,充分说明了诉讼是一项复杂性、动态性的工作。如将审判理解为克服障碍的过程,一项障碍的解决过程中,常可能带出下一项障碍,形成一个动态的延续。

第二节　争点变动的依据及限制

一、对争点变动持宽允立场的理论与实践依据

(一)理论上的依据

从价值追求上看,对争点变动持宽允立场,契合民事诉讼追求实体公正与纠纷一次性解决这两个目标。

实体公正是民事诉讼法的核心目标。通过诉讼,使真正享有权利的人之权利能得到确认,使权利受到侵害的人能够得到救济,是立法的初衷。"离开了实体法和实体争议的裁判,诉讼制度便失去了实质内容,便空壳化了",[1]因此,面对争点的变动,法官不应当简单地以妨碍审判效率为由予以排斥,而应基于实现实体公正的目标追求,对争点的变动予以一定的宽待,并据此调整审判思路。

纠纷一次性解决是民事诉讼法的一则重要目标,其要求对同一纷争,尽可能设法利用同一程序予以彻底解决,而避免另开一

〔1〕 李浩:《举证时限制度的困境与出路——追问证据失权的正义性》,载《中国法学》2005 年第 3 期。

道程序,借以节省劳力、时间及费用,充分发挥程序之实际效用。[1] 按照这项原则,我们对争点的变动就应当持一种较为宽容的立场,允许当事人根据案件审理中出现的情况对争点适时做调整,将争议问题于一个诉讼中充分地展示出来,争取于一案中解决纷争。

从比较法上观察,曾有一些法律及规定,试图去制约争点的变动,但并未达到预期的效果。如我国台湾地区"民事诉讼法"第一百九十六条第二项规定,当事人意图延滞诉讼,或因重大过失,逾时提出攻击或防御方法,有碍诉讼之终结者,法院得驳回之。此项规定在加重一般性诉讼促进义务及个别性诉讼促进义务的同时,强化失权效,以制约争点之扩散而防止审理散漫化。[2] 该"民事诉讼法"第二百七十条之一就协议简化争点程序作了规定,试图以订立争点简化协议的形式,将争点的范围限制在协议的范围内。但实践中,常出现所谓的"潜存之争点"(指争点整理结束后未被发现或以协议排除之争点)。此种争点之产生,"多数是因案情复杂、事证偏在一造、事证收集手段不够充实,法院未妥为阐明全面性之争点整理或系属调查证据后始凸显之争点所致"。[3] 而这些争点的出现,也可能导致法律构成方面的新主张的提出。

---

〔1〕 邱联恭讲述,许士宦整理:《口述民事诉讼法讲义》(三),台北,元照出版公司2012年版,第129页。

〔2〕 所谓"争点失权",是指对于争点整理阶段未整理出来的争点,非有法定情形,不得在证据调查阶段提出;对于争点整理阶段确定的争点之外的争议,在后一阶段诉讼程序中将不予审理。

〔3〕 黄柄缙、李国增、周舒雁等:《争点集中审理制度在各法院之施行状况及其检讨》,载《民事诉讼法之研讨》(十四),台湾民事诉讼法研究基金会2007年版,第330页。

对于基于新事实及法律规范变更而提出的争点，很难认为当事人有可归责性。据我国台湾地区法官的介绍，“实务上几乎没看到有适用失权效的案件”，[1]争点整理的失权效规定以及争点简化协议方面的限制性规定，很难得到严格的执行。

从制度配套上看，我国的《民事诉讼法》并未规定争点整理的失权效，亦未设立答辩失权制度及未严格实行举证时限制度。既然我们允许被告在开庭时才提出答辩意见，并对新证据的提出持较为宽宥的立场，我们就应当允许当事人通过争点变动来提出新的意见，重新解析法律、组织举证，这在制度设计上体现了一致性。

综上，从价值追求、比较法成例以及现行立法制度配套上看，对争点变动予以宽宥对待，是一种更为妥当、务实的态度。

（二）实践中的依据

从当事人素质层面看，基于我国当事人法律知识、诉讼技能存在欠缺或者自身认识上的主观性等因素，其往往难以在民事诉讼伊始即妥当地确定诉讼标的，事实、法律的论争亦常随诉讼的进程迭次推进或曲折迂回。无视当事人的具体情况，绝对地禁止争点变动，将会使诉讼变得冰冷、僵硬。[2]

---

〔1〕 黄柄缙、李国增、周舒雁等：《争点集中审理制度在各法院之施行状况及其检讨》，载《民事诉讼法之研讨》（十四），台湾民事诉讼法研究基金会2007年版，第339页。

〔2〕 在这一点上，德国能较好地实行“争点失权效”（禁止经过争点整理程序的争点发生变动）制度，有一个很好的前提，即他们从第一审到第三审都实行律师强制代理制度，这与我国有很不同的诉讼背景。

从诉讼进程上看，审判工作所要处理的对象是一种具有动态的、不明确性的事实关系，[1]新的法律争点、事实与证据争点，常是当事人原本主张的法律、事实、证据受到争执时，才凸显、呈现出来，如无视这些新出现的争点，有些案件客观上根本无法推进，会使案件停滞下来。

就心理层面上看，当出现新的争点时，法官如禁止争点变动，或对争点视而不见，可能会直接决定了当事人是胜诉还是败诉，这会使法官面临沉重的心理压力。

综上，允许争点的变动，考虑到了当事人素质因素，反映了审判规律的必然，且为法官的心理上所接受，具有实践上的可行性。

二、对争点变动的必要限定

总体上，我们对争点的变动持一种宽允的立场，但这并不表示法官可以对此不予审查，均予承认。对争点变动的态度，应视争点类型的不同而予以区别对待。

对于法律争点的变动，法官应持肯定的立场。因为适用法律是法官的职责，其本身有义务全面地把握案件的法律争点，允许法律争点的变动，这恰能拾遗补阙，防止出现法律适用的缺漏，有助于法官正确适法。

对于事实争点的变动，则应当受到《民事诉讼法》第六十八条第二款，《最高人民法院关于适用〈中华人民共和国民事诉讼法〉的解释》第一百零一条、第一百零二条等规定的限制。对于当事

〔1〕 邱联恭讲述，许士宦整理：《口述民事诉讼法讲义》（三），台北，元照出版公司2012年版，第16页。

人怀有延滞诉讼之恶意,故意或重大过失逾期提供证据,当出现于己不利的诉讼局面时,又提出事实争点变动申请的,法官应不予认可。

对于证据争点的变动,由于争点的变动在同一证据内部发生(如上文所举的案例),不受到举证期限制度的限制,法官宜持一种宽允的立场。当然,我们仍应防止当事人恶意适用分段提出质证意见的策略来延滞诉讼,在举证质证阶段,明确要求当事人一次性地将意见做完整表述,对恶意延滞诉讼情形,可视情况对证据争点的变动予以排斥。

关于对诉讼标的争点变动的应对,我们将在下节中侧重介绍。与对待法律争点变动的肯定态度和对待事实与证据争点变动的宽允态度不同,对诉讼标的争点的变动,在审查上要更为严苛,因为,诉讼标的争点是最上位的争点,允许其变动,往往会牵一发动全身,导致案件的审理重新开始,考虑到审判资源的有限性,我们不可能随意地允许重新审判。于是,如何协调好纠纷一次性解决与争议恒定原则二者的关系,成为摆在法官案头的一件难事。

第三节　诉讼标的争点变动的基础理论

一、关注诉讼标的争点变动切合审判需要

关于诉讼标的,一直未有确切的定论,理论上大致有新旧诉讼标的学说等多种。目前司法实务中通常采旧诉讼标的说,即认为诉讼标的是指双方当事人发生争议而请求人民法院进行裁判

的实体权利义务关系。本书亦以旧说为讨论对象。[1] 因此,诉讼标的争点变动是指在诉讼进程中,双方当事人发生争议而请求人民法院作出裁判的实体权利义务关系发生变化的一种状态。

有关诉讼标的争点变动,学界研究甚少,实务界更是鲜有论及。学界与此相关的论题为"诉的变更"。笔者认为,二者存在以下不同:(1)在涵盖范围上,诉讼标的争点变动窄于诉的变更。诉是由诉讼主体、诉讼标的和事实理由三个要素构成的特定程序,诉的变更是指诉的要素的变化。诉讼标的争点变动,仅是诉之变更中的一种情形,不包括当事人的变更及事实理由的变更。(2)从观察视角来看,研究诉讼标的争点变动,是从审判技术的立场去讨论问题,突出实务性;而诉之变更,则是从诉的要素角度进行研究,侧重于理论分析。故以诉讼标的争点变动为讨论对象更切中审判要求。

对于诉讼标的争点变动的类型,可从不同角度作出界分。从变动后原有诉讼标的是否存续进行分类,诉讼标的争点变动的类型包括两种:一为在原有诉讼标的基础上追加其他诉讼标的,变动后原有诉讼标的仍然存续,可称为追加型诉讼标的争点变动;[2] 二为提出新的诉讼标的取代原有诉讼标的,变动后原有诉

---

〔1〕 若依新诉讼标的说的见解,诉讼标的为一事实或一利益,诉讼标的具有较大的相对性。则依此弹性较大的观点,在案件审理中,诉讼标的几乎不会发生变动,当事人在诉讼中可在同一事实或利益的框架内径行调整诉讼方向,提高了一次诉讼解决一次争议的实效性,但此极易导致诉讼散漫化,影响诉讼效率,且不可避免地会对当事人造成诉讼突袭,损及实体公正。

〔2〕 需特别说明,单纯请求金额之增减,仅属请求范围的变化,诉讼标的并未发生变化,不构成追加型诉讼标的的争点变动。参见[日]新堂幸司:《新民事诉讼法》,林剑锋译,法律出版社 2008 年版,第 528 页。

讼标的已不存在，可称为变更型诉讼标的争点变动。[1] 依诉讼标的争点变动提出的时间不同，诉讼标的争点变动的类型包括两种：一为在一审程序中发生的诉讼标的争点变动；二为在二审程序中发生的诉讼标的争点变动。

限于篇幅，本书仅讨论由当事人在一审程序中（法庭辩论终结前）提出的诉讼标的争点变动类型，对在二审程序中的争点变动及法官以释明权方式建议争点变动等类型未作讨论。

二、诉讼标的争点变动与争议恒定原则的冲突

（一）追求静与追求动：冲突的缘由

民事审判实务中，法官对诉讼标的争点变动多持拒绝态度，认为凡属法律关系发生变动，即应另案处理（如属追加型诉讼标的变动，应另案起诉；如属变更型诉讼标的变动，应对本案申请撤诉，再另案起诉）。追问其缘由，法官们大抵将其归于争议恒定原则。

所谓争议恒定，是指“诉讼一经提起，其各项要素与诉讼范围均不得变更，不能用第三人来取代某一诉讼当事人，不能改变当事人的身份，也不能变更‘开始诉讼的请求’的标的，或者提出新的诉讼请求”[2]。此项原则，在罗马法与日耳曼法即已得到确

---

〔1〕 需特别说明，单纯地对作为请求理由的攻击方法之主张予以变更，如原以被告存在非法同居关系诉请离婚，后改为以被告存在虐待行为诉请离婚，诉讼标的并未发生变化，不构成变更型诉讼标的争点变动。参见［日］新堂幸司：《新民事诉讼法》，林剑锋译，法律出版社2008年版，第525页。

〔2〕 ［法］让·文森、塞尔日·金沙尔：《法国民事诉讼法要义》，罗结珍译，中国法制出版社2001年版，第629页。

认,但得以确认的原因有所不同。在罗马法中,诉讼以前就存在,实行的是诉权制,因此,某人基于某诉权提起诉讼时,他就因其起诉而消耗了诉权。可以理解,罗马法确认争议恒定,是贯彻处分原则、责任自担原则的必然;而在日耳曼社会,法并非被制定,而是于诉讼案件中被发现,诉讼成为当事人的决斗场,为实现公平,此时最应避免的是诉讼中存在突袭行为。日耳曼法承认争议恒定,主要目的是避免对方防御困难的出现。[1] 争议恒定原则,在后世诉讼法典中得以继承(如法国的民事诉讼法理论将其称为"讼争一成不变原则"[2]),旨在通过赋予诉讼以"相对的不能变通性",防止诉讼当事人通过提出新的诉讼请求来阻碍与迟延诉讼的进展,借以保护相对方的防御自由。笔者理解,这是对诉讼之"静的要求"。其在价值取向上,有两重考虑:一为如同古代日耳曼人的思路,避免诉讼中存在突袭行为(具体来说,有来自当事人随意变更诉讼标的的突袭,也有来自法官超出当事人诉请范围作出裁判的突袭),追求诉讼公正;二为提高诉讼效率,防止诉讼久拖不决。此也为在后世诉讼案件大量上升时期,新形势下的立法者所不得不考虑的问题。

有条件地承认诉讼标的争点变动,则是对诉讼之"动的要求",其理论根基应归于"纠纷的一次性解决"之诉讼追求。我们发现,基于"静的要求"而反对诉讼标的变动的司法应对策略,虽

---

〔1〕 关于罗马法与日耳曼法确认争议恒定原则的比较,详可参见[日]中村宗雄、中村英郎:《诉讼法学方法论——中村民事诉讼理论精要》,陈刚、段文波译,中国法制出版社2009年版,第209~210、257页。

〔2〕 沈达明编著:《比较民事诉讼法初论》,中国法制出版社2002年版,第141页。

然提高了本起诉讼的效率，但纠纷未结，当事人仍可能会在另一场诉讼中主张权利诉求，除去起诉、应诉、送达等环节外，原诉讼中提供的证据材料可能在后一场诉讼中重复提供，需重新开展质证、认证、辩论等诉讼程序，从整体效果看，诉讼效率相比前案可能不升反降。同时，如何保持前后诉讼在事实认定、法律适用上的统一，亦成为困扰后一诉讼承办法官的问题。[1] 基于人本主义的考虑，站在当事人的立场（无论为原告或为被告），对于诉讼的耗时费力，我们亦能感同身受。如能一次解决，司法者绝没有理由让当事人承受两次痛苦。因此，诉讼之“动的要求”，是以重经济、体人文为价值取向，力图通过一次性解决纠纷，提升审判效率，体现司法关怀。

对比前面的论述，我们发现，争议恒定与有条件认可诉讼标的争点变动的价值取向中均包含有提高诉讼效率的成分，但细究下去，二者有显著不同：前者试图提升的是本起诉讼的效率，后者则立足于提高审理该项纠纷的效率。如何取舍，取决于两点：一为提起诉讼标的变动申请的当事人在不获批准的情况下，另案提起诉讼的可能性有多大（实践中，当事人可能在本案诉讼后即已满足，不再另案提起诉讼，而使“纠纷一次性解决”成为一个伪命题）；二为本起诉讼是否有尽快解决的必要性。以上两项取舍标准均较为主观，宜于个案判断，难以类型分析，本书无法详论。

核心问题是，承认诉讼标的争点变动（诉讼之动），可能侵害

〔1〕 审判实践中，有趣的现象出现了，审理前一诉讼的法官大多“严把争议恒定关”，控制本案的裁判范围。而审理后一诉讼的法官则大多抱怨，认为从保证裁判统一的角度，应在前案中一并解决。

程序安定(诉讼之静),造成被告的防御困难,而损及诉讼公正。此项日耳曼人所担心的冲突,立法应如何解决,为各国所关注。

(二)管制走向缓和:比较法观察

从大陆法系处理诉讼标的争点变动的发展趋势来观察,法国民事诉讼中,对于争议恒定原则的适用,有一条发展脉络。根据让·文森与塞尔日·金沙尔两位法国学者的介绍,[1]早期,法国旧法律中似乎并未承认这一原则,因为当时的"出庭传唤状并不需要写明诉讼请求的标的"。之后的法国《民事诉讼法》第六十一条虽然对该原则予以了规定,但由于该项原则的严格适用导致诉讼缺乏可塑性,法国《新民事诉讼法》并没有明文提到这一原则,[2]其意义在很大程度上已经缓和。为了不致使诉讼案件的数量成倍增加,人们承认可以提出"追加之诉",不过必须具备的条件是:追加之诉同本诉之间有紧密的关联性,而且,追加之诉应当尽早提起,不应造成诉讼的迟延。

受罗马法、日耳曼法影响,德国普通法长期以来恪守禁止诉讼标的争点变动原则,德国民事诉讼中,也存在类似的走势。1877年德国《民事诉讼法》承袭了普通法的思维定式,规定在一审中只有在被告同意的情况下才允许诉的变更。[3] 但1898年修

---

〔1〕[法]让·文森、塞尔日·金沙尔:《法国民事诉讼法要义》,罗结珍译,中国法制出版社2001年版,第629~631页。

〔2〕两位学者进一步推断,法国《新民事诉讼法》中是"故意不提"争议恒定原则,因为这一原则过于僵化,它在现代制定法中已经由第四条推翻。

〔3〕德国民事诉讼理论认为,诉的变更即为诉讼标的变动,当事人变更以及法院变更不是诉的变更。此项观点亦为日本民事诉讼理论所采。

订后的德国《民事诉讼法》规定,如果诉的变更不会极大地增加被告防御的难度,在一审中是允许的。1924 年修订后的德国《民事诉讼法》更进一步允许任何诉的变更,如果它们有利于查明事实。一直到 2001 年的德国《民事诉讼法改革法》,仍以有利于查明事实为由(由法官根据是否存在关联性等特征进行有用性审查)而允许诉的变更,仅对二审中诉的变更予以限制。

日本《民事诉讼法》先期承袭早期德国《民事诉讼法》的立法模式,对诉讼标的争点变动予以限制,但自 1926 年以来逐步走向个性化,近年来日本《民事诉讼法》将诉讼标的争点变动界定为"当原告提起的诉在诉讼过程中出现明显与案件事实不符的情形时将其变更为与实际相符之诉的制度,且不以当事人同意作为要件"〔1〕,其主要从新旧请求之间的关系来限定诉的变更,只要请求的基础不发生变更,即允许当事人进行诉讼标的争点变动。〔2〕

相较而言,诉讼标的这一概念难以在英美法系中找到对应物,但英美法存在完整而独立的诉答制度,从对待诉答程序请求范围与性质变动的司法态度上,可以观察它们的政策导向。根据美国《联邦民事诉讼规则》第十五条第一款的规定,在接到对方应答诉状前,当事人有权对其诉状进行修改,在其他情况下,当事人则只有经过法院准许或一方当事人书面同意时才可能改其诉答文书,但如符合正义的需要,则不受限制随时予以准许。根据英

〔1〕[日]中村英郎:《新民事诉讼法讲义》,陈刚、林剑锋、郭美松译,法律出版社 2001 年版,第 130 页。

〔2〕详情可参见[日]新堂幸司:《新民事诉讼法》,林剑锋译,法律出版社 2008 年版,第 527 ~ 528 页。

国《民事诉讼规则》第17.4(2)条的规定,即使对案件声明将产生追加或变更的诉讼请求的法律后果,法院也可准许,但应符合以下条件,即追加或变更有关诉讼请求的事实,须与在该诉讼中当事人主张救济、请求修改的诉讼请求所依据的事实相同或基本相同。其隐含的原则是,凡是有助于在当事人之间确立真实的争执议题,只要不对另一方当事人造成不公正,所有这类更正都应当被准许。〔1〕

综上比较可以发现,对于诉讼标的争点变动之处理,大陆法系民事诉讼法多由早先的严格禁止走向有条件限制,又从不断调整限制尺度发展到当今权衡利弊定夺,由绝对的静的模式走向有条件的动的基本模式,遵循的法律价值则相应发生了向追求有秩序的效率的流变。英美法系亦对诉讼标的争点变动采更加宽松的态度。〔2〕

三、适时与共通:融合的途径

思考融合之道,势必要涉及对申请变动方、被申请变动方及法院各方利益进行评判。就申请方而言,基于特定理由,有其变更或追加的必要,否则就不得不另行起诉,这样对双方当事人与法院来讲,均不能做到诉讼经济;对于被申请方而言,"期望诉讼

〔1〕 毕玉谦:《诉的变更之基本架构及对现行法的改造》,载《法学研究》2006年第2期。

〔2〕 在英美民事诉讼上,因诉讼制度的目的在于"解决纠纷",是从事实出发实施诉讼,相较罗马法系的诉讼制度在于"保护当事人权利"及从规范出发实施诉讼,其允许诉讼以更大的变量。诉讼理念上的差异,或为对诉讼标的争点变动采不同立场的原因。

自始安定,能专门就原告起诉的特定请求及提出的证据事实进行研判防御,并不受申请方的任意摆布"〔1〕;对于法院的公益立场而言,则要求诉讼迅速、经济且全部彻底地解决。我们应在考虑这些对立的利益后再作出权衡。

比较法上,以克服诉讼突袭为目的,寻求融合诉讼标的争点变动与争议恒定原则融合的途径有二:一为申请诉讼标的争点变动必须于法庭辩论终结之前提出(法、德、日等国家的《民事诉讼法》对此均有规定),即所谓通过适时提出原则在时间上控制诉讼突袭的发生;二为要求新事项与旧事项之间,必须存在可以利用旧事项审理之关系,即所谓的二者间存在共通性(法国《民事诉讼法》称为"关联性",德国《民事诉讼法》称为"有用性",日本《民事诉讼法》称为"基础不变",英国《民事诉讼》规则称为"事实基本相同"),通过提高对方的预测度来防免突袭。

前者为程序要件,以时间划定,在适用上不存在异议,在此不拟详论。后者为实体要件,要求请求的基础不发生变更,根据有关立法例及学理上的观点,具体有两项判断标准:一是要求"旧请求的诉讼资料或证据资料可以被用于新请求的审理"〔2〕,即变动前后的诉讼标的争点所依据的主要事实与证据争点基本相同,允许诉讼标的争点变动不致造成原已特定的争点之扩散。此项审查较具形式意义。二是要求"两个请求的利益主张,在社会生活

〔1〕 陈荣宗、林庆苗:《民事诉讼法》,台北,三民书局1996年版,第358页。

〔2〕 参见[日]新堂幸司:《新民事诉讼法》,林剑锋译,法律出版社2008年版,第528页。

上是关于同一或相关纠纷的利益主张"[1],即新旧诉讼标的争点所代表的利益具有较强的关联性,在此进行的主要是实质性审查,涉及的是如何界定同一或相关利益问题。但在依前述标准进行审查时,仍应将"是否造成诉讼延滞"以及"是否会对被告的防御权造成妨碍"两项重要价值纳入考虑的范围,使"宽允诉讼标的争点变动"与"争议恒定"二者之间可以在某种程度上相互协调。

在依前述标准进行审查后,如当事人申请诉讼标的争点变动发生于法庭辩论终结前,且变动前后请求的基础不发生变更(前后存在共通性),法官应允其变动以利纠纷的一次性解决。反之,则从防免诉讼突袭、稳定诉讼秩序的立场出发,不允其变动申请。

第四节　诉讼标的争点变动之应对技术

在诉讼进程中,诉讼标的争点变动的情形可谓纷繁复杂。根据上文所划定的界分标准(共通性原则),本书试图对实务中可能出现的各类应予认可变动案型作类型化分析。具体思路是,以变动后原有诉讼标的是否存续为标准,区分追加型与变更型两类诉讼标的争点变动,并就该两类变动中的各种情形作分析。在此两类情形之外,辅之以被告申请变动情形分析。另需说明,基于本书所采的旧诉讼标的说的观点,在判断诉讼标的是否发生变动时,我们以最高人民法院《民事案件案由规定》中列明的当事人诉争的法律关系是否发生变动作为依据。

---

〔1〕 参见[日]新堂幸司:《新民事诉讼法》,林剑锋译,法律出版社2008年版,第528页。

诉讼标的争点变动分类情况可见图 3－1：

- 诉讼标的争点变动
  - 追加型诉讼标的争点变动
    - 追加“目标诉讼标的”
    - 追加“备位诉讼标的”
    - 追加“新生诉讼标的”
    - 追加标的物但诉讼标的同类
  - 变更型诉讼标的争点变动
    - 原有诉讼标的灭失
    - 同一物的诉讼标的变更
    - 变更标的物但诉讼标的同类
  - 被告提出增加诉讼标的型

图 3－1　诉讼标的争点变动分类

一、追加型诉讼标的争点变动

【案例 21】（追加“目标诉讼标的”型）：原告向被告提出诉讼，诉请确认对甲房屋享有所有权，在案件审理过程中，[1]原告追加诉讼请求，要求被告返还占有的甲房屋。

分析：原告原主张的诉讼标的为“所有权确认纠纷”，追加后的诉讼标的为“所有权确认纠纷”＋“返还原物纠纷”。是否允许此项诉讼标的变动，应依前文确定的实体要件进行审查。形式要件上，原告围绕前一诉讼标的所提供的证据材料（如原始地契、房屋施工人证明）在后一诉讼标的审理中均可采用，可作为判断新请求是否成立的依据，原请求所涉及的纷争事实群与新请求所涉

〔1〕 为论述方便，本书所引案例均假设符合诉讼标的争点变动的程序要件，即原告申请诉讼标的争点变动均于法庭辩论终结前提出。

及的纷争事实群彼此具有较为高度的重叠,虽然原告在后一诉讼标的审理中,还需补充提供被告占有甲房屋的事实,但不会造成诉讼的过分延滞;实质要件上,原告之所以在前一诉讼标的中主张确认涉案房屋的所有权,不过是为之后的返还房屋之诉(本书称为“目标诉讼标的”)做好铺设,确认之诉服务于给付之诉,二者所追求的诉的利益是同一的,均为满足原告对涉案房屋的占有、使用、处分等权能之需。故法官对原告的诉讼标的变动申请应予应允,以解原告重复诉讼之苦。

【案例22】 (追加“备位诉讼标的”型):原、被告订立买卖合同,原告以被告存在根本违约为由诉请解除合同并赔偿损失,法院在审理过程中认为本案可能存在合同无效情形并依法向原告行使释明权,原告在坚持原有诉讼标的基础上提出,若合同无效,则要求返还交付物并判令被告承担缔约过失责任。

分析:原告原主张的诉讼标的为“买卖合同违约纠纷”,追加后的诉讼标的为“买卖合同违约纠纷”+“买卖合同无效纠纷”。此种情形,涉及对诉之预备合并的适用。所谓预备合并,是指同一原告对同一被告为预防其提起一诉无理由,而同时提起不能与前诉并存的起诉,在先位之诉无理时可获得有理由判决的诉之合并。[1] 本案中,原告之所以在坚持原诉讼标的基础上提出备位诉讼标的,是因为其对合同是否有效存在疑虑,为能一次性解决纠纷,而采取有目标但又留后路的诉讼策略。依前文所述的判断标

---

〔1〕 陈光中、江伟主编:《诉讼法论丛》(第5卷),法律出版社2000年版,第368页。

准,我们发现,追加诉讼标的后,案件的基本证据材料并未发生变化,且诉讼目标均指向损害救济这一相同的利益追求,故应认可其追加申请。

【案例23】 (追加“新生诉讼标的”型):原、被告订立专利实施许可合同,原告以被告未依合同约定支付使用费为由,书面通知被告解除合同,并诉请法院确定合同已予解除并判令被告赔偿损失。后原告又增加诉请,要求判令被告立即停止侵权,并承担在合同解除期日后至判决执行之日止继续使用专利成果对其造成的侵权损失。

分析:原告原主张的诉讼标的为“发明专利实施许可合同法律关系”,追加后的诉讼标的为“发明专利实施许可合同法律关系”+“侵犯发明专利权法律关系”。之所以出现诉讼标的的追加,是由于在原告就先期诉讼标的提起诉讼后,被告未停止对涉案专利的使用,在合同解除后实施了对专利的侵权,由此引出另一诉讼标的(本书称为“新生诉讼标的”),对此,原告在起诉时难以预测。从诉讼效率上看,法官同意追加之结果,有助于使有关联性的案件在同一诉讼中审理而不是被排列,符合经济原则。从是否对被告造成诉讼突袭角度分析,“新生诉讼标的”的审理,主要围绕的是被告使用专利是否具有合同依据,与原诉讼标的紧密相连,且利益指向均为损害赔偿,同意追加诉讼标的,并不会导致被告的防御困难。

【案例24】 (追加标的物但诉讼标的同类型):原、被告就同一幢房屋内的甲、乙两间房屋于一个月内先后订立了甲、乙两份租赁合同,因被告拖欠甲、乙两间房屋的租金,原告依约诉请解除甲合同,立案后,原告申请追加解除乙合同。

分析:原告前后诉讼标的均为"租赁合同纠纷",但指向的标的物不同。实践中,遇到此类案件,法官们的通常做法是建议当事人另行起诉,之后再将两件案件进行合并审理,此类做法有重新检讨的余地。从本案来看,两份合同于短期内先后订立,合同主体相同、性质相同,原告就前后诉讼标的所提供的证据种类完全一致,且均以解除合同为目标。原告之诉的追加并不会对被告造成防御困难,其结果有利于诉讼经济,避免了另一场诉讼的发生。故应允其追加申请。

以上各种情形的共性在于原诉讼标的与追加后的诉讼标的均具有较紧密的关联性,如案例21中,原诉讼标的与"目标诉讼标的"存在相互依托关系,前者以后者为目标,后者以前者为前提;案例22中,原诉讼标的与"备位诉讼标的"存在相互补充关系,前者落空,后者可填补,前者若得以支持,后者则无须考虑;案例23中,原诉讼标的与"新生诉讼标的"存在直接延续的关系,后者是前者发展进程中必然出现的结果,前者为后者产生的条件;案例24中,针对不同标的物的诉讼标的存在相同属性,涵括于同一法律关系之下,一并处理并不会带来不便。四种类型的差异则在于,从依托→备选→延续→标的物不同,关联性有渐远的趋势,已逐渐偏离了同一请求的基础。因此,在判断上应设定一定的界限。其界限应在于:"法律争议的面貌"不能改变,如果引入了全新的诉讼资料,法院必须对另一项法律关系进行判断,如此就逸出了变动的空间,进入了另一诉讼领域。

二、变更型诉讼标的争点变动

【案例25】（原有诉讼标的物灭失型）：原告诉请被告返还非法占有的甲房屋，在诉讼过程中，该房屋因火灾而灭失，原告遂要求变更诉讼标的，将诉讼请求改为要求按房屋市值判令被告赔偿损失。

分析：因诉讼标的物系在诉讼过程中灭失，原告只能在诉讼过程中改变原设路径，在这种情况下，如果不允许善意的原告变更其诉讼标的，其只能重复诉讼，这不仅会导致当事人之间的纠纷得不到最终解决，而且此前的司法资源投入亦属事实上的无效运作，有违诉讼经济原则。从被告的角度来看，在此类案件中，变更的诉讼标的与原诉讼标的之间存在紧密的联系，围绕变更的诉讼标的进行的审理过程并不会对被告的防御造成相当妨碍或对诉讼的终结造成显著迟延，其与争议恒定原则所追求的保障被告权益的目标并不相违。故在此情形下应允原告变动申请。

【案例26】（同一物的诉讼标的变更型）：原、被告对甲地一向有争议，原告诉请法院确认对甲地享有所有权，后自觉依据不足，于开庭前向法院提出将诉讼标的变更为土地使用权的确认。

分析：原诉讼标的争点为"所有权确认纠纷"，变更后诉讼标的争点为"使用权确认纠纷"，从证据资料看，从证明所有权转变为证明使用权，似乎有较大的变化，但在证明原告对涉案土地具有"占有权限"上，证据的基础是相同的，未逸出合理范围发生反常变化。在实质利益追求上，新旧诉讼标的亦围绕"土地权益的取得”这一中心,不能说有质的差异,并不会对被告造成防御困难。实务中,不应采纳被告关于原告的诉讼标的变更给其防御造成困惑之主张。[1]

【案例27】 (变更标的物但诉讼标的同类型):原、被告(兄弟二人)相邻处有甲、乙两块土地,原告认为是其从父辈继承取得,被告则不认。原告诉请确认其对甲地享有使用权,后经长辈劝说,原告于开庭前向法院申请变更诉讼标的,将确权对象改为乙地。

分析:此项诉讼标的变更,似乎已渐行渐远,从以上两个案例中的同一诉讼标的物转移至另一诉讼标的物,但从关联性审查,新旧诉讼标的仍具有可变更的相同基础:一方面,二地相邻且均为原、被告从父辈处继承财产(虽对具体权属各有说辞),二诉讼标的物的权源同一;另一方面,新旧诉讼标的均为使用权纠纷,法律关系为同一种类。故应当视为诉讼请求的基础未发生变更,而允许在同一诉讼中解决。

三、被告提出增加诉讼标的型

【案例28】 被告驾车撞伤原告,双方经协商,被告开具50,000元的支票给原告作为赔偿,但原告向银行提示该票据未获付款。原告遂以票据请求权为诉讼标的向法院起诉。被告答辩中提出,一方面,该票据欠缺使票据有效的绝对必要记载事实,应属无

---

〔1〕 日本最高裁判所民事判例对此类案型持同意变更观点,可参见[日]新堂幸司:《新民事诉讼法》,林剑锋译,法律出版社2008年版,第528页。

效。另一方面，其对双方协商订立 50,000 元赔偿的协议存在重大误解，请求增加诉讼标的，将重大误解列为本案的诉讼标的。

分析：在理论上称为请求权基础竞合的情形，原告起诉时，基于平衡追求实体与程序利益，其一般会选择最可靠也最便利的民事法律关系作为诉讼标的，而将可实现同一诉讼请求的其他可供选择的民事法律关系排除在诉讼程序之外（如本案中原告即选择票据请求权，而不选择损害赔偿请求权）；对被告而言，这隐含着危险，即原告可能在本次诉讼失败后，再以其他民事法律关系作为诉讼标的就相同诉讼请求另案起诉，从而对被告构成一种需另行防御的负担。在此情形下，应当考虑保护被告的程序利益，允许其在一次性的诉讼中对原告所可能主张的权利进行全面的防御，以免在另案中耗费成本对新诉进行再次防御。基于此，本书认为，在被告提出要求原告增加诉讼标的就重大误解于本案一并审理时，法官应对原告行使释明权，建议其一并诉求解决。若原告拒绝增加诉讼标的，基于应平等赋予被告程序利益的观点，被告可以考虑以反诉的方式请求确认在人身损害赔偿法律关系中存在重大误解应据此减少赔偿金额。[1] 对该项请求所作的判决，其溯及力及于另一法律关系，原告无权另案以该法律关系再行诉请。

---

〔1〕 此项观点系参考学者黄国昌的观点而提出，详情可参见黄国昌：《民事诉讼理论之新开展》，北京大学出版社 2008 年版，第 353 页。

延伸思考

在本章中,我们关心的是一场诉讼究竟可以解决多大范围内的纠纷的问题,其核心在于变动前后的诉讼标的是否具有“共通性”,而此项标准,需通过对程序与实体两项标准进行具体衡量来确定,此中具有一定的弹性,但不能逾越“保持法律争议的面貌”这一界限。

撰写本章的过程中,于我,最大的收获是体验到了诉讼过程中的动与静(与民法学中的交易安全与所有权保护之动静属性类似)。我认识到,科学、妥适的审判工作应是动与静的统一。争议恒定为静之一端,诉讼标的争点变动为动之一端,如何取其衡,实为审判的艺术所在。

第四章
事实争点确定中的释明技术

本章我们将讨论在事实争点归纳工作中的法官应当如何行使释明权。释明是一项全面性的工作，涉及对诉讼标的、法律、事实、证明标准的释明，对于诉讼标的争点及法律争点的释明，在本书第一章第一节第二部分“争点的几个组成部分”中“诉讼标的争点”及“法律争点”相关部分，已作必要交代，在此不拟详论。本书将集中讨论事实争点的释明与证明标准争点的释明两个问题（对于后一问题，将放在第五章论述）。本章中，将概述事实争点释明的内涵，通过分析司法实践中存在的问题，继而分析对事实争点开展释明的必要性与可行性，并重点建构事实争点释明的四种模式，以期能纠正实践中可能存在的裁判突袭，保障当事人的实体与程序利益。

［法官与律师的困惑］

经过几年的历练，阿正法官已学会了按一定的位序去排列争点，并合理地应对争点之变动。但作为一名基层法官，面临最多的还是事实的认定问题，阿正迫切地感到，自己捕捉事实争点的能力还存在不足。他发现，在诉辩对抗中直接呈现出来的争点，处于原生状态，常是有棱角、有裂纹的，处于一种模糊、矛盾、不适当的状态,与案件的要件事实并不存在稳定的一一对应关系。若将这些争点上升为事实争点,法官必须对这些争点的胚形进行一定的加工打磨,这就涉及释明技术的运用问题。

事实争点的模糊化给律师阿争也带来了困扰。承办的案件越多,阿争越能感到争点如何确定直接影响着庭审的方向,甚至预先设定了裁判的结果,对当事人的利益影响甚巨。因此,在法官归纳争点时,阿争集中精力,尽力协助法官把事实争点归纳得清晰、科学一些。

第一节　什么是事实争点确定中的释明技术

一、事实争点的内涵

【案例 29】　在一起农村征地补偿款分配纠纷的案件中,原告 A 村民诉请被告 B 村小组返还征地补偿款 28,400 元,双方的诉辩攻防围绕两个问题展开:(1)原告是否具有该村小组村民资格。A 诉称:其户籍所在地虽不在 B 处,但其可提供证据证明其生产、生活基础地均在 B 处,并有自建房(根据当地法院审理该类案件的指导意见,当户籍所在地不在被征地村组织时,如生产、生活基础地在该组织,仍可享有补偿款的分配资格);B 辩称:A 不具有该村小组的村民资格。(2)B 应支付征地补偿款的金额。A 提出 B 对每位村民发放的补偿款均为 28,400 元,但未就此提供证据,仅述该小组的安置费、土地补偿款是按人均 17,000 元,青苗费每人按 0.197 亩计算。B 当庭认同 A 所提出的计算方式。

听取以上诉辩后,基于被告对原告提出的计算标准表示认同,法官未再与被告核对发放具体金额,即将“被告对每位村民发放的补偿款均为28,400元”作为无争议事实,并将“A的生产、生活基础地是否在B村并有自建房”作为事实争点,将举证责任分配由A来承担。

在归纳无争议事实与争点后,法官就以上无争议事实向当事人征求意见,心不在焉的被告B小组的代表人并未计算具体金额,即表示认可按照这一计算方式所计算的金额。当法官就以上要件事实争点向当事人征求意见时,原告A仍停留在对被告B小组的代表人否认其村民资格的愤怒之中,其挥舞着手中持有的涉案房屋《土地使用权证》以及周边邻居出具的盖有手印的证人证言,表示其对法官归纳的争点没有意见,称已方有充分的证据证明该事实。被告B小组的代表人则不置可否地颔了颔首,其内心思索:我表示“A不具有该村村民资格”,只是向A表示出强硬的姿态而已,其实我对“A的生产、生活基础地在B小组并有自建房”并无异议,但法官既已将“A的生产、生活基础地是否在B村并有自建房”归纳为争议焦点,并要求A提供证据,那就让原告去举证吧,对于其中的一些证据,我可以找出一些漏洞来。

在案件进一步审理过程中,因为被告B小组对证人证言的真实性提出了异议,法官为核实A所提供的书面证言的真实性,只好要求数名证人出庭作证,案件为此进行了第二次开庭审理。经核实各项证据,最终认定A系B小组村民,判决被告B小组按期支付原告征地补偿款28,400元。宣判后,被告B小组发现,青苗费人均支付的标准是38,000元/亩,因此应当支付原告的金额是170,00 + 38,000 × 0. 197 = 24,486元,法院判决有误,遂提起上诉。二审法院经审查,发现一审在金额认定上存在错误,遂撤销一审判决,改判被告B应按期支付原告征地补偿款24,486元。

从这起案件的审理中我们发现,基于当事人素质较低、诉辩攻防的匆忙等原因,庭审中直接呈现出来的事实争点,带有很大的模糊性。面对这类争点,法官应当如何作为,方能避免本案中出现的诉讼延迟及实体裁判错误呢?带着这个问题,我们查找了理论界的相关资料,并求教于身边的法官同仁,发现我国民事诉讼理论界对事实争点释明的研究十分有限,缺乏必要的理论积累,难以为法官司法提供指导;[1]而同时,一线法官们虽在案件审理过程中做了大量的争点的归纳工作,但仍存在争点归纳简单化、粗糙化趋向,少有对原生态的争点进行二次加工,较不重视对当事人的释明工作,常无意中对当事人造成裁判突袭,损害当事人的实体与程序利益。基于此,有必要加强对事实争点归纳的类型化研究,为实践工作提供一定的参考。

我们加强对事实争点归纳的类型化研究先从"事实"这一概念入手。关于"事实",有三个层面上的意义:一为主张事实,二为要件事实,三为待证事实。所谓主张事实,是指原被告双方当事人为支持自己在诉讼中的主张或反驳对方的主张而向法院叙述的一系列事实;所谓要件事实,又称规范事实,是指民事实体法律规范中规定的可以引起民事法律效果发生、变更和终止的构成要件事实;所谓待证事实,是指当事人双方争议的且需要通过证据

---

〔1〕 有学者提及法官对事实问题的释明义务,如熊跃敏:《民事诉讼中法院释明的实证分析——以释明范围为中心的考察》,载《中国法学》2010年第5期,但该项研究对释明方法未深入地进行类型化分析。

予以证明的能够产生法律效果的具体事实。[1] 在以上三者中，主张事实中蕴含着还原案件真相的大量原材料，但往往繁杂无序、良莠混杂，需要要件事实这个"模具"，按法律设定的标准尺度对主张事实作出衡量、取舍，再求同存异，将其整理为待证事实。

本章所称的事实争点，是指经由要件事实对主张事实进行严格的加工而最终确认，需要通过证据予以证明的争议问题，这些问题一旦得到解决，就能产生法律效果。这个定义，在内容上与待证事实并无二致，区别在于表达的形式。"待证事实"是一种陈述的形式，而"事实争点"则表现为对事实是否存在的疑问，其标准文字表述是"……是否存在（属实）"。实践中，当事人在提出主张事实时，可能已用要件事实对它进行了一定的打磨塑形，它可能具体、生动，也可能显得粗糙；而"事实争点"却有一种加工打磨后的准确与精致。它是法官在"请求权基础"（实体法）与"当事人诉讼攻防"（程序法）交融作用的空间下，协同当事人从主张事实中提炼出来的关键问题点，准确地反映了诉讼攻防，是案件审理的枢纽。

二、事实争点的四个衡量标准

一项事实争点是否归纳得科学合理，可从四个方面来衡

〔1〕 以上关于事实三重性的界定，转引自张海燕：《民事诉讼案件待证事实的确定》，载张仁善主编：《南京大学法律评论》（2010年春季卷　总第33期），法律出版社2010年版。

量:[1]一是从语义上看它是否清晰。争点归纳的一个重要目的,在于为当事人的诉讼攻防确立一个"目标靶",面对一项语焉不详的事实争点,当事人无法有针对性地开展诉讼对抗,审判极有可能沦为"一盘散沙"。二是逻辑上是否具有排他性。复杂案件可能存在若干相互矛盾的事实争点,但最终成为事实争点的,只能是其中的一项。冲突的事实争点,违反排他律,会搅乱诉讼进程。三是内容上是否具有准确性。事实争点经由要件事实加工而得来,故其在内容上必为要件事实所涵括,不得逾越要件事实的范围(当然,这里并不排除要件事实子项下的间接事实争点),且能为下游的证据争点之确定提供指引。四是在意愿上是否尊重当事人的选择权。复杂案件中,可能并列存在证明同一要件事实的多项主张事实,此时,选择将何项主张事实提炼成为事实争点,应交由当事人权衡诉讼效率与诉讼公正需求后予以定夺。

三、事实争点释明的内涵

本书所述的事实争点释明,是指法官为顺利地将当事人的主张事实整理成为事实争点,依要件事实,协助当事人进行误区分析,通过意见征询程序,对主张事实进行加工处理,进而确定事实争点的行为。事实争点释明旨在对事实的探求中获取一种值得当事人信赖的真实。

---

〔1〕 此项归纳,是笔者分析承办案件中所归纳的事实争点的诸项特性而得来的,与下文传统型事实争点归纳可能存在的问题及本书倡导的事实争点释明的追求目标,在论证上能形成一种呼应。当然,归纳可能存在遗漏或不当之处,愿就教于大方。

第二节　在事实争点确定中释明不足的危害

一、事实争点确定中释明不足的体现

我国民事法官在事实争点确定过程中的释明，集中于两个阶段：一是庭审前的证据交换阶段。在此阶段中，法官召集各方当事人对相关证据进行举证、质证，框定无争议事实，对有争议事实，则在证据交换后由法官根据其重要程度确定是否应列为案件的事实争议焦点。法官在宣布事实争议焦点后，一般会询问当事人是否同意及有无补充意见。二是庭审过程中的法庭调查阶段。在原告陈述诉讼请求、被告发表答辩意见之后，由法官根据当事人的陈述内容确定无争议事实，并对案件的争议焦点进行归纳并宣布，再由法官询问当事人是否同意及有无补充意见。传统的释明模式有三项特点：一是主体单一。由法官提供争点方案，当事人未参与争点形成的过程，在一定程度上消解了当事人在诉讼中的主体性与参与感。二是程序简单。无论是证据交换阶段的举证后归纳，还是法庭调查过程中的举证前归纳，均由法官完成争点的确定，虽征求当事人意见，但仅具有程式上的意义。[1] 三是心证封闭。一项事实是否属于争点，其在诸事实争点中的重要程度，由法官独立心证形成，当事人在此心证形成过程中发挥的作用较小。

---

〔1〕 笔者所观察的庭审案件中，很少有当事人会对此归纳提出异议，个中原因，或是当事人对事实争点整理缺乏必要的重视。

这种将争点确定的主体定位为法官的做法,职权主义色彩浓厚,压制了当事人在争点形成过程中应有的主体性,极易对当事人造成诉讼突袭,损及当事人的实体利益与程序利益。具体可体现在以下两个方面:一是会对当事人发现真实造成突袭。此指在案件审理过程中,法官有意地或不自觉地隐藏自己对事实争点的心证活动,当事人在故作或误作他言的法官面前,无法预测法官所要认定的事实或该事实的具体内容以及法官的推理过程,从而在未能就不利于己之事实及其推理方法进行充分攻击或防御的情况下受到法院裁判,造成诉讼利益的损失。[1] 二是会对当事人促进诉讼造成突袭并使延迟诉讼的责任追究失却正当性。一方面,“诉讼是一种消耗人力、物力、财力的投入,法院如何控制与诉讼经济有密切联系”[2]。法官未适时向当事人明示正确的事实争点,可能造成当事人未能及时、依序举证,使其在劳力、时间、费用上多作支出,提高了诉讼成本,致使追求诉讼效率的目标落空,损及当事人的实体利益。另一方面,释明是追究当事人迟延诉讼责任的前提,只有经过充分释明,才能使当事人的诉讼行为规范具体化、明确化,才好去框定当事人促进诉讼的义务,追究当事人迟延诉讼的责任。否则,这种责任追究就缺乏正当性。

---

〔1〕 张卫平:《民事诉讼:关键词展开》,中国人民大学出版社 2005 年版,第 9 页。

〔2〕 唐力:《民事诉讼构造研究——以当事人与法院作用分担为中心》,法律出版社 2006 年版,第 217 页。

二、事实争点归纳错误的类型及其裁判突袭后果分析

(一)因遗漏主张事实而导致事实争点归纳错误及后果

【案例30】 A向法院诉称,B因资金短缺向A借款,A通过银行向B转账人民币10万元,现B未按期返还借款,故依民间借贷合同法律关系,要求B返还借款。B答辩称,该10万元是A之前向B的借款(当时未签订书面协议,以现金形式交付),现A通过银行转账来偿还,请求驳回原告的诉讼请求。本案中,法官可否将"涉案的10万元是否为A之前向B的借款"作为事实争点?

可能存在的错误分析:在案件审理中,当事人的"主张事实"必须由法官用法律要件去尺量,看是否满足一贯性、重要性,并适时向当事人提醒。[1] 依民间借贷合同法律关系的构成要件,借款合同关系的基础事实不仅包括款项的实际支付,还包括双方存在借款合意,因而仅凭金融机构的转账凭证,尚不足以证明双方之间存在借款合意。故在此情形下,法官应要求A主张其与B之间存在借款合意的事实,在A主张该项事实后,如B对此予以否认,则法官将此事实列为本案的事实争点予以审理;如果A不主张该

[1] 参见许可:《民事审判方法——要件事实引论》,法律出版社2009年版,第46页。在德国法中,这属于诉讼主张和抗辩主张的充分化,"法官应随着诉讼进程的发展和攻防态势的变化适时提醒当事人的事实主张需满足具体化与特定化的要求",这都属于法官释明的范畴。

事实,则可径行驳回原告的诉讼请求。[1]

【案例31】 A以包工包料方式承揽B的房屋装修工程,A与C就购买瓷砖达成合意。C将价值5000元的瓷砖送往B的住处,B在送货单上签字确认,所收瓷砖被用于B房屋装修。C以B未支付货款为由,诉请法院判令B支付货款5000元。本案中,法官可否将"B是否拖欠C货款5000元"作为事实争点。

可能存在的错误分析:买卖合同中的送货单是买卖合同成立的间接证据,仅能证明货物交付的事实,并不能证明买卖合同的成立。意思表示一致是买卖合同成立的核心要件。本案中,C并未提出与B之间存在意思表示一致的诉讼主张,存在疏漏,故法官应就此予以释明。若C提出该项主张,B在抗辩中予以否认,则应将"C与B之间就购买瓷砖是否存在意思表示一致"作为事实争点,引导当事人由此展开诉讼攻防。

(二)因主张事实含混不清导致事实争点归纳错误及后果

【案例32】 可参见案例29征地补偿款纠纷案件。

可能存在的错误分析:此类案件中,原告提出的主张事实与被告提出的主张事实争点非同一。B关于A不具备该村村民资格的答辩,与B否认"A的生产、生活基础地是否在B村并有自建

---

〔1〕 对此,《最高人民法院关于审理民间借贷案件适用法律若干问题的规定》第十六条规定,原告仅依据金融机构的转账凭证提起民间借贷诉讼,被告抗辩转账系偿还双方之前借款或其他债务,被告应当对其主张提供证据证明。这一规定,似乎不要求原告提出存在借款合意的诉讼主张,笔者认为,该规定虽照顾到原告作为出借人的举证困难,但与相关实体法规定是相抵触的。

房”并非同一件事，此项答辩不应视为 B 对 A 居住事实的否认。在此情形下，法官不应以“A 的生产、生活基础地是否在 B 村并有自建房”作为事实争点，而进一步对 B 进行询问，明确其对 A 之陈述的意见究竟是持肯定态度还是持否定态度，方能明确事实争点。无视 B 可能肯定上述事实的情形，贸然将举证责任加于 A，会造成对 A 促进诉讼的突袭（因举证花费时间、精力和金钱）。反之，在未进行释明的情况下，视 B 的抗辩为“答非所问”，直接认定 A 居住于 B 村并有自建房之事实，则又构成对 B 的发现真实的突袭，妨碍了 B 对真相的探知。在本案中，这种事实争点的模糊性，亦反映在 B 对征地补偿款金额的模棱两可上，对此法官应予进一步询问，以明确 B 的确定所指。

（三）因主张事实存在矛盾导致事实争点归纳错误及其后果

【案例 33】 A 对 B 诉请转移房屋所有权，B 认为其不存在转移房屋所有权之义务。以下事实是否均应提炼成为事实争点，需要法官予以确定。

事实一：A、B 之间订立的赠与合同，载明 B 同意于约定期日无偿将房屋所有权转移给 A。

事实二：A、B、C 之间有协议一份，载明 B 欠 C 借款 50 万元，由 A 代为偿还，作为对价，B 自愿将自有房屋的所有权转移给 A。

可能存在的错误分析：此类案件中，当事人提出的主张事实之间存在矛盾（或为原告提出的数项主张事实之间自身存在矛盾，或为原、被告提出的主张事实之间存在矛盾）。法官应与当事人协同确定事实争点。法官若未与当事人讨论即作出取舍，同样会损及当事人的实体与程序利益。第一种情形:法官直接将事实一作为本案的事实争点,并形成肯定的心证判断,确定 A、B 之间存在赠与合同关系,B 应依约转移房屋所有权。此项认定,表面上对 A 有利,但存在的隐患是,若 B 对此提出上诉,二审法官发现赠与合同不具有真实性,难以据此维持一审判决。由于一审未对事实二进行审理,二审不能直接审理,只能采用发回重审的方法对 B 予以救济。在此情形下,一审法官对事实争点的判断无疑构成对 A 的突袭,A 因为未能举证证明,导致实体利益受损。第二种情形:法官未经释明,将事实一、事实二均作为本案的事实争点,予以审理。由于对事实二的审理涉及对 A、B、C 之间协议的审查,可能需要追加 C 参与诉讼,必然花费时间和费用,可能提高当事人的诉讼成本,损及当事人的程序利益。

(四)因主张事实存在不准确导致事实争点归纳错误及后果

【案例 34】 A 在 B 开的宾馆住宿摔倒致伤,A、B 签订事故赔偿协议书后,A 以显失公平为由诉请撤销该协议。以下事实是否均应提炼成为事实争点,需要法官予以确定。

事实一:A、B 协商期间,A 的伤残鉴定意见书未出,A 通过电话了解其伤残等级为十级,但事后鉴定部门出具的鉴定意见书载明其伤残等级为八级。

事实二:A、B 协商期间,B 单方邀请当地公安、工商部门工作人员参与,参与的公务人员对 A 施加了不当影响。

可能存在的错误分析:此类案件中,A 或 B 主张的事实与要件事实脱节。事实一不属于显失公平的要件事实,应属于重大误解的要件事实。若法官不向当事人释明,直接将事实一与事实二提炼成为事实争点,可能对当事人造成促进诉讼的突袭。若法官直接将事实一所涉争点排除,又可能剥夺当事人对重大误解的主张权利,损及当事人发现真实的权利。

(五)因主张事实存在可选性导致事实争点归纳错误及后果

【案例35】 在A(原告,买卖合同之出卖方)诉请确认B(被告,买卖合同之出卖方受托人)、C(被告,自称买卖合同之出卖方次受托人)、D(被告,买卖合同之买受方)转委托关系不成立案件中,各方当事人就B与C之间的转委托行为是否得到A的同意发生争议。以下事实是否均应成为待证事实,需要承审法官予以确定。

事实一:于特定时间与地点,A对B与C之间的转委托行为明示同意。

事实二:存在相当于默示同意之事实。一是A曾从C处收取D交付的买卖合同价款。二是A曾向D主张应依买卖合同交付合同价款。三是A、B、C曾就买卖合同标的物的质量问题进行商谈。四是D曾就延期付款问题向A发函,A曾回函。

可能存在的错误分析:此类案件中,主张争点间存在可选性,需要原、被告选择确定。在此则案例中,法官面临两种选择:一是将事实一提炼成为事实争点;二是将事实一与事实二均提炼成为事实争点。而这两种选择均有待释明后作出。若不进行释明,可能出现以下突袭类型。第一种情形:法官直接将事实一所涉争点作为事实争点。此项选择,与同时将事实一和事实二所涉争点作为事实争点相比,虽更能提高诉讼效率,更有利于促进诉讼,但潜在地剥夺了当事人的一项选择权,即在实体上之利害(证明转委托关系的存在与否)与程序上之利害(证明行为所需付出的劳力、时间、费用)上的选择权利。出于对审判结果的不同预期,当事人可能宁可选择付出程序成本而追求实体上的公正(即将事实一与事实二所涉争点均作为待证事实争点)。未经法官进行争点释明,此项选择权难获保障,导致当事人发现真实的诉讼权利受到侵害。第二种情形:法官将事实一与事实二所涉争点均作为事实争点。此项选择,虽能充分保障当事人的实体权利,但却以当事人付出证明事实二的劳力、时间、费用为代价,可能延缓案件审理的时间,增加诉讼成本。同时,法官未进行释明,直接将事实二中的四种情形所涉争点列为案件的事实争点,第二次损及当事人对主张事实的选择权(即便当事人同意将事实一与事实二均作为待证事实,但其仍可在事实二的四种情形中作出选择),无疑更使诉讼成本增加,造成对当事人促进诉讼的突袭。

第三节　事实争点确定中释明的必要性与可行性分析

一、必要性分析

一项好的制度设计,必是有利于各方主体的。下文对事实争点确定中释明的必要性分析,围绕当事人、法官、社会三方展开。

（一）当事人——借此提高对法官裁判的预测程度

法律之所以具有正当性，在于其公开性。人们可以通过法律条文预测其行为合法与否。裁判之公正度，亦依赖于是否给当事人可预测的机会。故赋予当事人对法官心证的知悉权，是正当审判的要求，为“赢得当事人对裁判寄予信赖所不可欠缺之过程”[1]。通过确定事实争点中的释明工作，当事人可认识到主张事实与待证事实之间的异同与吻合度，进而能在诉讼进程中进行校正调整。在预测的基础上，当事人可补充向法院提出有利资料或陈述意见，有利于事实的发现与诉讼效率的提高。同样重要的是，释明中的意见征询，为当事人提供了情绪宣泄的机会，当事人即便败诉，“也会感觉比没有机会在公开场合说出自己的不满要好”。[2]

（二）法官——借此提高裁判的精准度及效率

一方面，经由释明，法官听取当事人的陈述意见，有可能发现自身理解方面存在的缺失（如不利于发现案件真实，或无法满足迅速、经济地解决纠纷的目的），进而校正事实争点，追求裁判的

---

[1] 邱联恭：《程序制度机能论》，台北，三民书局2002年版，第14页。

[2] [美]理查德·A.波斯纳：《法理学问题》，苏力译，中国政法大学出版社2002年版，第259页。

公正、高效。[1] 另一方面,较之英美法系的陪审制度,大陆法系法官具有典型的职业化倾向。职业法官有其概念法学的优势,但亦暴露出其对社会认识不足、忽视民意的缺陷,故通过协同模式的确立,赋予当事人在事实争点确定中的讨论权利,有助于"达成使职业法官判断民主化之目的"[2]。同时,在充分释明的前提下,法官可能引导当事人通过争点协商的方式,限缩一部分的争点,有利于实现判决书书写的精简化。有时,扎实的释明工作,更有利于促进案件的和解,从而提升审判效率(关于释明对争点协商的促进作用,可参见本书第六章第三节第三部分)。

(三)社会——借此解决监督的虚幻化问题

在传统的事实争点归纳模式下,当事人被排除在争点形成过程之外,法官对事实争点的心证大多封闭地进行,社会公众对司法的监督容易陷入一种虚幻化的窘境,公众对司法的信赖度较低。如何充实程序内容,使社会信服法院的审理过程与判断,是近代裁判特别是处在转型期的中国司法所不得不苦心研究的课题。"阳光是最好的杀虫剂",要求法官公开对待证事实的心证,有利于社会监督司法,并在监督过程中树立对法官的信赖。

---

〔1〕 当然,事实争点释明也可能需要法官付出更多的时间和精力。在案多人少的司法环境下,这会是法官们所不愿意接受的。但一方面,在下文所讲的模式建构中,我们会发现,在熟练的操作模式下进行的事实争点释明,并不会给法官带来多高的裁判成本;另一方面,与争点释明所带来的提升裁判的可接受性等好处相比,这种付出完全"物超所值"。

〔2〕 邱联恭:《程序制度机能论》,台北,三民书局2002年版,第16页。

二、可行性分析

（一）如何保证法官的释明工作不逾矩

法官事实争点确定中的释明工作，进行到何种程度才不致违法，较难把握。如谷口安平教授所描述的那样，“法院进行阐明在某一程序内是义务，在该程序以上便成为权限，再过一定限度时则为违法（违反辩论原则）”。[1] 如何划定法官对事实争点进行释明的边界，是我们需要处理的问题。

笔者认为，划定法官对事实争点确定中的释明工作的合理边界，可通过规范三个环节的行为来实现：一是应坚持争点归纳的公开性，即要求事实争点归纳应在当事人均在场的情况下协同进行，在当事人亲历过程中追求一种值得当事人信赖的真实。二是应固定行为模式（参见本章第四节的模式建构），明确在释明的过程中，法官应重在明晰争点、排解矛盾、解释要件、提供选择，经由固定模式，保证法官指导不逾矩。三是应保证释明的协商性质。通过询问、征求意见等形式，将决定权交由当事人行使，从而在当事人心目中树立起法官客观中立的形象。

（二）如何对待在释明后所形成的当事人意见不一

实践中，一方面，部分当事人可能并未认识到事实争点归纳的重要性，漠视甚至回避争点归纳；另一方面，民事诉讼是当事人

---

〔1〕［日］谷口安平：《程序的正义与诉讼》，王亚新、刘荣军译，中国政法大学出版社 1996 年版，第 6 页。

之间的一场竞技,冲突是诉讼的本质,要求存在冲突的当事人共同确定事实争点存在客观上的困难。

笔者认为,首先,理性的当事人最清楚其自身利益所在,只要法官协助他们逻辑性地厘清诉讼思路,使他们认识到整理相关的事实争点是诉讼中不容回避的问题,他们便能接受适宜的事实争点。其次,对事实争点意见不统一时,对于本是争点归纳中可能出现的结果,我们不能因噎废食。事实争点归纳不应以形成一致意见为目的,应重在以协同的形式与过程,以程序上的正义提升当事人对裁判的信任度。最后,如下文所述,在当事人无法就事实争点达成一致意见的情况下,法官在履行诸项程序后可直接依法确认适合案件审理的事实争点。

综上所述,对于事实争点确定中的释明工作可能存在的问题,应着重从技术层面突破,将争点释明模式类型化,从而提高其可操作性。

第四节　对事实争点确定中释明模式的类型化

总体思路:建立一种"主张事实—经由释明—事实争点"的释明模式。事实争点确定中的释明由四个步骤组成:一是误区分析,即协助当事人分析可能存在的认识错误;二是突袭预判,即围绕发现真实与促进诉讼两项价值,法官向当事人分析可能存在的裁判突袭类型;三是意见征询,即通过询问程序,明确当事人的真实意愿;四是争点确定,即参考当事人的意见,确定事实争点。下文将分四种情形作具体解析。

事实争点释明技术与试图解决的问题的关系如图 4－1 所示。

事实争点释明技术
- 以追求完整为目标 —解决→ 遗漏主张事实
- 以追求清晰为目标 —解决→ 主张事实模糊不清
- 以排解矛盾为目标 —解决→ 主张事实存在矛盾
- 以追求准确为目标 —解决→ 主张事实不准确
- 以提供选择为目标 —解决→ 主张事实存在可选性

图 4－1　事实争点释明技术与试图解决的问题的关系

一、在事实争点确定中以追求完整为目标的释明

（一）目标：实现事实争点的完整性

（二）围绕案例 30 展开

1. 误区分析：A 认为只要提供其向 B 转账的记录就可证明其与 B 之间存在民间借贷合同法律关系，未认识到“双方之间存在借款的合意”是合同成立的必要条件之一。

2. 突袭预判：法官将可能存在的裁判突袭类型向当事人作出分析。若在未释明的情况下，以 A 未提出“双方之间存在借款的合意”这一诉讼主张，直接驳回 A 的诉讼请求，则会对 A 构成发现真实的突袭。

3. 意见征询：询问 A，其与 B 之间是否存在借款的合意。法官内心判断为：如得到 A 否定的答复，则应以 A 未提出充足的诉讼主张为由判决驳回 A 的诉讼请求；如得到 A 肯定的答复，则转

而征求 B 的意见。若 B 抗辩否认,则“A 与 B 之间是否存在借款的合意”即成为本案的事实争点,A 将对此承担举证责任,若其无法举证,其将承担举证不利的后果,其诉讼请求将被判决驳回。在 A 提供证据予以证明的情况下,法官应进一步引导 B 就“涉案的 10 万元是 A 之前向 B 的借款”提供证据证明。

4. 争点确定:在获得 A 肯定答复、B 抗辩否认的情况下,“A 与 B 之间是否存在借款的合意”成为本案的事实争点。

二、在事实争点确定中以追求清晰为目标的释明

(一)目标:实现事实争点的清晰性

(二)围绕案例 32 展开

1. 误区分析:B 认为只要答复 A 不具备该村村民资格就可阻断其诉讼请求,对待证事实没有充分的认知。

2. 突袭预判:法官将可能存在的裁判突袭类型向当事人作出分析。若将举证责任加于 A,会对 A 造成促进诉讼的突袭。反之,若在未释明的情况下,视 B 的抗辩为“答非所问”,直接认定 A 居住于 B 村之事实,则又对 B 构成发现真实的突袭。

3. 意见征询:法官第一次询问 B,A 是否长期居住在 B 村并有自建房。法官内心判断为:如得到肯定的答复,应将此确定为无争议事实,此类事实的确认,将初步形成 A 取得村民资格的内心确信;如得到否定的答复,则其可能成为本案的事实争点,A 将面临举证责任的承担,若其无法承担举证责任,将难以获得诉讼支持。法官进行第二次询问,在获得 B 肯定答复的情况下,将其可能形成的内心确信情况告知 B,进一步引导 B 说明其认为 A 不

具有该村村民资格有何其他事实依据。在获得 B 否定答复的情况下,告知 A 其应对该项事实承担举证责任。

4. 争点确定:在获得 B 肯定答复的情况下,“A 长期居住在 B 村并有自建房”为本案无争议事实;在获得 B 否定答复的情况下,“A 长期居住在 B 村并有自建房”成为本案的事实争点。

三、在事实争点确定中以排解矛盾为目标的释明

(一)目标:满足争点的排他性

(二)围绕案例 33 展开

1. 误区分析:A 以为依据该两项事实均可主张 B 转移房屋所有权,但该两项事实为矛盾事实,相互排斥,或为赠与,或为买卖,不可能同时成立。

2. 突袭预判:法官将可能存在裁判突袭的类型向当事人作出分析。若直接将事实一所涉争点作为本案的事实争点,可能对 A 构成发现真实的突袭,损及 A 的实体利益。若直接将事实二所涉争点作为本案的事实争点,可能提高当事人的诉讼成本,对其构成促进诉讼的突袭。

3. 意见征询:询问 A,主张事实之间存在矛盾关系,隐含诉讼公正与诉讼效率两项基本价值的冲突,根据价值取舍,A 愿意选择哪一项主张事实来提炼事实争点。向 B 释明,由于存在主张事实的矛盾,A 必须对此作出选择,无论对 A、对 B 或对法院,这种选择都是必需的,只有在抉择之后,诉讼才能正常推进。该项选择不至于对 B 的抗辩构成障碍。当然,法院将保障 B 对 A 所举证据进行质证的时间。

4. 争点确定:考虑到 A 的选择并不会对 B 的防御造成出乎意料的打击,在保障 B 的抗辩权利的前提下,根据 A 的选择最终确定本案的事实争点。

四、在事实争点确定中以追求准确为目标的释明

这部分的释明,应当包括两方面的内容:一是因立法规定的抽象导致要件事实不明确时的释明;二是因当事人的主张不当导致事实争点难以彰显时的释明。前者表现在,民事实体法规范中存在大量的抽象性概念,由于其内涵缺乏明文化,无法据此直接整理出要件事实,法官必须对这些概念进行释明,协同当事人提炼出要件事实,再据以从当事人的主张事实中整理出事实争点。以我国《民法典》第五百六十三条(法定解除权)为例,“迟延履行”和“催告”的定义均不明确,需要法官对此予以释明,提炼出要件事实,再围绕诉辩主张整理出事实争点。关于这部分因立法原因导致的释明,本章不拟详论。我们重在分析后一种释明,即针对当事人主张不当而进行的释明。

(一)目标:满足争点的准确性

(二)围绕案例 34 展开

1. 误区分析:事实一不属于显失公平的要件事实,应属于重大误解的要件事实。当事人主张的事实与该案的要件事实脱节。

2. 突袭预判:法官将可能存在的裁判突袭类型向当事人作出分析。若将事实一与事实二所涉争点作为事实争点,可能对当事人造成促进诉讼的突袭。若直接将事实一所涉争点予以排除,又可能剥夺当事人对重大误解的主张权利,损及当事人发现真实的

权利。

3. 意见征询:询问 A,是否将事实一所涉争点排除在事实争点之外。若其仍主张将事实一所涉争点列入事实争点,需要其明确是否增加诉讼标的,即将基于重大误解而撤销合同亦列为本案的诉讼标的,从而与显失公平之诉形成预备合并之诉。向 B 释明,若 A 将事实一所涉争点排除于事实争点之外,则 B 无须对该项主张事实发表抗辩意见。若 A 选择将事实一所涉争点亦列入事实争点,并增加基于重大误解的撤销合同之诉,则 B 可重新获得答辩期间,发表法律意见,充实相关证据。

4. 争点确定:在 A 的选择不会对 B 的防御造成出其不意打击的情况下,根据 A 的选择最终确定本案事实争点,但应考虑重新确定 B 的答辩期间。

五、在事实争点确定中以提供选择为目标的释明

(一)目标:满足争点的可选性

(二)围绕案例 35 展开

1. 误区分析:当事人在提出两项主张事实后,可能并未意识到两项事实之间存在选择的关系,也不知晓可以根据自身需要在诉讼成本与诉讼公正之间作出合适的取舍。

2. 突袭预判:法官直接将事实一所涉争点作为事实争点,可能侵害当事人发现真实的诉讼权利;而法官将事实一与事实二所涉争点均列为事实争点,可能对当事人造成促进诉讼的突袭。

3. 意见征询:询问 A,对于事实一与事实二(包括事实二项下的各子项事实)所涉争点是否作为事实争点,可以根据其对于诉

讼公正与诉讼成本的要求作出选择。向B释明,对于事实争点的确定,A有选择确定的权利,这是当事人主义诉讼模式下当事人程序选择权的应有之义。当然,法院将保障B对A所举证据的质证时间。

4. 争点确定:考虑A的选择并不会对B的防御造成出其不意的打击,根据A的选择最终确定本案事实争点。

——— 延伸思考 ———

当事人是自身活动的亲历者,最清楚权利的保障方式。民事法官通过对事实争点的释明,让当事人实质上参与司法,有利于案件事实的认定,从而实现对当事人权利的保障。在当前公众对司法信赖度普遍较低的态势下,讨论如何通过释明方式赋予事实争点整理工作“民主性格”,更是一件迫切的事情。在写作过程中,笔者发现对事实争点释明的研究是释明权制度研究中的薄弱环节,此项空白亟须理论界与审判实务界携手进行更加深入的研究。

第五章

证明标准争点的释明技术

本章试图讨论的问题是，法官在当事人举证未达到证明标准时是否应适当地履行释明义务。结合我国国情，本书通过对当事人需求、配套制度、法官心理与能力等方面进行评估，得出应对证明标准问题进行有条件地释明的初步结论，再从对证明标准释明的界限、释明的形式与后果等方面对“如何释明”作出讨论。

[法官与律师的困惑]

随着对争点探索的逐渐深入，法官阿正已关注到证据争点这个层面上的问题。他认为这个层面上枝节问题很多，其中一个关键性问题涉及证明标准争点，即当法官在心证上认为当事人举证不力无法达到证明标准时，他该怎么办？是保持沉默（这种处理方式很折磨一名法官的良心），还是告知当事人让其有所准备？若要告知，应如何去告知呢？实践中，因对该项工作把握不当而招致当事人不满，使诉讼案件转化为信访事件的现象并不少见。这个问题常常困扰着阿正。

律师阿争更切身地感觉到了这一问题的重要性。在某场诉讼中，他与他的当事人曾经自信地认为已充分举证，从法官的外在表现上也根本看不出有何质疑意见，但判决结果却出乎他们的意料,法官以举证未达到证明标准为由未予支持他们的诉讼主张。他们内心十分郁闷。若早先知道他们的举证达不到证明标准的话,他们还可以再补充一些证据,法官为何不能适当地提示一下呢?他们在心里感觉自己受到了诉讼突袭,对法官司法的公正性产生质疑。

第一节　问题的实质

一、证明标准释明问题的引出

【案例36】　在一次民事审判研讨会议上,[1]甲法官与来自上海、浙江和我国台湾地区的民事法官乙、丙、丁有幸分在一个讨论组。茶歇闲聊中,甲法官提到了一起让自己感到“闹心”的案件,引发了同行的兴趣,由此展开热烈讨论。甲法官提到的案件是:在其所承办的一起涉及诉讼时效的民间借贷案件中,债权人A向债务人B诉请返还借款100万元,债务人B在庭审中作了时效抗辩,认为A未在协议约定的债务期限届满后3年内向B提出还款主张,其诉讼请求依法不应得到支持。A为证明自己的主张未超出诉讼时效,提交了催讨欠款的差旅费凭证,该差旅费凭证经查证属实,但甲法官认为该证据尚不足以证明债权人催讨过欠款,遂在裁判中说明理由,依法驳回原告的诉讼请求。宣判后,原告以法官未查清案件事实草率裁判为由多次到法院吵闹。法官

〔1〕为了直观地引出研究问题,本书虚拟了一个场景。这个写作方法,参考了黄国昌先生在《比较民事诉讼法下的当事人图像》一文中的创意。详见黄国昌:《民事诉讼理论之新开展》,北京大学出版社2008年版,第3~5页。

做了大量工作后,原告才同意上诉。在二审裁判中,原告补充提供了自己向被告催讨的录音资料等证据,二审改判原告胜诉。让甲法官感到踌躇的问题是:在一审中是否应当将自己对A举证未达到证明标准的心证内容告诉A,从而给予A补充提供证据的权利。来自上海的法官乙率先发言:"这种情形,就像是法官与当事人思维里出现了'一堵墙'。上海高院民二庭曾出台《商事法官释明百问》,其中第65条可以疏通'这堵墙'的问题,依照规定,法官经审查认为当事人证据不够充分时,应当明确将此告知当事人,防止对当事人出现突袭裁判。"在一旁倾听的丙法官插话说:"没有这么武断吧,在我们浙江,这只是一条授权性的规范,我省高院出台的《关于规范民商事案件中法官释明的若干规定(试行)》第22条规定,法官可以根据案件情况及当事人法律知识、诉讼经验等方面的实际,向当事人释明要件事实所要达到的证明要求。如果当事人所提供的证据不能达到证明要件事实的证明要求,或者当事人在证据上没有明显优势的,法官可以要求当事人继续提供证据。"在一旁缄默良久的我国台湾地区法官丁发言:"各位同仁,有这样的分歧是不奇怪的。在我国台湾地区,对此问题法官是否释明,也曾有不同的认识。释明与否,是一个诉讼政策的考量问题,没有绝对的对错之分。目前,台湾地区'民事诉讼法'条文及多数学术界与实务界的意见是强化实质公平,强调法官的积极角色。[1] 但界线在哪里,释明到什么程度,还未形成稳定的看法。"

---

〔1〕 我国台湾地区"民事诉讼法"第一百九十九条第一项规定:审判长应注意令当事人就诉讼关系之事实及法律为适当完全之辩论。这里的诉讼关系,依台湾地区一些诉讼法学者的理解,包括:法院为了就诉讼标的进行审判,所必须具

案例36引发了一个有趣的话题:法官对当事人举证未达到证明标准时应否释明?研究这个问题有以下意义:(1)是否释明对当事人权益的影响较大。在二审发回重审、改判的案件中,有一定比例是因为当事人在二审中提供新证据而导致,而新证据之所以未在一审中提供,常因为一审法院在判决前未公开心证内容,故而当事人只能在二审中提供。释明与否,会影响当事人的实体与程序利益。(2)理论与实践中,对这项问题的争议较大。立法上,我国对于释明权的规定范围较为分散与狭窄。[1]学术界的研究与实务界的判决多集中于处分权主义领域的释明,对于未达到证明标准等辩论主义领域的释明涉及较少。[2]而审判实践中,对举证未达证明标准的释明问题,各省高级人民法院或规定应当释明,或规定可以释明,也有些高级人民法院对此未有规定,司法操作不一,有统一规范之必要。(3)关于此问题的讨论会涉

备的构成要件事实,就此构成要件事实所提出的证据、两造所提出的所有攻防的全体。参见邱联恭等:《集中审理与阐明权之行使——以研讨民事诉讼法新修订条文如何运用为中心》,载《民事诉讼法之研讨》(十一),台湾民事诉讼法研究基金会2003年版,第23页。因此,在我国台湾地区,为引导当事人进行适当完全的辩论,法官对未达证明标准的情形负有一定的释明义务。

〔1〕我国有关证据释明的立法规定,散见于《民事诉讼法》,《最高人民法院关于民事诉讼证据的若干规定》第二条第一款、第四条、第六条第二款、第三十条第一款、第九十七条第一款,《最高人民法院关于适用简易程序审理民事案件的若干规定》第二十条以及《最高人民法院关于审理人身损害赔偿案件适用法律若干问题的解释》第二条第二款。

〔2〕以释明义务的行使是否会导致诉的变更为依据,可将释明分为处分权主义的释明与辩论主义的释明两种情形。处分权主义的释明,会引导当事人改变诉讼标的,导致诉的变更。辩论主义的释明,是在同一诉的范围内进行释明,仅是促使当事人提出新的攻击防御方法或提供新的证据,不会导致诉的变更。参见韩红俊:《释明义务研究》,法律出版社2008年版,第16页。

及诉讼法上的一些根本问题，即在我国当下语境，程序保障、审判中立、审判效率等诉讼法价值应如何妥当地安排？当它们发生抵触时应当如何处理？问题点延伸所进行的价值思考，或许能为理论界讨论诉讼法价值问题提供一些实证素材。

二、释明问题背后隐藏的价值冲突

我们知道，释明是用来补救处分权主义与辩论主义缺点的一项制度设计。[1] 在这个意义上，有人说，释明是民事诉讼的大宪章，其目的在于保护当事人的诉讼利益。但我们在调研中发现，这么重要的一项制度设计，在审判实践中却适用得较少，聚焦于证明标准问题的释明上，对释明持否定意见的法官多持两个理由：(1)对未达证明标准的案件进行释明可能会破坏审判中立性，使另一方当事人产生怀疑，误认法官在帮受释明的当事人出谋划策，同时，受释明的当事人亦可能认为法官对其有偏见；[2] (2)该项释明工作会使案件审理的周期明显延长，举证时限制度的规定由此可能沦为一纸空文。

法官们的隐忧后面隐藏着对诉讼法中冲突价值的取舍立场，

---

〔1〕 参见骆永家等：《阐明权》，载《民事诉讼法之研讨》（四），台湾民事诉讼法研究基金会 1993 年版，第 170 ~ 171 页。另一种说法是，释明不仅是为了维持当事人之间的平等，还是为了防止来自法院的突袭。参见前引文第 198 页。

〔2〕 对这种情况，我国台湾地区的法官亦深有感触，如板桥地方法院周舒雁法官在一次研讨会中说道："（在法官释明当事人举证不足后）能够当庭就说自己证据不是很足够，这样理性的当事人不是很多。绝大部分的当事人都会反过来质疑法官有偏见，我提出这么多证据你怎么还能够说我都没有举证。"参见黄柄缙、李国增、周舒雁等：《争点集中审理制度在各法院之施行状况及其检讨》，载《民事诉讼法之研讨》（十四），台湾民事诉讼法研究基金会 2007 年版，第 337 页。

这种冲突可涵括以下两个方面:

(一)程序参与权与审判中立的冲突

程序参与权是当事人的一项重要诉讼权利,法院以判决来终止当事人之间的纷争,其正当性来源于当事人充分参与了诉讼程序,这项权利,在美国法上可称为"正当法律程序",在德国法上可称为"听审请求权"。第七届国际民事诉讼综述报告将以上相关内容概括为:"人人都有在自己参与的审判程序中提出申请,主张事实与提供证据的权利,相对方应能对此获得通知并陈述意见;而与诉讼参与人的意见陈述权相对应,法院有义务了解当事人陈述的详细内容并加以斟酌。"〔1〕在程序参与权中,证明权是一项重要权能,"证明权是指当事人就自己提出的事实主张或反驳对方主张的事实有提供证据加以证明的权利"。〔2〕要想有效行使该项权利,当事人首先要知悉何为法官认为重要的事实与证据,在案件审理的现阶段,可能需要补充哪些证据才能达到法官对证明度的要求。如此一来,为防止对当事人程序参与权保障的落空,法官对证明标准的释明就成为很重要的一件事情。而司法中立是司法应当遵守的另一项基本要求。司法的权威性与信服力来源于裁判者的中立立场,对其重要性本书不予赘述。在证明标

〔1〕 任凡:《论美国法院对听审请求权的保障——从联邦最高法院判例谈起》,载《法律科学》2010年第6期。

〔2〕 参见《民诉法修改中的综合问题与交叉问题(第四单元 民事诉讼法修改中的瓶颈问题)——〈民事诉讼法〉修改系列研讨会之五,刘敏教授的发言》,载www.law-lib.com/fzdt/newshtml/26/20111110131148.htm,2013年2月1日访问。

准释明这一技术节点上，当事人的程序参与权与审判中立常会发生碰撞，法官为给予一方当事人更多的程序参与机会，对其举证上的不足予以积极释明，可能导致另一方当事人对法官中立立场的怀疑。而法官绝对性地秉持司法中立原则，隐藏自己对证明标准的心证内容，又可能使当事人在未充分参与诉讼的情况下遭受突袭裁判。在此情形下，如何把握，需要我们作出价值选择与技术探索。

（二）程序参与权与审判效率的冲突

民事诉讼法上的问题，常需要用诉讼法世界的观点来解决。而诉讼法世界里，诉讼事件是在时间的轴线上动态进行的（相较于民法世界的静态性），诉讼效率是我们必须考虑的一个重要问题。鉴于国家审判资源的有限性及诉讼行为的高成本，诉讼应在有限的时间内解决。从这个理念上讲，当事人事先有做好充分准备的义务，其不应当享有分阶段举证的权利，举证时限制度在一方面的功能即为此。[1] 但是，鉴于证明度问题本身存在很大的裁量空间，在这个连法官都不能达成共识的领域，要求当事人在诉讼的举证阶段即掌握证明尺度是一种苛求，故从程序保障上，应赋予当事人补充举证的权利。审判效率优先，抑或程序参与权保障优先，二者之间如何平衡，成为摆在立法与司法面前的一大难题。

---

〔1〕 这里的讨论只在表面层。如下文所述，一审法官若能做好证明标准的释明工作，可降低上诉率，表面上一审的审理时间增加了，但就整个诉讼总量而论审理时间是减少的，审判效率可能反而有所提升。

第二节 解决问题的方向

诉讼价值的冲突在每个国家的诉讼法世界中都存在,从理论上讲,我们很难对诉讼价值的优劣作出评判。应当说,这不是一个是与非的判断问题,而是一个选择问题。较为科学的选择方法是:评估在这块土地上的人们的需要,检索现行立法上是否有补缺型的制度设计,体验司法者的心理状态,考察司法者的经验传承,从而决定价值天平向哪一方倾斜。[1]

一、评估当事人的素质——是否有释明的需求

从基本国情来看,我国正处于经济转型期,存在东、中、西部

〔1〕 在日本,价值的天平在不同的时代背景下左右摆动,在昭和初期的十年间,有相当数量的大审院判例以不行使释明权为由撤销原判决(职权主义积极释明模式),而到了第二次世界大战后,最高裁判所的立场完全发生了改变,以不行使释明权(特别是法官未履行积极释明义务)为由撤销原判决的判例屈指可数,近乎采取一种完全否定释明的义务之态度(辩论主义消极释明模式)。这种趋势的出现,从理论根源上看,可以归结为战后极端强调英美法的当事人主义之思潮。不过,从昭和三十年(1955 年)前后开始,再次出现相当数量的以违反释明义务为由撤销原判决的判例,而且这种势头日趋强化。到昭和四十年(1965 年)为止,最高裁判所的立场将撤销原判的理由仅限于违反消极释明义务。而进入昭和四十年(1965 年)后,最高裁判所出现了以违反积极释明义务撤销原判的判例(程序保障指向型积极释明模式)。参见[日]新堂幸司:《新民事诉讼法》,林剑锋译,法律出版社 2008 年版,第 315~316 页。“日本之学界及实务界亦多主张,法院应践行公开心证及表明法律见解之阐明方式。于今,不但如此主张者已成为主流,而且在其审判实务上,法官多已改变向来隐匿心证且严防裁判内容外泄之态度,而积极公开心证。”参见骆永家等:《阐明权》,载《民事诉讼法之研讨》(四),台湾民事诉讼法研究基金会 1993 年版,第 215 页。

发展与城乡经济发展的“两个不平衡”，人均 GDP 在世界排名较为靠后。总体而言，当事人的文化素质特别是法律知识方面的素质不高，指望当事人能有效地行使法律武器很难；从涉及的专业领域来看，证明标准问题，是诉讼法领域的难题，何谓优势证据规则，其何时达到了较大盖然性，这些专业问题，即便对于有较高文化程度的当事人来说，也会造成很大的困扰；从国民的涉讼心理来看，我国当事人在参与诉讼时普遍持有一种“我提供事实，你给我公正”的心态，对司法的依赖性较高，在这种高期待下，若司法者以中立为由不对举证提供适当的指导，会在当事人心目中产生较重的负面评价。故而，为加强对国民诉讼权的保障，加强对证明标准的释明有其特定国情下的需要。

二、检索规范层面的制度设计——是否可以补缺

当事人素质上存在的缺陷，可否从制度层面上予以弥补？亦即我国的诉讼法制度设计，可否辅助当事人对“是否达到证明标准”的理解达到准确呢？答案是存疑的。一方面，我国未建立强制答辩、证据开示与争点失权制度，被告往往是在庭审中当庭答辩并提供证据，案件的争点也往往是在庭审中才呈现出来，这些诉讼突袭性行为不为法律所禁止，对原告的举证造成很大冲击，在此情况下，原告很难对是否应当补充证据作出正确的判断。另一方面，我国未规定法官的释明义务范围。目前，我国诉讼法上关于释明的规定，重点在于对当事人主张法律关系存在错误的释明，除此之外，法官多缄默其口，不愿公开其心证内容。当事人及律师往往只能揣摩法官的“潜台词”，研究法官在审判活动中的表

情、神态,以决定诉讼策略,这在很大程度上增加了所举证据达到证明标准的难度。此外,我国《民事诉讼法》未规定强制代理制度,法律援助制度的适用也不够普及,民事案件中律师代理率较低,而从一些律师代理案件的情况来看,目前国内律师队伍良莠不齐,缺乏专业训练,很难期望律师能有效地协助当事人实现对证明问题的准确理解。有鉴于此,通过释明来填补制度的漏洞成为一项不可或缺的审判技术设计。[1]

三、体验法官的司法心理——是否有释明的意愿

我们必须考虑的问题是,强调法官对证明标准的释明,是否会因为法官的排斥而成为一种空洞化的司法指导政策。笔者在与一、二审法官交流中发现,对于是否应当释明,一、二审法官可能有着不同的态度。

一审法官对裁判后果的担忧主要有两个方面:一是判决是否会被二审发回重审、改判从而影响其审判绩效;二是判决是否

---

〔1〕 在前述关于制度问题的讨论中,我们会遇到一个不容回避的问题,即对未达到证明标准的释明工作是否会与我国民事诉讼法上的举证时限制度相冲突呢?倘若原告在法官释明后提供出其他证据,被告抗辩这些证据的提交已超出举证时限,法官该如何应对?笔者认为,依最高人民法院2008年下发的《关于适用〈最高人民法院关于民事诉讼证据的若干规定〉中有关举证时限规定的通知》(以下简称《通知》),只要原告补充提供的证据属于"新证据"范畴,就可以不受举证时限制度的约束。在考虑是否属于"新证据"时,《通知》提出,在期限内是否客观存在和提交证据是否存在故意或者重大过失作为认定新证据时的参考因素。而本书所论及的情形,原告于法官释明前,通常并不知道有必要提供相关证据,对此并不存在故意或者重大过失,故其补充提供的证据应属于"新证据"的范畴,不受举证时限制度的约束。

会引起当事人的缠访而增加法官的息诉工作量。[1] 对于前者，由于现行的审判绩效考评制度规定，对在二审审理期间因新证据的出现而导致的发回重审、改判案件，不计入案件发回重审、改判（错误）率，故一审法官对未释明不需要承担审判责任，在心理上不会产生释明的动力。而对于后者，考虑到将来可能产生的接访工作量，法官在心理上愿意多花费时间、精力适度开展释明工作，以减少信访投诉率，提高案件的服判息诉率。实践中，对于一审法官，还存在追求结案方面的心理压力，可能有意或无意地通过淡化释明工作，以加快办案节奏。[2] 故对一审法官而言，是否愿意释明，与发回重审、改判（错误）率、上诉率、信访投诉率、服判息诉率、结案率等审判绩效考评指标设置权重密切相关。

二审法官则持完全不同的考虑。出于尽可能减少二审受理案件量的考虑，他（她）们希望一审法官能通过积极的释明在一审

---

〔1〕 在我国，对因案件裁判而产生的信访，通常规定由承办法官接待，做好息诉上访工作，并设置了上诉率、信访投诉率、服判息诉率等针对法官的考评指标。

〔2〕 结案压力是导致法官不愿对当事人多做释明的重要原因之一。关于结案率指标设定的科学性问题，李浩先生曾对国内外民事司法效率进行过比较：2006 年 1 至 12 月间，日本地方法院第一审民事案件的平均审理期间为 7.8 个月；作为公认的民事诉讼效率比较高的国家，德国初级法院在 1996 年的案件平均审理期间为 4.6 个月；美国 1991 年针对 39 个市区州初审法官的研究发现，在其中的 12 个法院中至少有 90% 的案件在起诉后的 2 年内审结。而我国的审限规定普通程序为 6 个月，适用简易程序的审限为 3 个月，已较上述各国为短；在审限内结案基本达到 100% 的前提下第一审案件的未结案率 2007 年为 8.07%、2008 年为 7.62%、2009 年为 7.16%，审限内案件审结率亦远较上述各国为高。以上数据转引自李浩：《宁可慢些，但要好些——中国民事司法改革的宏观思考》，载《中外法学》2010 年第 6 期。故我国应警惕偏重效率而忽视公平的倾向，通过适度放宽对结案率指标的考核标准，提高裁判的实体公正性。

环节终结诉讼纷争，故其心理上多趋向于对未积极释明的案件予以发回重审、改判，对证明标准的释明持肯定态度。[1]

四、考查法官的素质——是否具备释明的能力

我们可以通过考查我国司法经验的传承，来思考对证明标准进行释明的可行性。传统上，我国民事法官的角色定位较为积极。1991 年《民事诉讼法》出台前，民事诉讼往往是法官“包办一切”（包括举证指导、调查取证等内容），职权主义色彩浓厚。《民事诉讼法》出台后，虽倡导当事人主义的诉讼模式，法官中立地位提升，但仍保留了较多的职权主义色彩。近十年来，我国司法能动主义的倾向明显，积极司法成为一种主流的价值观。故相较于司法角色一向消极的一些英美、大陆法系国家，我国法官的司法习惯与积极释明制度有更多的先天契合。[2] 实践中，一些老法官在审判中，往往临深履薄，处处小心，特别是在困难案件的裁判之前，多会与当事人事先沟通，以一种朴素的方式，对当事人“丑话说在先”，办案时间虽然较长，但不容易引发当事人的情绪反弹，这种做法即是对证明标准释明的生动实践。[3] 综合以上认知，通

〔1〕 这种有趣的对峙，将来可能因为重新核定案件发回重审、改判（错误）率，将一审法官未释明而导致在二审中提供新证据被发回重审、改判案件归入错误裁判，而逐渐消解。

〔2〕 据我国台湾地区学者在 1993 年的统计数据，在我国台湾地区，“关于一百九十九条（阐明权规定）的判例只有八个，并不多。从二十世纪六七十年代到现在，十几年中只有两个判例，最后一个判例还反对法院有向当事人阐明提出新的诉讼资料的义务”。参见骆永家等：《阐明权》，载《民事诉讼法之研讨》（四），台湾民事诉讼法研究基金会 1993 年版，第 213 页。

〔3〕 相较来说，经验略浅的法官则往往不具有这种想法，为追求一审案件的审判效率常仓促下判，由此招致一些投诉与信访。

过妥当合适的释明工作，尽可能地拆除存在于法官与当事人思维中有关证明标准认知的墙，让可能胜诉的当事人不因自身的认知局限而招致败诉的后果，在当前语境中具备必要性与可行性。

第三节　解决问题的路径

在上述讨论的基础上，我们要进一步探求的问题是，在何种情况下法官应当履行释明义务（释明的界限）；如何对释明技术进行精细设计，尽可能降低当事人对司法中立的怀疑程度（释明的形式）；不释明与已释明，分别会对当事人和法官产生怎样的法律评价（释明的后果）。

一、关于释明的界限

对于在何种情况下法官应当对未达证明标准的案件进行释明，我国理论界多引日本、德国学者的观点，将考虑因素归于以下三项：(1)基础之上的释明；(2)盖然性的考虑；(3)期待性的考虑。[1] 笔者结合我国民事诉讼的具体情况，进一步将其整理为三个判断维度。

（一）后果维度

考虑未释明是否导致严重后果。即根据案件的具体情况，考

〔1〕 参见[日]新堂幸司：《新民事诉讼法》，林剑锋译，法律出版社2008年版，第316页。

察释明后逆转之盖然性。如果法官行使释明权，较之不行使释明权，会使裁判结果发生重大变化的盖然性较高，则法官应当行使释明权。若这种盖然性不存在或较低，则不予释明。

（二）事实维度

考虑释明是否有基础前提。德国学者 Reichschl 认为，德国《民事诉讼法典》第一百三十九条规定的法院的提问、提示义务应当以当事人在诉讼中的事实陈述为基准点，禁止法院在当事人陈述的范围之外指出攻击防御方法。[1] 我国台湾地区诉讼法学者亦指出，“阐明权行使的原则，应该是从当事人的声明、陈述中有线索可寻者，才可以行使阐明权”[2]。笔者认为，在具体操作上，可以划定这样的标准：

1. 原告已提供基础证据，只是因为基础证据未达到证明标准，需要在此基础上再补充其他证据时，应予释明，原告连基础证据都无，完全需法官指导举证的，不予释明。

2. 当事人的事实争点发生变化，原已提供的证据可能不足以支撑新的事实主张，法官需要向当事人作出释明。

3. 当事人原已提供的证据本来是能够支持其诉讼主张的，但在对方当事人提供反驳证据后，证据可能变得薄弱，法官需要视情况予以释明，给予原告补救的机会。

---

〔1〕 熊跃敏：《民事诉讼中法院释明的实证分析》，载《中国法学》2010 年第 5 期。

〔2〕 参见骆永家等：《阐明权》，载《民事诉讼法之研讨》（四），台湾民事诉讼法研究基金会 1993 年版，第 185 页。

（三）主体维度

考虑当事人举证能力问题。从当事人角度，评估由原告自行主张的可期待性。即依通常的判断标准，如果可以期待当事人提出适当主张，则法官不必行使释明权。如无法作出此种期待，则法官应当予以释明。实践操作中，可考虑有无律师代理（对于有律师代理的案件可降低释明要求）、当事人素质情况（对于文化、法律素质较低的当事人应加强释明工作）、当事人提供证据的成本（在举证期间内提供该项证据的成本较高，并无法合理期待，法官应予释明）等情形作具体判断。

在讨论释明权行使的界限问题上，学界一般认为很难预先确定一个抽象的、普适化的标准，故在建立后果维度、事实维度和主体维度的基础上，笔者认为，应为法官设计具体的审查线路，建议法官分三个层次来考虑问题。第一序位应考虑后果维度，将未释明不会使裁判结果发生重大变化的案件排除出释明的范围；第二序位应考虑事实维度，将释明可能使裁判结果发生重大变化，但当事人未提供基础证据的案件排除出释明的范围；第三序位则应考虑主体维度，将符合前两项规定，确因当事人能力所限无法掌握证明尺度的案件归入释明的范围，而对于当事人的能力明显与证明尺度的把握相匹配的，仍可排除出释明的范围。当然，在我国当前的国情下，此项要求可予适当放松。

以案例 36 为例，法官应首先判断，若不将“仅提供差旅费发票不足以证实原告曾向被告主张过债权”这一心证内容向原告释明，原告是否会丧失重大的实体利益；在裁判结果因释明发生重大变化的盖然性较高的情况下,进一步思考,原告在审判过程中是否已就证明对象提出基础证据;在可将原告提供的"差旅费发票"归于基础证据的判断下,法官最后应评估由原告自行主张其他证据的可期待性,从而得出是否应当释明的结论。

二、关于释明的形式

应建立一个原则,即"尽量适度的表明,但是要做得非常保守"。具体包括:(1)要在法庭辩论终结前向各方当事人公开释明,保证当事人的在场见证权。(2)要尽可能地保持中立,不能干涉当事人行使辩论权和处分权,不能替代当事人提出诉讼抗辩和主张。在引导的话语上,采用假设式、发问型,用请教的方式,尽可能从查清案件事实的角度,让当事人"自行"发动证据收集程序,而不宜指导当事人如何举证。如可采用以下的语言表达形式:"你是否还有相关的证据需要向法庭提供","鉴于原被告对此问题争执较大,原告是否考虑需要补充相关证据",等等。同时,也可以通过引导当事人就是否已达到证明标准进行辩论,通过被告的质疑意见来间接引导原告补充提供证据。(3)要保留可能性,强调法官对证明标准问题的理解只具有暂定性、可能性,避免因为过于确定性的表达给当事人造成未审先定的怀疑。(4)语言要通俗易懂,以当事人真正理解为目标,避免因语言的专业性当事人无法理解。(5)要记录翔实。即法官释明之内容和当事人回应释明之内容,两者之间是否紧密相连,如当事人所陈述内容与释明内容无关时,法官是否继续释明,均应详细记载于笔录之中。

三、关于不释明及已释明的后果

若法官对应予释明的案件未履行释明义务，则案件可能面临被二审发回重审、改判的风险，对此类发改案件，宜计入目前审判质效考评指标的发改案件错误率，作为对法官审判绩效的一项否定性评价，从而通过指标评价来引导法官履行好释明义务。在法官已对未达到证明标准案件进行释明后，若原告未提出相关证据而被法院判决败诉，在二审中，原告再提出证据时，二审法院应以原告对"新证据"的提供存在故意或重大过失为由，对相关诉求不予支持。

——延伸思考——

加强对未达到证明标准案件的释明工作，通过拆除堵塞于法官与当事人思维里的墙，让可能胜诉的当事人胜诉，对于降低上诉率，减轻二审、再审法官的工作量和案件信访量，均有较大助益。对于一审法官的益处，则体现在释明后能提升当事人对司法的信赖，从而提高一审的服判息诉率。故无论是从当事人的层面分析还是从法官的层面分析，这都是一项很有价值的工作。

书中论证的过程，也反映出法官是在夹缝中的"行者"，中立、效率与程序保障的取舍与平衡，考验着法官的智慧，对证明标准释明的把握仅仅是其中的一个问题场域，这些场域内的问题,需要我们设计精细化的技术去解决。[1]

本章的写作,亦让笔者认识到一个问题:在做一项制度设计时,我们不能不理会现实世界而纯粹地去做一种理论推演(如某经济学家的名言:“你所说的现实世界,是经济学里唯一的例外”),一项理想的制度要想适用于一个古老的国度,要考虑的因素很多,法官的能力、意愿,当事人对司法的信任度,当事人与律师的素质等,都是一项诉讼法制度的设计者需要认真思考的要素,能否科学地拿捏与把握,决定着该项诉讼法研究是否能够“落地生根”。

---

〔1〕 本书遗留的问题是:法官认为原告提供的证据达到证明标准后,相对人却不一定知道,此时法官是否应对相对人晓谕,促使其提出反证。这一问题与本书讨论的问题是一枚硬币的另一面,依当事人平等主义原则,应类同处理,本书不拟详论。

第六章

争点协商技术

本章我们将讨论争点的协商问题，重点介绍争点协商的内涵、功能、技术运用、局限性克服等内容，期望有助于法官科学地适用争点协商技术，在案件审理中充分引导当事人求同存异，以实现争点的节约化，提升案件的审判效率。

［法官与律师的困惑］

长期沉湎于民法体系化的海洋中，阿正法官养成了对周边人、事进行类型化分析的习惯。他将周边的民事法官分为两种类型。第一种类型的法官常倚重判决来解决问题，虽也试图调解结案，但一旦遇到阻力容易放弃调解，不大顾及或没有看到案件中的某些具有和解面的因素，习惯对案件的争点不分巨细逐一审理，他们的判决书以分析细腻、篇幅长而著称，但劳心费力，审判效率不高；第二种类型的法官则不惜花费大量精力从事调解工作，他们往往在未充分归纳争点的前提下，侧重从情理层面开展劝和工作，虽调解率较高，但由于对争点掌握不明、责任判断不清，调解过程中有时会招致一些当事人内心的不满，影响到当事人对裁判之信赖。阿正琢磨，有的案件要全案调解十分困难，需要耗费较大的时间、精力，但放弃调解径行判决，之前的调解工作又被虚耗,如一块鸡肋,食之不能,弃之可惜,此时,是否有一种折中的办法,能将两项工作结合起来,既能跳出反复调解不能结案的怪圈,又能使前期的调解工作不至于浪费呢?

律师阿争也有着类似的想法,作为专业的委托代理人,工作职责要求他穷尽攻击或抗辩的手段,但他明白,这些攻防方法中,有些是必要的,有些则是附带的或者根本上是凑数的,在对手也提出大量的攻防手段时,双方都在心里揣度,若能协商一下,审判应能得到简化,效率应能得到提升,只是,谁也不会主动地提起部分协商一事。这些疑惑,引发了我们的如下思索。

第一节　什么是争点协商技术

一、争点协商的内涵

【案例37】　在原告A公司与被告B公司、C公司建设工程施工合同案中,原告诉称,所承建的由被告B公司、C公司发包的工程业已竣工验收,二被告共预留原告工程款累计75万元作为保修金,现已过保修时限,原告追讨未果,诉请判令二被告连带支付保修金及利息97万元。

被告B抗辩,合同义务已转移至被告C,原告要求B支付质量保修金无依据,应依法驳回。为证明自己的抗辩主张,被告提供A、B、C所订立的《补充协议》一份,证明B的债务已转让给C。原告对该份证据发表质证意见认为,在协议的落款处签名的是原告的一位业务经理,其没有权限代表公司同意债务转移,故《补充协议》对原告不具有约束力。

被告C提出四点抗辩意见:(1)涉案工程存在质量问题,原告无权要求支付质量保修金。(2)若法院经审理认为质量问题欠缺严重性,不构成被告拒绝支付质量保修金的理由,本案仍存在应扣减保修金的问题,即被告在原告明确表示拒绝履行保修义务后,将部分急需维修的项目委托他人进行维修,支出维修费用达7万元,应在保修金中予以扣减。(3)原告A存在工期延误,应赔偿被告违约金,此项损失应从保修金中抵扣。(4)从原告向法院起诉的时点上看,原告的诉讼请求已超过诉讼时效,请求法院依法予以驳回。被告围绕第(1)~(3)点的抗辩理由,分别提供了相应的证据,原告亦逐项发表了质证意见(此处的证据与质证意见与本书分析无关联,从略)。针对被告的第4点抗辩意见,原告提供在诉讼时效期间内向被告追讨保修金的书面函件。被告质证认为,该书面函件的收件人李某不是该公司的工作人员,该公司并不知悉函件内容。

对于此类案件,通常的审理路径是:(1)法官在充分听取当事人的诉辩意见后,归纳案件争议焦点(如在本案中,争点可能包括:合同义务是否已由B转移至C、工程是否存在质量问题、是否存在委托他人维修的必要性及金额、是否存在工期延误及损失金额、原告是否于诉讼时效期间向被告主张过权利等);(2)围绕各个争点进行审理,引导当事人展开诉讼攻防(包括引导质证、辩论),对诸项法律、事实问题予以查明;(3)在案件调解阶段,征询当事人对诉讼请求能否达成和解;(4)在当事人无法达成一致意见情况下,择期作出判决。

应当说,这种"将每一个争点视为一个山头逐一予以攻陷"式的审理方式,在脉络上是清晰的,有益于查明事实与准确适法。但在开展这场诉讼“攻坚战”之前,法官是否需要冷静思考一下,可否另辟蹊径,绕过一定的“山头”,而以一种更加经济的方式实现审判之目标呢?

实践中,作为诉讼攻防的主体,当事人必然千方百计地阻击对手的进攻,穷尽手段去提出否定、抗辩。因此,呈现在法官面前的争点,往往虚虚实实,并不都是诉讼攻防的要点。以前述案件为例,原告A提出其业务经理的签名不能代表公司行为,据此否认被告所提供《补充协议》的证明力,与被告C提出书面函件的收件人李某不是该公司的工作人员,据此否认曾收到原告寄送的支付保修金的书面函件,抗辩理由都较牵强,基于诉讼策略进行对抗的痕迹较为明显。此时,法官应行使诉讼指挥权,通过引导协商的方式,争取原告、被告双方就相关争点达成妥协,以节约诉讼成本。

在案件审理中,除了上文谈到的法官主动促成当事人就相关争点予以妥协的情形之外,还存在当事人自行就争点达成和解的情形。一些当事人在审理进程中,对原先主张的争点会策略性地放弃,这种放弃,既可以是以一种明示的方式作出,也可以是以一种隐性调整的方式表达出来,此时,法官如缺乏敏感性,未对争点予以限缩,仍围绕原定的争点进行案件审理,就可能导致案件审理的低效。

目前,学界对争点协商技术的研究尚付阙如,一些研究提出“部分调解”这一概念,尝试通过“部分调解加判决的模式”限缩法官的判决范围,其技术要点是通过对相关事实与诉讼请求的调解，使这部分请求能从判决中分离出来。这种审判方法，在工作对象上着眼于“部分诉讼请求”，与本书所着眼之“案件争点”不是同一范畴，后者研究的范围显较前者更加细微，涵括法律争点、要件事实争点、证据争点等方面。实践中，法官们虽在审判中运用到了争点协商技术，但多属于不自觉的行为，对这一隐性的智慧，有充分挖掘、整理的空间。

审判实践中，我们发现，案件审理中的争点，有的具有实质意义，是诉讼攻防的关键点；也有一定数量的争点因当事人为增加诉讼攻防的筹码而提出，具有互相刺探的目的及假定形式，属于伪装的争点，经不起推敲；[1]亦有一些争点属于案件枝节问题上的争点，不具实质性，重要程度不高。这些伪装的争点以及次级的争点，均具有和解面的因素，可借由法官的引导，建议当事人协商撤回，从而减轻案件审理的负担，提高审判效率。所谓争点协商，即指当事人在法官的指导下，就有关的争点进行充分讨论，同意限缩有关争点（这里既包括双方对各自所执的争点进行交易而就争点项下争议达成一致，也包括单方对争点的放弃）的一项诉讼行为。

服务于争点协商工作，本书所称的争点协商技术，即指法官据以引导当事人进行争点协商的审判技术，具体可包括如何判断争点协商的可行性、争点协商的时间选择与方式适用、如何在争点协商中行使释明权、如何引导当事人进行争点协商等项内容。

---

〔1〕 关于伪争点，在买卖合同纠纷案件中，最常见的事例是，作为买方的被告在原告主张支付货款时，为拖延诉讼或少付货款，将货物存在质量问题作为诉讼砝码策略性地提出，但无法提供证据。

需要强调的是,争点协商的主体应为当事人,法官虽主导争点归纳、协商的过程,行使诉讼指挥权,但其仅属当事人之协助者,而非操纵者。

二、争点协商技术的理论依据

程序主体权理论可以为争点协商技术提供技术支撑。根据程序主体权理论,当事人意思自治,纷争的裁决者在解决纷争的过程中,应平衡对当事人实体利益(裁判的实体公正性)与程序利益(诉讼的经济性)的追求,承认当事人可以根据事实所涉及的实体利益与程序利益之大小轻重,合意选择纷争解决的方法及框定纷争范围。体现在诉讼上,程序主体权表现为,当事人可在诉讼过程中选择有关程序及与程序有关的事项的权利(这项权利又被称为民事程序选择权)。近代以来,程序主体权原则已基本成为多国公认的一项宪法和诉讼法原则,在各国的民事诉讼立法与实践中得到广泛的适用。在争点的处理上,通过争点协商技术的运用保障当事人对争点的选择权,以当事人之协商结果来划定争点之范围,充分体现了对当事人程序选择权的尊重,赋予其选择程序以追求程序利益(因争点之整理、简化、限缩所可导致之劳费节省)之机会,因而具有理论上的正当性。

诉讼契约理论可以为争点协商协议的效力提供理论支持。所谓诉讼契约,是承认当事人享有民事程序选择权,双方在权利行使中可能达成的一种对民事程序的合意形态。在民事诉讼理论界,承认诉讼契约已成为主流观点,学者们认为,其符合“以契约原理为核心,以程序正义为基干的现代法的精神”。[1] 在比较法上,德国、法国、我国台湾地区等均有规定,我国台湾地区“民事诉讼法”第二百六十八条之一第二项、第二百七十条之一及第三百七十六条之一第一项即为适例。诉讼契约的内容主要针对诉讼权利的处分,如管辖协议、证据契约、不起诉契约等,但也有同时处分了实体权利的,如诉讼和解、执行和解。在效果上,已生效的诉讼契约会产生法律约束力,包括对当事人和法院的拘束力。其中,对当事人设定了程序上或程序附带实体上的权利义务;法院亦应当尊重当事人达成的诉讼契约,受诉讼契约内容的约束。本书所研究的争点协商后达成的协议,本质上属于诉讼契约的一种类型,其一旦生效,当事人应当遵守约定,对协议排除的相关争点不再提出异议;[2] 法院则应当将当事人协商确定为无争议的争点排除在案件的事实审理之外(当然,对法律争点之协商,法官应进行主动审查,在不违反禁止性规定或损害第三人利益的情形下,将其排除在案件审理之外),仅围绕存有异议的争点开展庭审。

三、争点协商的外延

争点在范围上囊括了诉讼标的、法律、事实与证据上的争议,

---

[1] [日]棚濑孝雄:《纠纷的解决与审判制度》,王亚新译,中国政法大学出版社2004年版,第4页。

[2] 相对于我国台湾地区“民事诉讼法”上的争点整理的失权制度,这里并非提出争点整理失权效力的规定,仅针对双方协议排除的争点做出不得再予提起的限制,对争点整理的失权效力,目前我国大陆无相关法律规定,也无配套的操作环境,没有实施的制度依据。

因此,广义上的争点协商亦应包括对上述争点的协商。对于诉讼标的的争点协商,如能全部达成,实现全案和解的目的,可以说争点协商的功能已达到了极致;如能部分达成,也可起到简化审理范围的作用。但若欲以争点协商协议的约定,排除其后当事人提出诉之追加或变更之权利,则因涉及一些当事人在当下可能难以判断的权益,法官对协议之合法性宜审慎判断。法律争点的协商,系针对各方当事人就相关法律条文的不同理解,由法官进行法律释明,争取能在当事人间达成法律解释上的一致。在进行这项工作时,法官应保持足够的谨慎,不能有悖于法律,不能仅为了提升审判效率,而盲目依当事人意志对法律条文作出不当解释〔1〕。事实与证据的争点协商(笔者将其称为狭义的争点协商),旨在通过对相关事实与证据争点求同存异来限缩案件的审理范围,在一审民事案件的审理中,基于事实与证据问题出现的争议较为普遍,具体涉及证明要件事实之直接证据的有无、间接事实的主张及证明其存在的间接证据的有无、其关联性程度等方面,此类问题,会成为争点协商的主要内容。

---

〔1〕 此项见解,可见于我国台湾地区"最高法院九十五年度台上字第一三〇二号民事判决",该判决指出:法院就当事人所主张起诉原因之事实判断其法律上之效果,自不因当事人就其主张之法律上争点,经依上开条项为整理并协议时自认或不争执而受影响。其基于法官知法之原则,以及法官不能悖于法律及正义,盲目依当事人意志而进行裁判之法理,应有其依据。参见姜世明:《任意诉讼及部分程序争议问题》,台北,元照出版公司2009年版,第82页。

第二节　争点协商的功能

争点协商旨在充分尊重当事人的程序选择权，为他们寻求一条快捷的诉讼通道；此外，其亦有益于法官们去发现案件中的相同点，充分地求同，精致地查异，集中精力审理有实质争议的关键性的争点，提升案件质量。其功能主要包括以下方面。

一、缩小案件的审理范围

法官通过引导当事人进行协商，排除不必要之争点，能集中精力围绕具有实质意义的争点推进案件审理。在庭审方面，对经协商达成妥协的争点，无须再围绕它们开展举证、质证、认证工作，可减轻法官与当事人在庭审中的工作量，使庭审更加集中、高效；在判决书制作方面，法官就争点协商中已排除之无益主张，无须针对其是否可以采信再撰写判决理由，能减轻法官在文书撰写上的工作量，也有利于实现判决书的精简化，方便当事人阅读。审判实践中，一些法官在判决书的判决理由部分，常将经争点协商达成一致的部分表述为“原、被告对某事实或某法律问题，已达成一致意见，不违反法律规定，本院予以照准”，从而能集中笔力去分析实质上的争点。

二、促进全案和解

随着案件审理的深入，在争点归纳全面具体、举证责任清晰划定、证据全盘展示的情况下，通常当事人对案件的胜败趋势可以作相当程度的预测。用一句学者的形象的话来形容,当事人此时“能听到判决之脚步声”。[1] 在此阶段,极有利于争点协商工作的开展,若当事人能借助法官所公开的心证,基于对实体与程序利益的平衡,降低情感等非理性因素的影响,与对方当事人进行坦诚沟通,多能打开心结,达成全案和解。即使是真正有争执的案件,如争点已充分凸显,当事人为减少或避免因争点泛滥化而可能伴生的劳费付出,亦可能在一定程度上就部分争点达成妥协,从而为案件的全案协商解决奠定基础。美国法官波斯纳在研究诉讼规则对和解率的影响中发现,在审前证据开示中,当事人对信息进行全面的交流,能在其内心对案件的可能结果形成较为准确的估计,使和解的概率得到提升。[2] 观察近邻日本的司法实践也能发现,争点协商对案件和解起到较大的促进作用,据日本学者的介绍,“日本践行争点整理或集中调查证据之事件中,成立和解之事件比率为34%以上”。[3] 这些做法均值得我们借鉴。

关于抓住争点的出发点和动机,运用“争点互易”促成和解的技术运用,可从案例38中反映出来。

【案例38】 在原告A公司与劳动者B劳动争议一案中,A公司以B严重违反公司规章制度为由解除劳动合同,B则以公司违法解除劳动合同为由诉请公司支付经济补偿金,并称公司未足

〔1〕 许士宦等:《辩论兼和解之审理方式——评述日本近十年来民事审判实务上所实验之审理模式》,载《民事诉讼法之研讨》(四),台湾民事诉讼法研究基金会1993年版,第479页。

〔2〕 [美]波斯纳:《法律的经济分析》(下),蒋兆康译,中国政法大学出版社1997年版,第727页。

〔3〕 邱联恭:《争点整理方法论》,台北,三民书局2001年版,第115页。

额支付加班工资,诉请一并支付。

双方的争议焦点在于:(1)劳动者旷工致工厂停工停产一个小时的行为,是否构成严重违反公司规章制度;(2)A 公司是否拖欠 B 的加班工资。法官在审理案件中,发现用人单位经济效益较好,不在乎支付经济补偿金,但很在乎加班工资的计算与认定,因为他们担心其他员工仿效,给公司带来巨额赔偿。劳动者则对经济补偿金或加班工资的区分表示无所谓,只要求总的赔偿金额符合要求即可。通过引导,劳动者愿意放弃对于加班工资的主张事实,而公司也放弃对于“劳动者旷工致工厂停工停产一个小时的行为,是否构成严重违反公司规章制度”这一主张事实,公司同意足额支付劳动者经济补偿金,争点的协商促进了和解。

三、提高当事人对案件处理的信赖度

在引导当事人进行争点协商工作中,要想促成当事人对部分争点达成妥协,法官必须对一些争点问题予以释明,在进行这项工作中,法官一方面要听取当事人的意见,调整及修正自己的见解,并率直地披露其他疑点而要求说明;另一方面必须对诸争点进行评价,排除伪争点与非实质性争点,互相确认真正的争点。这些争点释明工作,有利于当事人理解法官,假定其被判败诉,对其不会造成突袭的印象,能使当事人本人信服进而尊重判决。

四、有利于实现对当事人实体利益与程序利益的保障

民事诉讼的目的,一方面在于保障当事人的实体利益,实现案件裁判的公正;另一方面亦在于保障当事人的程序利益,使当

事人能够出于诉讼成本的考虑,选择成本最经济的方案解决纷争。争点的协商,有利于当事人平衡这两项利益,作出取舍。

【案例39】 在原告A与被告B医院医疗损害赔偿纠纷案中,在计算赔偿项目及标准方面,是以《医疗事故处理条例》还是以《民法通则》中的相关法条为据,是一项法律争点。[1] 经查,《最高人民法院关于参照〈医疗事故处理条例〉审理医疗纠纷民事案件的通知》第一条规定,[2]条例施行后发生的医疗事故引起的医疗赔偿纠纷,诉到法院的,参照条例的有关规定办理;因医疗事故以外的原因引起的其他医疗赔偿纠纷,适用《民法通则》的规定。本案中,是否申请医疗事故鉴定,可由原、被告考虑实体与程序利益予以确定。经向原告释明,依《民法通则》相关条文计算赔偿项目可能较多,赔偿标准亦可能较高,且可避免医疗事故鉴定的耗时;对被告释明,不进行医疗事故鉴定,对医院的评级及医务人员的保障可能更有利。原、被告均选择放弃申请医疗事故鉴定,同意将《民法通则》相关条文作为计算赔偿费用的标准。

第三节　争点协商技术的运用

争点协商工作所要面对的是复杂的争点群,争点协商技术因此必然将是一项处理复杂性的技术。这项技术必须处理以下内容:什么类型的案件可进行争点协商?争点协商在什么时间阶段

〔1〕 此例所涉及的案件审理时间较早,当时的相关法律关系仍适用《民法通则》调整。

〔2〕 该文件现已失效,但不妨作为问题解决的一个例析。

进行较为合适？争点协商中法官应发挥何作用？

一、关于争点协商的可行性

争点协商可能成就的理由在于，诉讼中的当事人之间并不是完全的对立关系，不是一种零和游戏，也存在一定的共同利益与诉讼风险，在众多的争点中，他们可能会考虑作一些取舍，在某些方面达成共识。具体而言，对于什么类型的案件可进行争点协商，可侧重从三个层面来判断。

（一）从案件复杂度层面判断

复杂度较高的案件，往往争点较多，诉讼周期较为冗长，此时，诉讼成本会成为双方当事人考量的重要因素，他们开展争点协商的动力会较足，双方也较可能达成争点协议。限缩争点的技术，多运用在双方争议面较广的建设工程施工合同、融资租赁合同、产品质量纠纷、承包经营合同等案件中，特别是对于存在反诉的案件，双方攻击防御的方法较多，部分妥协的空间较大，当事人限缩争点的意愿较强。

（二）从争点重要程度层面判断

实践中，能够促成争点妥协的，多是一些重要争点之外的次一级争点，如有的属于诉讼标的范围以外的问题，有的争点基于当事人情绪上的对立而产生，有的争点仅涉及生活事实，而与案件的要件事实无关，这些争点对裁判结果影响甚微，却给双方带来较大的诉讼成本，理性的当事人往往不堪其扰，愿意通过妥协来减轻诉讼负担,故这些争点可以作为争点协商的重点对象。

(三)从当事人层面判断

法官应分析当事人是否均较理性,是否对通过争点协商降低诉讼成本有较充分的认知,从而有针对性地开展引导。开展争点协商的案件,以有律师代理的案件为佳,但也要防止律师为自己的利益而拖延或制造争议,有时直接与当事人面谈,析明争点协商的益处,或有利于协商的达成。

二、关于争点协商时间、工作形式与内容载体

(一)争点协商的时间

根据时间先后,争点协商可分为审前程序中的协商、庭审过程中的协商与庭审之后的协商三种协商类型。对于开展庭前证据交换工作的案件,可考虑在证据交换工作的后期,设立一个争点协商环节,由法官帮助当事人厘清各方的争执要点,争取在庭审之前在一定程度上促成争点的简约化。如在庭前达成争点简化协议,可在开庭阶段的当事人诉辩后宣读、告知简化内容,以这一程序性设计,来实现它的约束力。对于未开展庭前证据交换的案件,争点协商工作可在庭审中进行。鉴于实践中原告多采取故意简化诉状,被告多采取不按期提供答辩状等策略行为,法官难以在原、被告诉辩之后立即归纳出争点,使这一阶段的争点协商工作难以在庭审的前阶段得到开展,故此类案件的争点协商工作,宜在当事人举证、质证后再进行,在此阶段,法官可综合诉辩意见、提供证据情况将争点确定下来,从而使下一步的争点协商

成为可能。庭后的争点协商,则可设置于庭后的调解工作中进行,为实现当事人的互谅互让,法官需要在调解工作中围绕争点对案件条分缕析,故而在全案调解无法达成的情况下,可争取引导当事人对若干争点达成妥协,这改变了调解工作要么成功要么失败的“全有全无”的模式,使在全案调解无法达成的案件中,调解工作也能取得局部的成效。

(二)争点协商的工作形式

如采公开进行的方式,在有旁听的第三人在场的情况下,当事人之间就事实及证据进行柔软的对应可能成为困难,妨碍法院早期把握真正的争点,亦降低争点协商的可能性。故在非公开开庭的情况下进行争点协商,较有利于效果的达成。问题是,这种不公开的争点协商形式,是否会违反公开主义的审判原则?解决的方法可以是,将在非公开情况下达成的争点协商内容,在之后公开的庭审中再予宣读,使之产生公示效力。

另外,在争点协商过程中,应争取当事人到场。这种协商形式的好处是,当事人可对法官阐述案情,且吐露感情,据此产生一种发泄的效果,使其得到很大的满足感、充实感,有利于案件的和解。考虑到争点的妥协可能对当事人的实体权益产生较大的影响,在法官引导当事人进行争点协商时,当事人如有对己不利之陈述,法官应谨慎判断,不宜直接采用,应向当事人说明争点协商的后果,让当事人权衡取舍。

(三)争点协商的内容载体

可以视情况采用争点简化协议或在诉讼笔录中予以记载等

方式,对争点协商的成果予以固定。争点简化协议,是通过当事人之合意,将不必要的或重复的争点予以删除,或有争执者尽量寻求共识,使其成为无争执而减缩争点之协议行为,它是诉讼契约的一种形态。

争点简化协议的主要内容包括:当事人所不争执或已撤回、限缩(被排除)的诉讼标的争点、法律争点、事实争点与证据争点。

书面型争点简化协议,可参考表6-1与表6-2。

表6-1　双方达成妥协之争点协商

编号	达成妥协之争点	原告的主张及出处	被告的主张及出处	法院审查结论
1				
2				

表6-2　单方撤回争点之争点协商

编号	原主张之内容及出处	撤回争点出处	法院审查结论
1			
2			

以上争点简化协议,对当事人具有约束力,可在表格下方注明:"当事人就其达成协议简化或自行撤回争点之允诺,具有拘束力。但经双方同意变更,或因不可归责于当事人之事由或依其情形协议显失公平者,不在此限。"交由当事人签名确认,即生效力。

三、关于争点协商中法官作用的发挥

（一）法官对争点的暂定性释明

对争点的释明包括两方面的内容：一是向当事人释明争点所在；二是向当事人表明法官对争点的暂定性意见。在法官未归纳案件争点情况下，当事人不了解争点所在，或对同一问题是否属于争点存在不同的认识，争点协商不具备基本的前提条件。在法官未表明对争点的法律见解及适当开示心证的情况下，当事人多执着于己方意见，难以就争点达成妥协。故争点的释明，是实现争点协商进而促成和解的前提。通过该项工作，法官析明案件可能存在的法律争点、事实争点和证据争点，帮助当事人分析法律上、事实上、证据上所涉及实体利益与程序利益的大小轻重，供当事人资以衡量，确定己方的诉讼策略，有益于促成争点的妥协。关于事实争点的释明，可参见本书第四章中的内容，此处不拟详论。

【案例40】 在原告A与被告B医院医疗损害赔偿纠纷案件审理中，A系一产妇，因工作人员疏忽，造成医用纱布留置于A体内，导致A产后身体不适，遂提起诉讼。在本案的数项争点中，其中一项事实争点涉及医疗费数额的确定，原告A主张医疗费用支出为1060.26元，但除医疗机构出具的医疗票据二份（金额为60.26元，系取纱布费用）外，未提供其他证据。被告B认为，对超出医疗票据金额的部分，不应承担赔偿责任。就此项争点，法官向被告释明，原告因被告医疗过失，延长了产后的住院时间，导致医疗费用增加，对此被告应予以适当赔偿。经协商，被告愿意赔偿从原告产后第二日起至出院日止的住院费用的60%,原告予以认同,双方就该项争点达成妥协。

另外,在一些案件中,当事人存在可能的隐性的争点,法官应协助当事人掌握此项争点,并促成该类争点的协商。如在一起违约损害赔偿案件中,被告未在约定期限内交付货物,原告已在他方购得该批货物,但其未在诉请中主张解除合同,仅提出要求支付违约金的诉请,被告表示因原告未到约定地点提货,该笔货物已卖与他方,违约方为原告,原告应自担损失,此时,法官应主动释明,先引导当事人解除合同,再就违约损害赔偿问题进行审理。[1]

(二)法官对争点协商的引导作用

法官在对争点协商进行引导时,可采用以下技术手段。

方法一:限制策略鼓励交往

根据一些学者的研究,当事人在诉讼中的行为分为诉讼策略行为与诉讼交往行为两种类型,[2]争点协商的关键,在于尽量限制前者,鼓励后者。一方面,法官在引导工作中,应当通过适度的公开心证,尽可能帮助当事人理性地看待自己的策略,减少或放弃一些明显没有依据的纯策略行为,将策略行为对于协商行为的

〔1〕 这里涉及一个问题,即法院在争点释明的工作中,可能会扩大了争点,并引导当事人协商是否将此争点一并在本案解决。在这个意义上,争点协商不仅有限缩争点的功能,为实现纠纷的一次性解决,其亦可能扩大争点。

〔2〕 段厚省、张峰:《证明评价原理:兼及民事诉讼方法论的探讨》,法律出版社2011年版,第267页。

干扰降到最低;另一方面,法官可将庭前的争点协商工作安排在调解室进行,采用圆桌会议的形式,仅着便服,酝酿出不拘束的气氛。在诉讼出现紧张的对抗时,法官应当在双方处于僵局的情况下,始终扮演一个矛盾调和者的角色,在思维上把握全局,在神态上展现自若,采用舒缓的、中立性的言辞,有意识地做一些缓和疏通工作,虽不能促成全案和解或争点妥协,但使当事人的协商通道始终保持畅通,保持交涉的活性化,为下一步协商工作的开展保留可能性。

对策略行为的限制,在主体上当然也包括法官在内。在早期的裁判中,具有法官个人智慧色彩的策略行为对于发现案件真相所起的作用较大。但到了现代的证据裁判阶段,任何事实的认定,均须得到证据的支持;同时,为保障当事人的诉讼利益,我们必须严格防止对当事人的裁判突袭。故法官的策略行为在诉讼指导中的作用已逐渐下降。在指导当事人开展争点协商中,法官的列示争点征询当事人意见,适度公开心证,加强释明工作等工作,均属于一种与当事人交往的行为,有利于案件的调和,值得提倡。

方法二:区分对象有的放矢

实践中,对于当事人的调和工作,通常有两种类型:一种以争点归纳为重点,在其过程中试行和解工作,可称为争点归纳重点型方法;另一种则以和解为重点,在其过程中进行争点归纳工作,可称为和解劝试重点型方法。选择适用哪一种类型的调和方法,宜从当事人的意向出发来考虑。如一方当事人希望和解而另一方当事人持消极态度的,或代理人认为依和解解决较适当但本人持消极态度的,宜适用和解劝试重点型方法,如双方当事人完全无和解意思,则适用争点归纳重点型方法。当然,这两种方法并非泾渭分明,法官可视和解的可能性,灵活转换。

就不同类型的争点,法官的引导工作亦各有侧重。对于事实争点、证据争点的协商,最重要的是引导当事人放弃虚伪的陈述,在此基础上促成争点的妥协。而对于法律争点的协商,其侧重点则不是真与伪的问题,而是适当性与可接受性的问题,其目标是促成当事人对法律解释的结论达成妥协。

方法三:抓住关键促成和解

在案件审理中,法官若能对关键性争点作出判断,围绕该争点先行调查部分证据,并将暂时性心证向当事人释明,将有利于当事人更冷静、更全盘性认清自己所处客观状况及立场,扩大凝聚共识之可能范围,促成和解的可能性将大大提高。实践中,这类关键性争点,多为法律争点与事实争点,法官应培养自己在纷乱的争点群中,辨识出它们的能力,避免陷落于纷繁、细碎的枝节性的争议问题上,导致审判陷入迷途。这里指的协调能力,是指法官对各类争点以及同一类争点中的各个争点,进行统筹思考的能力。这有利于法官找到解决问题的思路,而非局限于某类或某项争点,不能自拔。

【案例 41】 A 的近亲属系 B 物业公司的员工,在与小区内行窃的歹徒搏斗时不幸被刺伤,经抢救无效死亡,A 据此诉请 B 物业公司承担损害赔偿责任。B 在答辩中共提出四点抗辩意见,辩称:(1)其行为不属于工伤;(2)原告在获得侵权行为人的赔偿后无权向被告主张工伤保险待遇;(3)对原告提供的抢救医疗费用单据的真实性有待确认;(4)对原告提供的证明死者经常居住地为城镇(涉及死亡赔偿金的计算)的居委会证明材料的真实性有待确认。

法官在组织当事人围绕争点进行举证、质证后,认为案件的主要争点在于:(1)见义勇为受害能否认定为工伤并获得工伤赔偿?(2)第三人侵权与工伤竞合时能否获得双重赔偿?而其余两项争点,均属于附随的争点,或仅具有形式的意义。法官对主要争点所涉法律问题对当事人予以释明:见义勇为完全符合维护国家、社会和公众利益的活动负伤视同工伤的规定,应视同工伤;因第三人侵权造成工伤的,不影响劳动者另行向第三人提出侵权赔偿之诉。被告在法官暂时性公开心证后,理解了相关法律的规定,同意就这两项争点与原告达成妥协,案件终以调解结案。

方法四:排定位序简化争议

就案件的审理而言,争点的位序性排列很重要,有些前位争点的解决可能使后位争点成为不必要,故而就位序性的协商,成为提升案件审理效率的关键。关于争点的位序性技术,本书第二章已做论述,本处不再详论。结合其对争点协商的促进作用,仅引一例说明。例如,在一起建筑工程纠纷案件中,被告提出原告主张拖欠工程款已超过诉讼时效,并提出建筑质量问题等其他抗辩,相较于建筑质量问题(可能涉及工程质量鉴定等,需耗费较大的诉讼成本、时间才能查明),诉讼时效问题所涉及的证据材料较为简约,如经审理已超过诉讼时效,则建筑质量问题可不再审理。此时,在引导当事人进行争点的协商中,可将审理顺序的问题,作为争点简化协议的重要内容,引导当事人将争点的位序确定为先审理诉讼时效争点问题,再审理工程质量争点问题,以提升案件审理的效率。

方法五:暂时搁置将争议后置化解

这种情况典型地体现在当事人对一些证据的对质中。如当事人在举证时限届满后,于庭审临时提供证据,对方以举证时限届满为由提出不予质证时,依据《民事诉讼法》第六十八条第二款规定,争执的问题往往在于,该项逾期举证是否具有合法的理由,为实现诉讼成本的节约化,此时法官宜明确告知当事人,“该项逾期举证是否具有合法的理由,由法院进一步审查后予以认定。在法院对此作出判断之前,为节省审理时间,先请你方发表质证意见,若法院认为该项逾期举证不具有合法的理由,则视不同情形可以不予采纳该证据,或者采纳该证据但予以训诫、罚款”。又如,当事人临时提供证据,对方同意对该证据进行质证但要求给予质证准备时间,法官可建议质证方先行质证再于庭后补充提交其他质证意见。实践中,当事人在以上的对抗情形中,多采用的是诉讼策略行为,暂时搁置此类争点,往往也就化解了这类伪争议。续后的再次质证,多仅具形式意义,双方往往争执并不大。

第四节 争点协商的制约因素及其克服

笔者曾对J区人民法院审理的100件较为疑难复杂的民事案件开展调研,在这些案件中,我们发现,除了一些隐性的、下意识的适用情况外(如少数法官在本院认为部分的分析中,采用“原、被告对某事实或某法律问题,已达成一致意见,不违反法律规定,本院予以照准”的表述形式，体现出其曾引导当事人进行争点协商的痕迹），争点协商技术很少得到适用。考察适用主体、制度环境等因素，笔者认为，争点协商技术的适用受到了以下四方面的制约。

一、争点协商的制约因素

（一）制约一：涉及“会不会用”的问题

其表现为：一些法官、当事人及代理人不能正确、完整地归纳出案件争点，开展争点协商的基础不实；一些法官在归纳争点之后，在争点协商过程中，往往浅尝辄止，缺乏有效的引导当事人围绕争点进行协商的方法、技能；一些争点协商在适用上缺乏规范，导致其效力存在问题。

（二）制约二：涉及“愿不愿用”的问题

在主观意愿上，民事法官的工作量是高强度的，当一名“裁判”已属不易，要法官在争点归纳之后再像一名“球员”一样去引导当事人进行争点协商，法官可能难以接受。在具体技术运用的层面上，一些法官、当事人及代理人认为，对于大的争点，协商成功的可能性极小，而对于小的争点，费尽心力去协商又耗时费力，没太大意义，故没有动力去开展争点协商工作；在一些有委托代理人进行诉讼的案件中，代理人往往在法官引导争点协商时明哲保身，避免因同意协商而遭委托人责怪。他们认为一些争执问题涉及复杂的专业问题，很难向当事人解释清楚，放弃争点或交换争点的方案利弊很难加以比较。

(三)制约三:涉及"有没有用"的问题

法官在引导争点协商工作时,要采取主动姿态并展示其判断,但这种主动性和判断作用又要以当事人的同意为前提,缺乏强制能力。这就产生了判断与强制不对称的矛盾,使争点协商的难度加大。即便达成争点简化协议,这种协议的效力如何,目前的法律规定尚付阙如。若当事人对争点协商所确定的内容发生争议,目前也缺乏处理的规范。

(四)制约四:涉及"负面效果的判断"

争点协商的制度设计,可能起于一个良好的初衷,但在实践中,当事人可能利用争点协商来规避法律规定或损害第三人利益、社会公共利益;法官也可能利用争点协商来"以判压协",规避审判中遇到的难题,减轻自己审判责任。这些问题的存在,考问着争点协商工作的正当性。

以上的制约,深层次的问题还在于审判效率问题。与法官们交流发现,如果能够快捷、顺畅地引导当事人进行争点协商,法官们还是乐意为之的,问题在于,法官在庭审前从当事人处收集资料的效率很低,影响到争点之归纳;当事人收集法官心证内容的效率很低,影响到对争点之判断;法官说服当事人的效率很低,影响到争点之妥协;法官与当事人以及当事人双方之间信任不足,导致他们的交涉缺乏活性化。这些因素的存在,阻碍了争点协商技术在审判实践中作用的发挥。

二、争点协商制约因素的克服

诚如德国诉讼法学者的一句名言:“胖的判决不如瘦的和解。”和解是一项很好的制度,值得我们不断摸索与适用。细微地观察诉讼这一有机体,在很多疑难复杂案件的审理过程中,都可以看到争点协商的痕迹,它已然作为一项隐性的技术存在。一项技术的适用有其渐进之过程,只要能产生实效,它就能不断地在缝隙中倔强地生长,并可在其有效的适用中进一步增强适用者的信心。结合当下的诉讼环境,笔者建议可通过以下四个途径来应对制约性的因素,以提升技术的适用性。

(一)途径一:加强相关业务培训

针对制约一,应在法官培训工作中增设争点归纳、争点协商等课程,加强对法官从事争点归纳、协商工作的能力培养(包括全面归纳争点、识别主要争点、释明、公开心证及沟通说服等方面之能力、技巧);应提升律师自律能力等伦理水平,使他们能平衡兼顾委托人的实体利益与程序利益,在业务培训上,则应使其习得灵活运用整理并协议简化争点之知识技巧;应积极倡导协同司法的理念,在庭审中尽可能采用由法官与律师进行法律上及事实上讨论的审判模式,为争点协商营造适宜的交往氛围。

(二)途径二:建议法官多运用、摸索

针对制约二,可建议法官在疑难复杂案件中多摸索、适用争点协商技术,实践中,这类案件可以成为争点协商技术运用的“重

镇”。如在合伙纠纷、建设工程合同纠纷等案件中,争点往往种类多、数量繁杂,若要事无巨细地对争点逐一审查判断,必须要核对大量账册或文书,可能涉及对工程量的诸项计算等,工作量较大,此时,法官会更有意愿引导当事人开展争点协商工作。但若案件的争点不多,法官对争点协商的意愿则不会太强,因为若调解不成,径行判决往往较为省事,此时,就不必强求适用争点协商技术。

针对当事人及代理人可能对争点协商的配合度不高,法官宜在证据交换或庭审前,或庭审中的休庭期间,将当事人不争执的或较具有调和可能的争点整理出来,请当事人双方来增减删改,这一做法使当事人能较便利地收集到法官有关法的判断及心证内容,有助于其理性地决策。这种工作形式通过法官的积极介入,将当事人间自律的协商改变为他律的协商,也有利于提升争点协商的成功率。

对于本人诉讼的案件,争点协商的难度很大,此时,宜采用法官以言词释明而当事人以言词回答的方式,提升当事人对法官心证判断的准确度与效率,使争点的归纳、妥协不会产生误解,“用言辞与当事人沟通有一个附带的好处,因为争点容易凸显,比较容易促成和解”。[1] 在适用对象方面,宜注重对一些显见事实的协商引导工作,如“离婚案件中结婚的事实”“请求腾退房屋案件中原告是所有权人的事实”,一个理性程度较高的公民,经过法官

〔1〕 黄柄缙、李国增、周舒雁等:《争点集中审理制度在各法院之施行状况及其检讨》,载《民事诉讼法之研讨》(十四),台湾民事诉讼法研究基金会2007年版,第359页。

的释明后,通常对这些事实不会有太大争执。

审判实践中,法官还可重点关注间接事实与证据的争点协商工作。在案件审理中,法院应依经验法则为事实上及证据上争点整理,使当事人理解前述关联性或必要性有何欠缺及缘由,借以在法院与当事人间形成无须调查某项证据之共识,而促成争点简化协议。

(三)途径三:采取多种克服手段

针对制约三,可采取的克服手段包括:(1)我国目前的立法制度虽未规定争点协商内容,但我们可从诉讼契约的角度来为争点协商寻找正当性。明确争点简化协议是诉讼契约的一种,依契约法理,在能预测效果的范围内,对合意的双方当事人应有拘束力。在达成争点简化协议后,双方就已限缩的争点于诉讼中不得再予以主张。今后,在《民事诉讼法》的修改中,应当对此问题在立法中明确。(2)要求法官的心证呈现要有科学性,并有说服力,使当事人能预测到正确的解决与法官的心证接近,从而接受与审判结果近似的协商方案。(3)在当事人对争点协商协议提出异议时,应由对于协议存在之主张有利之当事人负主张责任及举证责任,当事人就上述协议含有瑕疵应予以证明。只有在不可归责于当事人之事由或依其他情形致协议显失公平情形下,才能不受协议的约束。

(四)途径四:对争点协商进行合法性审查

针对制约四,在引导争点协商工作中,对于当事人达成妥协的争点,法官应从合法性角度进行审查,考察当事人的协商动机、让步幅度是否符合常情,是否涉及基本人身权利的放弃,是否处分到第三人及国家、集体的权益,以防止不当的权利处分,防止当事人恶意串通,侵害第三方及国家、集体利益;法官作为主导角色,应当通过全面、准确地归纳争点,适度释明,公开心证等方式,引导当事人限缩争点,应尊重当事人的自主意思,将当事人对于事实问题与法律问题获得共同理解,作为争点简化协议生效的前提。另外,实践中,有些当事人出于全案调解的目的,对一些争点做出妥协,当全案调解无法达成时,不得认为当事人已对争执法律或事实做出认可。

——延伸思考——

在以往的审判程序中,法官在对案件的事实与法律问题进行审理时,通常是不进行调解工作的,而在进行调解工作中,也不将争点的归纳分析作为基础的工作前提,这二者是分割的。争点协商技术的运用,消除了审判程序与调解程序的二元壁垒,营造了一种一元的融合,有利于提升纷争解决的质与效。

本书的写作,亦涉及当事人进行主义与职权进行主义的取舍问题,容许当事人自主、自律地成立争点简化协议,实亦同时加浓当事人进行主义之色彩,这符合诉讼民主发展的潮流,颇具时代意义。

下篇

争点归纳技术的综合运用

第七章
争点归纳技术在审判流程中的适用

在本章的写作中,我们试图以一个案件的审判流程作为分析对象,研究争点归纳技术在流程各阶段的运用情况,我们发现,争点归纳的各个技术点可能贯穿于诉前、诉中及诉后的各项工作之中,在分布上具有全程性。在这种全景式认识的基础上,我们试图提炼诉讼各阶段开展争点归纳工作的特质,区分其阶段个性,便于法官在审判的各个环节能有的放矢,抓住问题关键,更好地运用好争点归纳技术。

[法官的困惑]

经过几年的摸索,法官阿正已掌握了争点归纳的几项基本技术。有一次,一位法官向他提出了一个问题:你所谓的争点归纳,截止于何时? 总不能无穷无尽地归纳下去吧。对于这个问题,阿正一时有点语塞。他知道,大陆法系的一些国家,有所谓的争点整理程序,规定争点整理必须于庭前的某个时点截止,之后的庭审则围绕这些归纳出来的争点进行,不得逾越之前所归纳的争点范围。我国将如何处理这个问题呢? 在阿正的审判工作中,争点归纳工作似乎是伴随审判全程进行的,这种操作方式符合当下中国的国情吗? 它有哪些优劣呢?

第一节 对争点归纳技术运用的观察

【案例42】 被告A系被告B公司所雇用的工作人员，2013年7月4日晚，受被告B公司指派，驾驶轿车至厦门岛内办事，21时左右，被告A在从厦门岛返回的途中，接到被告B公司的一名员工林某电话，让被告A至一酒家接其回公司，被告A打电话向被告B公司的值班经理李某请示，值班经理同意其至酒店搭载。当晚，被告A驾驶轿车载林某在国道319线某路段，尾随碰撞一辆摩托车，造成摩托车驾驶员受伤送医救治无效死亡。交警作出《道路交通事故责任认定书》，认定被告A的违法行为是造成本事故的根本原因，应负事故的全部责任。经查，原告C系死者的母亲，死者无其他直系亲属。又查，肇事轿车的登记车主系被告D公司，其与被告B公司订立车辆买卖合同，将车辆转让与被告B公司并实际交付，但尚未办理车辆所有权移转手续，车辆的长期实际使用人为被告B公司。经交警核验，肇事车辆所投保的交强险与商业险有效期截至2013年6月30日，在事故发生日时已过有效期数日，肇事车辆及驾驶员的其他证照齐全。经计算，原告主张的死亡赔偿金等各项损失为530,143元。

案件审理流程：

1. 法院收到原告C递交的民事诉状，诉称：被告A驾驶的被告D所有的轿车发生交通事故，致C的儿子重伤并送医抢救无效死亡。请求判令：被告A、D赔偿原告C损失合计530,143元，并承担本案诉讼费用。立案法官经审查，将本案案由确定为“机动车交通事故责任纠纷及车辆所有权人责任纠纷”，另外，经审查原告提交的证据材料，涉案车辆已过保险期限，故不应将保险公司追加为共同被告。

2. 案件移交到民庭审理，书记员在向被告A、D送达应诉材料时，被告A口头提出因E污水厂车辆在肇事路段洒落污泥，造成路面湿滑，导致A无法控制车速，造成事故，E污水厂亦应承责。

承办法官审阅诉状及证据材料发现，作为被告A的雇主，B公司可能承责；从书记员的转述中了解到，被告A口头申请追加E污水厂作为共同被告。

3. 事涉程序问题，承办法官通知被告A就追加E污水厂作为共同被告一节，向法院提供证据，但被告A未能提供相关的事实与依据，亦未提出调查证据的申请。合议庭经合议认为（考虑本案法律关系可能较为复杂，本案已由简易程序转为普通程序审理）：（1）被告申请E污水厂作为本案共同被告理由不充分，决定不予追加；（2）鉴于存在侵权可能，建议原告追加B公司作为共同被告参与诉讼。

4. 经法官释明，原告同意追加B公司作为共同被告，并对诉讼请求作出调整，请求判令：被告A、B、D连带赔偿原告损失合计530,143元，并承担本案诉讼费用。

5. 在庭前准备阶段，法官分析案件的法律要件，原告诉求被告B赔偿的请求权基础为《侵权责任法》第三十四条第一款，[1]

---

[1] 该案审理时间为2014年，故在法律适用方面应援引《侵权责任法》相关条文。下文涉及该案法律适用时亦同。

规定“用人单位的工作人员因执行工作任务造成他人损害的,由用人单位承担侵权责任”,法律要件包括:A系B的工作人员;A在事故发生时系执行单位工作任务;A因过错造成他人损害等。原告诉求被告D赔偿的请求权基础为《侵权责任法》第四十九条,该条规定“因租赁、借用等情形机动车所有人与使用人不是同一人时,发生交通事故后属于该机动车一方责任的,由保险公司在机动车强制保险责任限额范围内予以赔偿。不足部分,由机动车使用人承担赔偿责任;机动车所有人对损害的发生有过错的,承担相应的赔偿责任”,法律要件包括:D系肇事车辆的所有权人;D对损害的发生有过错;A因过错造成他人损害等。

6. 法官于庭前组织原、被告进行证据交换,法官首先根据原、被告的诉辩意见,确定被告A违章驾车造成C的儿子死亡、本案的损失金额为530,143元等无争议事实。在归纳本案争点时,法官关注了以下诉辩情况,被告A在抗辩中提出:根据《侵权责任法》第三十四条第一款的规定,员工因执行职务行为致人损害,应由用人单位承担赔偿责任,故其不是本案的赔偿责任主体。对此,被告B认为,被告A没有证据证明“打电话向被告B值班经理李某请示是否至酒店搭载公司员工”一节事实,被告A在发生事故时,并不是在执行单位的工作任务,应由其自行承担赔偿责任,退言之,即便被告A系在执行职务,根据2004年5月1日起施行的《最高人民法院关于审理人身损害赔偿案件适用法律若干问题的解释》(以下简称《人身损害赔偿解释》)第九条的规定,雇员在执行职务中致人损害时如有重大过错,应与雇主承担连带赔偿责任。被告D在抗辩中提出,被告B与被告D订立有《车辆买卖合同》,被告B依约向被告D支付车辆价款,被告D已将车辆交付被告B实际占有,虽未办理所有权移转登记,但车辆所有权已转移,根据《侵权责任法》第五十条的规定,"当事人之间已经以买卖等方式转让并交付机动车但未办理所有权转移登记,发生交通事故后属于该机动车一方责任的,由保险公司在机动车强制保险责任限额范围内予以赔偿。不足部分,由受让人承担赔偿责任",其不应承担赔偿责任。对此,原告C再抗辩提出,据了解,被告B尚欠被告D车辆买卖的尾款5000元未付,被告D对车辆仍有管理责任,应当承担赔偿责任。对此,被告B、D均一致表示,车辆实际所有权已移转,价款已全额支付。原告认为二被告隐瞒事实,向法院申请对二被告的数笔银行转账记录予以调查取证。

法官在归纳事实争点中发现,被告B虽提出被告A没有证据证明"打电话请示"一节事实,但其辩称的内容含糊,如将争点归纳为"被告A是否打电话向被告B值班经理李某请示至酒店搭载公司员工",可能会导致争点的模糊性。遂就此问题进一步向被告B询问:(1)李某是否是被告B的值班经理?(2)李某是否有权限代表公司处理请示一事?(3)当晚被告A是否打电话给李某?被告B对前两个问题均予肯定,只对第三个问题予以否认。

根据原、被告的诉辩,在证据交换结束前,法官在征求双方当事人意见情况下,将本案的争点归纳如下:

(1)法律争点:a. 被告A的行为如系职务行为,应如何理解《侵权责任法》第三十四条第一款与最高人民法院《人身损害赔偿解释》第九条的规定内容,究应由被告B承担赔偿责任,还是由被告 A 与被告 B 承担连带赔偿责任;b. 对《侵权责任法》第五十条“当事人之间已经以买卖等方式转让机动车”应如何解释?倘若被告 B 尚欠被告 D 尾款 5000 元,是否可认定尚未实现转让?

(2)事实争点:a. 被告 A 在事发当晚,是否曾打电话给李某,就是否同意驾车去酒店接公司员工林某进行请示(此涉及被告 A 的行为是否系职务行为)? b. 被告 B 是否尚欠被告 D 尾款 5000 元?

7. 第一次庭审,原、被告在补充发表诉辩意见后,先就事实争点 a,再就法律争点 a,先就法律争点 b,再就事实争点 b,组织相关证据材料,开展诉讼攻防。

关于“被告 A 的行为是否系职务行为”,合议庭经庭审后评议认为,综合原告举证及被告质证情况(原告提供从移动通信公司取证的事故当晚曾与一手机号码为“……2435”的通话时间、时长记录,但被告 B 公司在质证中辩称,从该号码无法确定手机持有人是谁,亦无法确定通话的内容),无法证实“被告 A 在事发当晚曾打电话向李某请示”一节事实,故原告主张的用人单位责任依据可能不足。但合议庭在审查中,又发现从双方诉辩情况看,本案系执行职务行为的可能性较大,应当给予被告 A 就此补充证据的机会。法官将心证情况向原告、被告公开,被告 A 表示申请补充证据,合议庭予以同意,并重新确定开庭时间。

关于“当事人之间已经以买卖等方式转让机动车”如何解释的问题,合议庭评议认为,依文义解释方法,该条并未将未缴清价款的情形排除在外(当然,如被告 B 与被告 D 有约定未缴清价款前保留车辆所有权,则另做他论),故本案即便存在少量的尾款未支付，亦应认定为车辆的实际所有权已转移。但庭审发现，“肇事车辆所投保的交强险有效期为2013年6月30日，在事故发生日时恰过有效期间数日”，根据2012年12月21日起施行的《最高人民法院关于审理道路交通事故损害赔偿案件适用法律若干问题的解释》第十九条的规定，“未依法投保交强险的机动车发生交通事故造成损害，当事人请求投保义务人在交强险责任限额范围内予以赔偿的，人民法院应予支持”。原告有诉请交强险的缴交义务人被告D赔偿这部分损失的权利。因涉及新的诉讼标的争点，法官遂向原告释明，原告表示，仍保留原有的诉讼标的，但增加一项备位的诉讼标的，即如对被告D的车辆所有权人赔偿责任的诉请不成立，则要求被告D在交强险赔偿额度内，与其他被告承担连带赔偿责任。法官就此诉讼标的的追加，给予了被告抗辩的权利。

8. 第二次开庭，原告诉求被告D就交强险部分承担赔偿责任，被告D围绕变动后的诉讼标的争点发表抗辩意见。原告就“被告A的行为是否系职务行为”一节事实补充提供以下证据：(1)从移动公司取证的证明材料，证明号码为“……2435”的电话持有人为李某。(2)证人吴某的证言证实，当晚其曾在旁听到被告A与他人通电话，询问是否可到酒店接人等内容。(3)被接送人林某的证言可证实，其在车上曾听被告A述其有向李某请示接送林某一事。被告B就上述证据发表质证意见，对证据A予以认可，但辩称证人吴某、林某系与被告A串通作伪证，并称本案无证据证实林某系被告B公司的员工，被告A所述“搭载同一公司的员工回B公司”没有依据。这是一个在审理进程中新产生的间接事实争点，主审法官围绕这一新的争点，限期要求被告B提供为所有员工缴纳社保费用的名册,以查实林某是否系被告 B 的员工,经考虑,被告 B 当庭认可林某系该公司工作人员。

9. 在案件调解阶段,法官引导当事人进行争点的协商。达成以下争点简化协议:(1)原告撤回要求调查取证的申请,对于"被告 B 是否尚欠被告 D 尾款5000 元"一节事实,同意不列入调查范围(原告基于对两次开庭诉讼攻防的判断,对诉请被告 B 赔偿的胜诉概率,已有较大把握;且经法官释明,已了解到即便无法证明所有权人对损害发生存在过错,也可依交强险赔偿额度来要求被告 D 赔偿损失。这两方面均降低了其对被告 D 的赔偿预期)。(2)精神损失问题,涉及对已追究刑事责任的被告是否判赔精神损失问题(本案中,被告 A 因该起肇事行为,已在民事诉讼之前,被追究过刑事责任),目前各地做法不一,经协商,双方同意确定为 20,000 元。

10. 案件评议并制作判决书。在合议中,主审法官分三个层次列示本案的争点,合议庭成员围绕争点展开讨论,得出以下共识:(1)综合现有证据进行分析,可认定被告 A 的行为属于履行职务行为;(2)《侵权责任法》第三十四条第一款规定与最高人民法院《人身损害赔偿解释》第九条规定,在内容上存在冲突,在法律解释上,法律的效力高于司法解释,且新法优于旧法,故应依《侵权责任法》规定来确定本案的赔偿责任主体,即由被告 B 承担赔偿责任,被告 A 不承担赔偿责任;(3)被告 D 未按期缴交交强险,应在交强险赔偿的额度内,与被告 B 向原告承担连带赔偿责任。

在判决书的制作中,主审法官亦围绕案件争点,逐一分析,最终得出判决结论。

11. 宣判后，被告 B 的法定代表人找到法官，认为该公司不应当承担赔偿责任，法官围绕“被告 A 的行为是否属于职务行为”这一事实争点及《侵权责任法》第三十四条第一款规定，向被告阐明法院的认定意见。

在本书的第一章中，我们提出，在疑难案件中，争议的事项往往呈现多样化，通常包括了诉讼标的争点、法律争点、事实争点、证据争点以及一些程序性事项争点等。同时，根据我们在第二章至第六章的介绍，针对各类争点的特性，我们采用了位序性技术、变动性应对技术、释明技术及协商技术等应对策略。这些争点的类型及争点归纳技术的运用，我们可以在前案诉讼的各个环节都一窥其痕迹。

一、诉讼标的争点的特定

在立案阶段，立案法官根据原告诉状中陈述的事实，进行诉讼标的特定化的工作，将案由确定为“机动车交通事故责任纠纷及车辆所有权人责任纠纷”。反映在争点问题上，即将“原告所主张的机动车交通事故责任及车辆所有权人责任是否正当?”拟定为本案的诉讼标的争点。这一争点特定化的工作，使原、被告能够围绕确定的目标开展诉讼攻防（关于此项技术的运用，详情可参见本书第一章第一节第二部分）。

二、程序争点的确定

在书记员送达诉讼材料以及法官阅卷工作中，发现本案可能涉及追加B、E作为共同被告的问题,引出了本案可能存在的程序事项方面的争点,也使诉讼标的争点的变动成为一个可能发生的问题。

三、程序争点的释明与解决

合议庭在考虑是否追加被告E时,初步认为,根据现有的事实与理由,将E追加为共同被告尚缺乏依据,遂将存在于被告A与法官之间的程序争点(对是否追加存在不同认识)向被告A予以了释明,给予其补充说明事实与理由的机会,因被告A未提供相应的依据,法官最终决定不予追加,从而解决了这一程序争点问题。

四、诉讼标的争点的变动

在庭审前,原告申请追加被告B,并对诉讼请求作出调整,诉求由被告A、B、D承担连带赔偿责任。合议庭经审查认为,原诉讼标的"机动车交通事故责任纠纷及车辆所有权人责任纠纷"与调整后的诉讼标的"机动车交通事故责任纠纷、车辆所有权人责任纠纷及用人单位责任纠纷"间存在相互依存关系,用人单位责任的成立系以员工的行为构成事故责任为前提,故同意原告的追加申请。这涉及"追加目标型"诉讼标的争点变动技术的运用(关于此项技术运用,详情可参见本书第三章第四节第一部分)。

五、法律争点、事实争点确定前的准备工作

法官庭前阅卷,根据原告主张的请求权基础,查找本案可能

涉及的“法条群”,从中梳理出本案之要件事实,为下一步的法律、事实争点确定工作打下基础。

六、事实争点确定中的释明、法律争点与事实争点的归纳、争点位序的确定

(一)事实争点确定中的释明

针对当事人在诉辩中主张事实存在模糊等情形(被告 B 虽提出被告 A 没有证据证明“打电话请示”一节事实,但其辩称的内容含糊,无法确定明确所指),对当事人予以释明,归纳出较为清晰的事实争点(关于此项技术的运用,详情可参见本书第四章第四节第二部分)。

(二)归纳出案件的法律与事实争点

本案的法律争点有两项:第一项涉及法条冲突时产生的争点,第二项涉及法律解释上产生的争点。依要件事实对原、被告的主张事实与抗辩事实进行框定,发现本案的事实争点有两项:第一项涉及被告 A 的行为是否系职务行为,第二项涉及被告 B 是否尚欠被告 D 尾款 5000 元(关于此项技术的运用,详情可参见本书第一章第一节第二部分)。

(三)确定争点的位序

法官经逻辑思考,在第一项法律争点与事实争点间,决定先审理第一项事实争点,再审理第一项法律争点,理由是:该事实争点是该法律争点的前提,若被告 A 的行为不属于职务行为,即无

须处理《侵权责任法》第三十四第一款规定与最高人民法院《人身损害赔偿解释》第九条规定的内容解释问题;在第二项法律争点与事实争点间,法官决定先审理第二项法律争点,再审理第二项事实争点,理由是:该事实争点属于该法律争点项下的争点,若“少量价款未付清的车辆买卖”亦为《侵权责任法》第五十条文义内容所涵盖,即无须审理“被告B是否尚欠被告D尾款5000元”这一事实争点(关于此项技术的运用,详情可参见本书第一章第一节第二部分)。

七、证明标准争点的释明、诉讼标的争点变动的释明

(一)证明标准争点的释明

在庭审中,综合原、被告围绕事实争点开展举证、质证情况,法官在心证上认为原告对“被告A在事发当晚曾打电话向李某请示”该节事实的举证未达到证明标准,但考虑原告已提出一些基础证据、原告未聘请律师参与诉讼、若不释明径行判决可能对原告的影响较大等因素,决定就此问题向原告行使释明权,将存在于原告与法官间的这一证据争点(对是否已达证明标准的不同认识)告知原告,给其补充举证的机会。在释明过程中,法官注意到言词表达的适度,并对被告的抗辩权利的行使予以保障(关于此项技术的运用,详情可参见本书第五章)。

(二)诉讼标的争点变动的释明

根据庭审情况,原告诉求被告D承担车辆所有权人责任缺乏依据。考虑到被告D未按期缴交交强险,原告在原诉求不成立的

情况下,有在交强险赔偿额度内诉请其赔偿的权利。法官遂向原告释明,原告主张在坚持原诉讼标的基础上提出备位诉讼标的。此涉及追加“备位诉讼标的”型诉讼标的争点变动技术的运用(关于此项技术的运用,详情可参见本书第三章第四节第一部分)。

八、争点的推进、围绕争点开展询问

(一)争点的推进

第二次庭审中,原、被告围绕原告补充的证据进行举证、质证,被告B对“证人林某系被告B公司的员工”提出质疑,鉴于该份证据对于证明“被告A的行为是否属于职务行为”有补强意义,合议庭将该问题作为一项间接事实争点列入争点范畴。

(二)法官围绕新出现的事实争点展开询问

为提高审判效率,法官发挥职权主义诉讼模式的优势,对被告B进行询问,尽可能便捷地解决争点问题,避免因时机丧失而使问题复杂化。被告B最终认可了证人林某系该公司的员工。

九、争点协商

对第二项法律争点,法官持“‘价款未付清的车辆买卖’亦为《侵权责任法》第五十条的文义内容所涵盖”的法律解释观点,法官通过向原告释明法律观点,原告基于对诉讼效率的考虑,决定放弃对被告B、D数笔转账记录调查取证的申请,将事实争点b从争点中剔除,从而实现了对争点的限缩。

十、围绕争点进行合议并制作判决书

在案件合议的过程中,主审法官先陈述了案件的诉讼标的争点,简要归纳法律要件,在概述无争议事实之后,按"事实争点 a—法律争点 a—法律争点 b"的顺序,提请合议庭依次讨论,逐项发表意见,保证评议活动焦点集中,提高合议活动的效率。

主审法官根据合议庭的评议意见,在判决书撰写之"事实查明""本院认为"部分,先概述无争议事实,再重点围绕争议焦点,依序撰写判决理由,提高判决书撰写的简洁性与逻辑性(关于争点中心型判决书的制作,参见本书第十章)。

十一、围绕争点进行判后答疑

在与来访的当事人进行交流过程中,法官敏锐地把握到其对判决的质疑主要集中在"被告 A 的行为是否属于职务行为"以及"被告 A 对事故发生存在重大过错,为何无须承担连带赔偿责任"这两个问题,围绕这两个争点,法官进一步解释心证,并对相关法律条文进行条分缕析,做好当事人的说服工作。

以上争点归纳技术的运用可见表 7 - 1:

表 7 - 1 中广义诉讼标的争点 a1:原告主张的机动车交通事故责任、车辆所有权人责任及用人单位责任是否具有正当性?

表7－1　争点归纳技术运用

<table>
<tr><th colspan="2" rowspan="2">阶段反映
及位序关系</th><th colspan="4">争点类型</th></tr>
<tr><th>诉讼标的争点（狭义）</th><th>法律争点</th><th>事实争点</th><th>证据争点</th></tr>
<tr><td rowspan="3">阶段反映</td><td>庭前阅卷</td><td>a2:法官审理认为被告A的所在单位B公司可能承责,本案可能涉及用人单位责任(涉及程序争点)</td><td></td><td>c1:E污水厂车辆是否在肇事路段洒落污泥,造成路面湿滑(涉及程序争点)</td><td></td></tr>
<tr><td>证据交换</td><td></td><td>b1:《侵权责任法》第三十四条第一款与最高人民法院《人身损害赔偿解释》第九条的冲突解决;b2:对《侵权责任法》第五十条的解释问题</td><td>c2:被告A在事发当晚,是否曾打电话给李某请示接送林某事宜;c3:被告B是否尚欠被告D尾款5000元</td><td></td></tr>
<tr><td>第一次开庭诉辩意见发表后</td><td></td><td>同b1、b2</td><td>同c1、c2</td><td></td></tr>
</table>

续表

阶段反映及位序关系		争点类型			
		诉讼标的争点（狭义）	法律争点	事实争点	证据争点
阶段反映	第一次开庭举证、质证后	a3：原告增加备位的诉讼标的，即：如对被告D的车辆所有权人赔偿责任的诉请不成立，则要求被告D在交强险赔偿额度内，与其他被告承担连带赔偿责任			d1：原告提供从移动通信公司取证的“事故当晚通话记录”未达到证明标准
	第二次开庭			c4：林某是否为被告B公司的员工	
	争点协商			c5：原告撤回对“被告B是否尚欠被告D尾款5000元”调查取证的申请；c6：就精神损失金额达成一致	
争点位序关系		a1（包含a2、a3）→c2→b1→b2→c3			

第二节　争点归纳的全程性特征

前引案件的审判，引发了我们对争点归纳全程性特征的一些思考。笔者在阅读邹碧华法官撰写的《要件审判九步法》专著中发现,他将争点归纳这一工作,放在了审判工作的第六步,在确定权利请求、权利请求基础规范、抗辩规范,进行要件分析及诉讼主张检索后,方开展争点之归纳工作,之后即围绕争点开展举证、质证、认证工作,直至认定事实、归入要件并作出裁判。但从前举案件中,我们可以发现对争点归纳进行这样的一个位序安排似乎有欠妥当,诚如该著作第126页所认可的那样,“为了充分发挥争点整理的作用,我们应当把争点整理贯穿于案件审理的全过程”,在复杂案件的审理中,争点归纳工作可能无处不在,我们很难将它限定于诉讼的某个阶段。例如,在前举案件中,程序争点的归纳与解决,即先于九步法中的第一步“确定权利请求”而存在;而各类争点也不是一经归纳即一劳永逸,各种类型的争点可能存在循环往复,如某项事实争点的变动可能引发诉讼标的争点或法律争点的变动(如在本案中,数度从事实争点又回到诉讼标的争点的变动,审判实践中更典型反映在返还原物的案件中,根据庭审查明的事实,原物已灭失,此时,原告只能变更诉讼标的,要求被告赔偿损失),导致审判工作从九步法中的后几步又折返回到前几步;而且有些争点会随着审判的深入逐步推进、深入,如在举证、质证阶段又浮现出新的法律争点、事实争点(如在本案中,第二次庭审中出现了新的间接事实争点),我们又必须得回到争点的归纳阶段。割裂性地将争点归纳工作放在第几步,似乎太过于理想化。

当然,笔者不是要否定邹碧华法官的要件审判九步法,在缺乏概念法学训练、缺乏审判技术指引的中国法官群体中,推行审判的规范化,是极端迫切的一件事,是我们必须走出的一步。笔者只是强调,规范化训练之下的法官,也必须明白,疑难复杂案件的审判，就像一团复数的、弯曲缠绕的曲线，很难只用一根直线表示出来。如何妥适地去捋顺这团“曲线”，是对一名成熟的法官的更大考验。

回到我们的问题，深入地考究下去，之所以会出现争点归纳的全程性这一现象，肇因于我国民事审判采用的分散审理模式。如本书第一章第一节第六部分所述，目前大陆法系各国或地区民事诉讼立法，在案件审理模式上可分为两种类型：一种为集中审理模式，另一种为分散审理模式。前者以德国、日本与我国台湾地区为代表。在这种审理模式下，要求法院于调查证据前，应根据具体案情，先进行争点整理，就何为争点在法院与当事人间达成共识，经过争点整理程序所确定的争点，都被一一贴上封条，成为不可动摇的真正的过去。此后的证据调查工作，则围绕争点展开，保证了攻击防御不偏离争点，促成审理的集中化。在这种模式下，争点整理是截断的、一次性的，我国台湾地区“民事诉讼法”第二百九十六条之一规定即为适例。与此相对，我国大陆在民事审判中则采分散主义的审理模式（亦称并行审理的审判模式），允许就案件的审理予以期间上间隔而为断断续续的相对审理、辩论。[1] 在这种审理模式下，争执的事项无法一次性暴露出来，多表现为渐次浮现，贯穿于诉讼之全程。总体趋势是，随着诉讼的进行，争点的不确定状态逐步被减缩、吸收直至固定。在该模式下，争点的变动性是常态，争点归纳也成为一项全程、渐进的工作，法官通过对渐次呈现的争点进行总结、固定，确定审判思路，

---

〔1〕 邱联恭：《程序制度机能论》，台北，三民书局1999年版，第210～212页。

引导当事人进行诉讼攻防，以查清事实，准确适法。

在理论研究中，一些学者认为，我国在立法上采取的是集中主义的审理模式，如李浩先生即提出“我国的民事开庭一般都是安排一个相对完整的时间，大多数案件只开一次庭，这与集中审理的对立物——分散式的程序结构的多次开庭模式完全不同”。[1] 但笔者认为，在强调事实认定的客观真实，立法未设立争点整理失权制度、强制答辩制度，举证时限制度、当事人申请调查证据制度又面临执行“软化”等立法追求、制度设计下，司法实务中很难采用集中主义的审理模式。从审判实态来看，我们广泛采用的还是分散主义的审理模式。基于此，我们应当充分关注到争点归纳工作的全程性特征，即在起诉审查、送达诉讼材料、听取被告答辩、开展证据交换、庭审、调解、案件合议、文书撰写、判后释疑等各阶段，始终围绕争点开展审判工作，利用争点全程归纳推动诉讼攻防的全程性，法官通过分析与反省，逐步建立、调整自己的心证，以获得正确的裁判结果。

第三节　争点归纳具有相对阶段性的特征

从前引案例中可以发现，在这种全程性地围绕争点开展审判工作中，各诉讼阶段的争点归纳、争点运用工作又各有特性，在特定阶段呈现出来的争执事项有一定的规律性可循，所适用的争点技术也各有侧重。如在送达起诉状之后，较可能首先出现的争点

---

〔1〕 李浩：《举证时限制度的困境与出路》，载《中国法学》2005 年第 6 期。

是案件的管辖、当事人追加等程序问题;在案件的申请保全阶段,可能出现的争点在于保全之必要性;普通的民事诉讼案件在庭审诉辩后的初始阶段,争点可能首先体现在对诉讼标的成立与否的宏观辩论上,之后才转向具体的法律争点与事实争点,再进一步延伸进入证据争点;涉外案件在诉辩之后,争点则可能首先在于准据法的确定问题。这些在诉讼不同进程中出现的争点,具有阶段个性,值得我们进行类型化研究。

一、前期(立案审查及庭前审查阶段):侧重诉之合法性争点及诉讼标的争点的归纳

(一)诉之合法性争点归纳

诉之合法性争点,系程序性事项争点中的一项重要内容。程序性事项争点包括内容较广,涉及诉之合法性争点、回避、保全……其中,诉之合法性争点与审判工作关系最为密切。根据《民事诉讼法》第一百二十二条的规定,诉讼案件提交到法院后,法官首先必须对诉之合法性进行审查,审查要点主要包括:原告是否与本案有直接利害关系、被告是否明确、案件是否属于人民法院受理民事诉讼的范围、案件是否为审查的法院管辖等内容。与此相对应,在诉之合法性审查过程中所暴露出来的争点,即成为案件审理中最先遭遇到的争点。

在立案审查阶段,该类争点即可能出现,案件从立案庭转至民事庭、商事庭后,属于诉之合法性的新的争点也可能逐步呈现出来,这类争点,可能存在于当事人之间,也可能存在于当事人与法官之间(后一种情形,是因为法官对诉之合法性审查系职权行

为而主动采取导致)。实践中,涉及诉之合法性争点,最常见的为管辖权争点、追加当事人争点等。对于这类争点,立案法官与主审法官应在立案审查、起诉状及答辩状交换等工作中,协同当事人尽早发现,谨慎应对,尽可能在案件的实体审理前,解决这类程序争议问题。当然,诸如当事人主体资格问题等争点有时在开庭前或庭审伊始并不能暴露出来,一些案件需要法官在审查原告诉请、被告答辩后才能判定,少数案件甚至需要经过法庭辩论阶段才能最终确定诉讼主体资格问题。

为更充分、有效地归纳程序争点,可考虑参考我国台湾地区法院的做法,在案卷中设置程序审查表,[1]要求法官在诉讼程序的进行过程中,就诉之合法性等各项程序事项加强职权审查,从而准确归纳案件的程序争点。

(二)诉讼请求的明确化、诉讼标的争点归纳

在立案审查及庭前审查阶段,应首先处理当事人诉讼请求不明确问题。实践中,涉及诉讼请求不明确的主要情形包括:有多个被告的,诉请是针对哪一个被告所提的不明,被告间承担按份责任、连带责任或补充责任不明;涉及共有的,属于一般共有还是共同共有不明;涉及主张利息的,计算基数、利率标准、起止时间不明;涉及请求给予实物的,未明确给付的种类、型号、数量;涉及履行行为义务的,履行内容、方式不明。以上诉讼请求的明确化,

---

〔1〕 黄柄缙、李国增、周舒雁等:《争点集中审理制度在各法院之施行状况及其检讨》,载《民事诉讼法之研讨》(十四),台湾民事诉讼法研究基金会2007年版,第342页。

是确定诉讼标的争点的一项前置性工作,应在审判工作的前期完成。

确定诉讼标的争点,是事实争点归纳的前提,这个前提不明确,整理出来的事实争点或者是零散不完整的,或者混杂着伪争点,故其应在案件审理早期即予完成。关于如何确定诉讼标的争点,读者可参看本书第一章第一节第二部分及第二章中有关诉讼标的争点固定方面的内容,在此不再赘述。

以上两项工作,应由立案法官、主审法官、书记员、律师协同当事人来开展。立案法官在进行案件审查时,应根据原告提出的主张事实,在主张事实与法律规定之间来回顾盼,对审查中发现的不完整的诉讼请求提出质疑,对处于游离不固定状态的诉讼标的要求原告予以确定,使当事人避免因主张错误而招致败诉的后果;主审法官在从立案庭接收案件后,在未阅看诉状及证据材料的情况下,不应要求书记员径行送达起诉材料,而应先了解案情,对诉讼标的、要件事实陈述方面明显的缺漏,要求原告在诉状中予以补正,避免诉状送达的形式化;主审法官可在庭前以电话等简易方式联络当事人,在做沟通协商工作中了解案件争点线索,对经过诉前调解工作的案件,亦可通过与调解人员的沟通,了解双方可能存在的争执点;[1] 书记员应当建立随时收集案件争点的意识,在送达时注重通过与当事人的简单谈话,掌握可能争点

〔1〕 实践中,对于诉前调解的案件,若未能调解成功,调解人员往往不制作调解笔录,即便有调解笔录,亦极少在笔录中将案件的争点罗列出来,这使诉前调解的诉讼投入完全被浪费。建议在诉前调解工作的考核中,将无争议事实的概括与争点的初步归纳列为必要工作,以利后期审判工作能使用到这些成果。

线索，在庭前及时告知法官被送达人的口头反映，提示可能的答辩方向；早期的争点归纳工作甚至可延伸到律师备案工作中，律师在帮助当事人准备诉状、证据等材料时，即应帮助当事人明确诉求、固定诉讼标的，以使后续的诉讼不致折返走弯路。

二、中期（证据交换及开庭审理前阶段）：侧重法律争点、事实争点、证据争点的归纳

（一）庭前证据交换阶段的争点归纳

该阶段是法官除了阅卷、开庭之外的另一种获取案件信息的渠道。在该阶段，法官应重点做好以下工作：(1)审查被告的答辩。当被告对原告诉称作无针对性的笼统答辩，且争议焦点不明晰时，法官可积极引导当事人答辩。采用“被告对……部分的事实主张有无异议”等直接提问的方式，做好无争议事实的确认。对于被告在抗辩中提出的主张与抗辩权法律规定不一致及不完备之情形，可由法官在诉讼的前阶段予以指明，尽可能在正式庭审前将原、被告对案件的争执点客观地呈现出来。(2)释明心证内容。法院在证据交换工作结束前，应当适度就心证予以公开，就争点的复杂性、证据收集的困难性、相关法律见解等向当事人释明，使当事人在正式庭审前掌握诉讼攻防的方向，做好正式开庭前的准备工作，避免因法官与当事人间的思维障碍导致诉讼延滞。(3)对于一些账目、单证较多，赔偿项目繁杂的案件，在证据交换阶段要求当事人对证据资料事先进行整理、归类，制作项目清单，列清赔偿标准。对证据较为庞杂的案件，要求当事人制作证据清单，并对提供的证据进行编号排列，有利于庭审时举证的

清晰明了。(4)对于证据交换的成果(无争议事实、争执点的确定),应由书记员在笔录中以书面形式确定下来,同时,建议将该内容的书面或电子文本分发给当事各方,由他们回去再行斟酌,如对争点有增减意见,可在正式庭审前告知法官。

(二)开庭审理中争点归纳

本部分内容本书将在第八章、第九章中重点进行研究,此处从略。

需先予提示的是,在这一诉讼阶段,当事人出于胜诉心理的驱使,会尽其可能提出对己有利的法律与事实依据,对于这些法律要件、事实及证据产生的争执,是否能够成为本案的法律争点、事实争点、证据争点,应由法官依法来判断。法官既要善于过滤伪争点,又要适时通过释明的形式提醒当事人补足遗漏的法律要件、事实、证据,保证争点的完整性。在电光火石般的诉讼对抗中,要做好这些工作,需要法官在庭审前做好功课,也需要法官对法律体系有娴熟的掌握。

另外,我们应当高度重视庭审笔录的完整性问题。实践中,书记员在记录时,对当事人的发言及证据材料的提供,通常会留心记载,尽可能反映全貌,但对法官的发言内容则缺乏重视,对法官进行争点归纳、心证、释明等的内容,记录上失于简略。记录的缺失,一方面无法反映出案件审理以争点为轴的逻辑性;另一方面会影响到当事人将来变更追加诉讼标的、二审、再审中是否允许其再提供新证据等问题的解决。有时,裁判的结果甚至可能会被记录的质量所左右。因此,加强对书记员(速录员)记录工作的培训,显得十分迫切。

三、后期(开庭审理后阶段及庭后):关注争点的二次归纳及争点的推进问题,开展争点协商

(一)争点的二次归纳及争点的推进

该类问题往往在案件审理进入后期才会呈现出来,在这一阶段,法官们通常处于身心最疲惫,心理最容易松懈的状态,但此时却最为关键。我们应当提升法官进行二次争点归纳的意识,将盯紧争点的运动轨迹作为办案法官的重要任务,一方面,在争点的二次归纳与推进中,逐层清除阻挠正确认识的障碍,保证裁判的准确性;另一方面,通过争点归纳工作中的释明(如本案中对诉讼标的争点变动的释明与证明标准的释明),避免造成对当事人的裁判突袭,保障当事人的程序利益与实体利益。

(二)争点协商工作

在调解过程中,应重点引导当事人就关键性的法律争点、事实争点、证据争点进行协商,争取当事人对诉讼标的争点能达成共识,从而实现本案的全案和解;在指导争点的协商与简化工作中,法官可通过协商的方式,对一些明显可以排除的争点,引导当事人化解。有时可通过“部分调解”的方式,通过当事人的相互让步,各自取消争点;同时法官还应重视争点的简化工作,通过心证公开,使当事人知道其在下次开庭所要主张的,并不是案件的主要争点,使其不再坚持该争点,不就争点引申发展,防止由此导致的多次开庭。本部分内容可参见本书第六章相关内容,不再赘述。

延伸思考

相较于德国、日本、我国台湾地区等国家和地区的规定,我国在《民事诉讼法》中未规定集中审理程序,但殊途同归,实务中,一些高明的民事法官通过从事全程性的争点归纳工作,一样也能实现诉讼的公正与高效。在这个意义上,我觉得发达国家(地区)的争点整理程序,只是一种实现案件质效的手段,而非目的。即便未实施该项制度,我们仍有其他路径可走。

撰写本书,也让我认识到,全程性的争点归纳工作是一项系统工程,从实施人的层面分析,工作的成败取决于下列人是否有做好下列事:律师能否帮助当事人厘清诉状之逻辑? 在本人诉讼案件中,是否有法庭义工帮助弱势当事人整理诉状及证据材料? 立案法官是否帮助当事人析明诉讼标的争点并厘清立案阶段的程序争点? 书记员在送达工作中是否收集到被告的答辩意见? 主审法官或法官助理在证据交换中是否归纳无争议事实、争点,及将归纳笔录分发给当事人收集意见? 主审法官在开庭前是否征求当事人的增减争点意见并以争点为线索驾驭庭审? 书记员在记录庭审笔录时能否保证记录的完整性(围绕争点并重点记明法官的心证、释明意见)? 更进一步,主观上,本人诉讼中当事人对法官的信任度(对法官心证的接受度)如何? 律师与法官伦理素养是否达到以实现当事人程序利益与实体利益为己任? 争点归纳能否顺利开展,依赖于法律人的各司其职、共携分担,也必须得到当事人的信赖与支持,是一项需要长期规划、持续坚持的工作。当务之急在于加强对法律人的职业培训,在法官、律师的实务培训中增设争点归纳技术专项课程,采苏格拉底式讨论教学,通过剖析复杂诉讼案件,讲授个案全程性争点归纳的技术运用,借此提升专项能力,并邀请实务专家及法学学者共同编写类型案件全程式争点归纳的诉讼指南,作为法官、律师从事争点归纳工作的示范指引。

第八章

民事庭审中“前置型”争点归纳技术的运用

在庭审中,理想化的争点归纳模型是:确定无争议事实→归纳争议焦点→就争议事实分配举证责任→围绕争议焦点逐一举证、质证。但在实践中,争点归纳环节的应有效能在具体案件审理中难以得到充分发挥。在本章中,我们将考察实践中存在的问题样态,探求原因,提出切合实际情况、便宜操作的对策。

［法官、律师与旁听群众的困惑］

让我们回到本书第一章第一节阿正法官所主持的庭审的情境,在听取当事人诉辩意见后,阿正法官感觉案件各争议点如一团麻纠缠在一起,一时理不清办案的线索,故“仪式性”地将本案的争议焦点归纳为:被告B、C是否应承担赔偿责任;赔偿的金额应如何确定,即要求原、被告进行举证、质证。原告律师阿争按照之前准备的证据清单顺序,提出车辆权属登记情况、事故责任认定书、原告住院医疗费票据、清单、定残证明、误工证明、交通费票据等相关证据,被告对原告所举相关证据提出质疑,重点对医疗费票据中的有关项目逐项反驳,双方对一些费用计算耗时大半小时进行争执。在被告举证阶段,被告提出车辆借用情况说明、事故发生时一辆公交车违章的情况证明等证据,原告分别就上述证据发表质证意见。当事人双方对每项证据各抒己见,表面上对抗气氛浓烈,但心里也明白有些并不是审理的重点。阿正法官感觉自己对庭审越来越缺乏控制感,有一种被当事人带着走的感觉,案件在空转,似乎在随波逐流自然发展。当庭审快要结束时,律师阿争心乱如麻,不明白自己就主张的事实所提供的证据是否充足、下一次庭审应关注什么问题,被告的代理人则心中窃喜,感觉抗辩达到预期效果。几位旁听群众在庭审中听到的多是对证据的举证、质证,感觉一头雾水,颇有睡意。阿正法官心下叹息:去整理整理,不清楚之处,交给下次庭审罢。这样的庭审,在我们的身边,并不乏见。问题出在哪里?

第一节　问题样态分析

【案例 43】　为清晰勾勒出实践中争点归纳的样态,本书择取一则一审民事案件的庭审笔录,[1]作为研究对象。

案情简介:(1)原告 A 随团旅游在被告 B 宾馆住宿,在洗浴房摔倒致伤,事后 A、B 签订《赔偿协议书》,约定 B 一次性赔偿 A 人民币 43,400 元,其他责任双方互不追究。款项支付后,A 到鉴定部门评定,其伤情为九级伤残。A 遂于协议订立后一年之内,发送 E-mail 邮件到被告 B 法定代表人邮箱,主张撤销协议。(2)A 以涉案协议内容显失公平为由向法院提出诉请:①撤销《赔偿协议书》;②判令被告 B 支付医疗费、残疾赔偿金等合计 164,514

[1] 本案与本书第二章列举的案例 2 是同一个案件,但本处对案例 2 予以适度精简,剔除了一些争点,目的是使下文的讨论更加清晰、集中。

元。(3)B答辩称,“发送邮件的行为”不属于《中华人民共和国合同法》第五十五条第一项规定的行使撤销权的通知形式,[1]A诉请撤销合同已超出了除斥期间,另外,宾馆配备设施齐全,A不当使用洗浴房,应自担其责,在事故发生之后,B出于人道主义与甲签订了赔偿协议,A要求撤销该赔偿协议没有充分的理由,请求驳回甲的诉讼请求。

以下为原、被告发表诉辩意见至法庭辩论终结前的庭审笔录摘要。

审:综合原告的起诉和被告的答辩,本庭对双方无争议的事实归纳如下(详见前文案情简介第1点)。

审:双方当事人对本庭归纳的无争议事实有无异议?

原:无异议。

被:无异议。

审:现在本庭对本案争议焦点归纳如下:(1)对原告在洗浴房滑倒摔伤,被告是否具有过错、过错程度及原告自身的过错认定。(2)对于损失项目和损失金额的认定。(3)原、被告所签订的《赔偿协议书》是否应予撤销?

审:双方对法庭归纳的争议焦点有无异议,有无补充?

原:无异议。没有补充。

被:无异议。没有补充。

审:对于事实争点问题,在法庭调查阶段查明,对于法律争点的意见,当事人在法庭辩论阶段发表。现在进行庭审举证和质

---

〔1〕 本案审理时间为2010年,故在法律适用方面应援引《合同法》相关条文。下文涉及该案适用时亦同。

证。请原告出示相应的证据。

原:(1)医疗票据、清单,证明:医药费金额。(2)病历资料,证明:事故发生及医治情况。(3)《司法鉴定检验报告书》,证明:伤残级别。(4)《赔偿协议书》,证明:事故发生后被告已赔付医疗费43,400元,但与应赔偿金额悬殊,协议内容存在显失公平。(5)电子邮件截图,证明:原告已在赔偿协议订立后的一年之内,发送E－mail邮件到被告法定代表人邮箱,主张撤销协议。

被:关于证据(1)~(3)的质证意见(略)。关于证据(4),我们对真实性、合法性不持异议,但对关联性存在异议。查《最高人民法院关于贯彻执行〈中华人民共和国民法通则〉若干问题的意见(试行)》第七十二条:一方当事人利用优势或者利用对方没有经验,致使双方的权利义务明显违反公平、等价有偿原则的,可以认定为显失公平。在本案中,存在的问题在于,协议的约定赔偿金额是否明显违反公平。我们认为……

审:是否可依显失公平撤销协议属于法律问题,被告应当在辩论中发表意见。

被:那我们在法庭辩论阶段再发表意见。关于证据(5),我们对其真实性没有异议,但我们认为这种以电子邮件通知的形式,不属于《中华人民共和国合同法》第五十五条第一项规定的行使撤销权的通知形式。

审:由被告举证。

被:(1)《赔偿协议书》,证明:双方已就事故达成赔偿协议。(2)被告B宾馆的管理制度汇编及定级标准,证明:被告宾馆的管理达到三级标准,服务规范,对原告的损害不存在过失。

原:对证据(1)真实性不持异议,对其合法性、关联性持有异议。考虑被告所应承担的为全部责任,协议所约定的金额与原告依法所能获得的损害赔偿金额存在较大差距,况原告是外地人,在订立协议时处于不利地位,被告利用优势地位迫使原告同意订立协议,赔偿协议显失公平……

审:是否可依显失公平撤销协议属于法律问题,原告应当在辩论中发表意见。

原:对于证据(2)的真实性、合法性予以确认,但对其关联性持有异议。被告在事故发生时在浴室内未铺设防滑设施,且对浴室地砖防滑性能较差等情况未向住客履行提示及防范义务,存在重大过失……

审:被告是否存在过错问题属于法律问题,原告应当在辩论中发表意见。

双方当事人相互询问、审判人员询问及发表认证意见阶段(略)。

审:法庭调查结束,进入法庭辩论。由原告发表辩论意见。

原:原告因被告没有在洗浴房铺设防滑设施,导致摔伤,伤残达九级,被告应当赔偿相关损失。原、被告之前签订的《赔偿协议书》显失公平,要求撤销该协议书,依据相关规定赔偿原告损失。(详见代理词)

被:被告已经尽了最大合理限度内的保障义务,按照相关规定,配备设施齐全,运行良好,原告所住宿房间的卫生间与洗浴房都铺了防滑垫、防滑砖,还有提醒标志,对于原告的损害被告不存在过错。在事故发生之后,被告出于人道主义与原告签订赔偿协

议并实际履行，原告要求撤销该赔偿协议已超过除斥期间，且没有充分的理由，被告不应当再承担责任。（详见代理词）

在上述庭审实例中，我们可以发现当下的民事庭审中存在一些普遍性问题：一是庭审呈现空洞化，程式化的意义常大于实质上的意义，问题往往留待法官制作文书才显现出来；二是在仓促的庭审过程中，时间大量消耗在对证据“三性”浅层次的审查上，缺乏围绕案件争点进行的诉讼交锋。这两方面的问题，都源于一个重要原因：法官未进行有效的争点归纳。以上述庭审为例，表面上包括了无争议事实的归纳、争议焦点的确认等环节，但实际上只是徒具形式，未能发挥争点归纳确定审判脉络的作用，庭审仍呈现无序化。笔者将其问题样态归纳为以下五项。

一、无争议事实的归纳与庭审中举证、质证环节脱节

问题样态：本案中，法官已将“A、B 签订《赔偿协议书》”及“A 的伤情为九级伤残”确定为无争议事实，但在举证、质证阶段，原告 A 又提供证明上述事实的证据（《赔偿协议书》与《司法鉴定检验报告书》），法官未将无须举证的理由向原告释明，即将证据交由被告质证。

成因：证据材料、举证顺序是当事人在庭审前整理、确定的，由于不知法官会将哪些事实确定为无争议事实，当事人在证据清单中往往罗列所有证据（含可能被确定为无争议事实的证据在内）。庭审中，在法官归纳无争议事实后，通常未给予当事人必要的重新整理证据时间，当事人在举证阶段多将庭前准备好的证据一并予以提供。

后果:归纳无争议事实的目的在于筛选出值得在举证、质证阶段重点查明的问题,起到对案件事实"截流"的作用,使无争议事实不再成为庭审对象。此项的脱节显然阻缺了无争议事实归纳目标的实现,在一定程度上造成了庭审冗长、低效。

二、争议焦点的归纳未依以诉讼标的争点为中心的审判脉络展开

问题样态:本案的诉讼标的(法律关系)是以显失公平为由撤销赔偿协议,审判脉络应依此展开,即诉讼标的争点:以显失公平为由撤销赔偿协议是否具有正当性?→法律争点:"原告发送电子邮件的行为"是否为《合同法》第五十五条第一项的文义范围所涵盖,因而属于《合同法》规定的通知形式?→事实争点:(1)被告在订立协议是否利用优势或者利用对方没有经验(商定协议的过程是否合理、受邀请主持人员是否偏袒一方)?(2)权利义务是否明显违反公平(涉及是否因为被告未在浴室配备安全设施并做安全提示导致原告在洗浴房滑倒摔伤、原告在洗浴时自己是否合理注意等)?[1](3)原告损失项目及金额的计算及与已赔偿金额的比较→证据争点(从略)。但本案中,法官归纳的争议焦点顺序较为凌乱,无法清晰反映案件审理脉络,缺乏逻辑性。

成因:对于争议焦点的排序,我们尚未建立"诉讼标的争点→

[1] (1)与(2)两项争点,属于事实争点还是法律争点,有时会较模糊,在本案中,当事人并未对显失公平这一法律概念的解释提出异议,也未争执何为法律规定的"合理注意"标准,而主要对相关事实问题产生争执,故宜将其列为事实争点。

可能存在的法律争点→事实争点→证据争点”这一思维基模，[1]实践中，法官们多按时间顺序来排列争点（本案所归纳的“过错的认定→损失的认定→是否显失公平”即以时间为序），[2]或依被告答辩意见的顺序来罗列争点。

后果：本案中，法官依时间或被告的答辩位序来排列争议焦点的做法，争点间缺乏逻辑性，未反映出“厘清法律关系，分析构成要件，查清案件事实”这一科学的审判逻辑，易导致案件审理的混乱，并遗漏案件的争议焦点，影响审判质量与效率。

三、事实争议焦点的举证责任分配存在被忽视的现象

问题样态：本案中，法官未围绕归纳的事实争议焦点分配举证责任。

成因：举证责任的分配是一项难度较大的工作，实践中，法官通常对该项责任的分配缺乏信心，担心分配错误可能导致庭审被动，造成该环节在实践中适用率偏低。

后果：未进行举证责任分配（如本案中将“浴室是否配备安全设施并做安全提示”的举证责任归于被告，将“损失项目、金额”的举证责任归于原告），将导致诉讼攻防的主体不清，举证、质证顺序不明，很难使庭审的对抗性加强，不利于查清案件事实，且可能

---

〔1〕 当然，这一思维基模仅具相对性，关于争点间的位序排列，详可参见本书第二章相关内容。

〔2〕 当然，以时间为序，如合同类案件围绕“合同成立—合同生效—合同履行—违约情况”去归纳争点，在复杂案件中亦不失为处理争点位序的一种方法（详可参见本书第二章第三节第三部分的内容），审理思路允许多样化，前提是各部分内容必须具有较为严密的逻辑性。

造成对当事人的裁判突袭。[1]

四、争议焦点的归纳与举证、质证的实际位序不吻合

问题样态:本案中,在法官归纳完争议焦点后,原告与被告仍按照原先拟订的证据清单一次性举证,与法官归纳的争议焦点相脱节。

成因:对当事人而言,证据材料、举证顺序在庭审前已整理、确定,在无法提前知悉法官所归纳的争议焦点范围与顺序,在庭审中又没有足够的时间进行重新整理的情况下,在举证阶段只能将事先罗列的证据全盘提供。在法官方面,由于考虑到同一份证据证明的内容可能涉及几项争议焦点,为避免重复举证,在心理上多倾向同意当事人依证据清单内容一次性举证。

后果:此项脱节,形成一种“你归纳你的,我举证我的”混乱局面,使前面所做的争议焦点归纳目标无法实现,造成争议焦点归纳的“空洞化”。

五、围绕争点进行的法庭调查与辩论存在交叉与重复

问题样态:按审判实务中的通常做法,对于事实争点问题,要求在法庭调查阶段查明,而对于法律争点的意见,则要求在法庭辩论阶段发表。本案中,法庭调查阶段,被告在对原告所提供的证据(4)质证时,以对证据的关联性存在异议为理由,就赔偿协议

---

〔1〕 法官事前未分配举证责任,当事人可能误认为己方无举证义务,懈怠收集相关证据,事后法官如以该方当事人举证不能做出不利判决,当事人往往认为自己被法官裁判突袭而反应激烈。

不具备可撤销性这一观点进行了较为充分的陈述；原告对被告所提供的证据(1)、证据(2)质证时，亦提出对关联性的异议，就赔偿协议的可撤销性与被告在管理上是否存在过失进行论证。而在法庭辩论阶段，原、被告复就这一争点发表意见。两阶段的内容存在交叉与重叠。

成因：关于事实问题与法律问题，客观上存在界分的困难。“法律向下滋生进事实的根部，而事实持续不断地向上延伸进法律”，有时会交织融合，产生定性难题。[1] 在本案中，即存在模糊地带，对于“当事人是否存在过失”与“协议是否可撤销”，当事人是从事实层面产生争议，还是从法律层面产生争议，法官无法及时准确地把握，故只好容忍这种意见发表的重复。

后果：将“事实问题交与法庭调查，将法律问题交与法庭辩论”的做法，没有看到这两项问题之间可能存在的判断困难，一方面造成工作的重复，另一方面由于辩论阶段对法律问题的论争常会重新发现事实争点，造成多次回复法庭调查的尴尬现象，[2] 导致审判的低效与脉络不清。

以上的五项问题样态，客观上造成“审”与“判”的脱节，庭审后法官在制作裁判文书时，面对的只是庭审笔录中的一堆证据(其中还夹杂着对法律争点的论述)，需要凭借当事人零碎、重复、

---

〔1〕 陈杭平：《论“事实问题”与“法律问题”的区分》，载《中外法学》2011年第2期。

〔2〕 对于这种现象，笔者深有体会，在疑难案件审理中，很多的案件事实争点，是隐藏在法律争点之下的，如未就法律争点先进行辩论，法官很难揭示关键的事实争点，于是，在法庭辩论中发现存在法庭调查阶段未查明的事实问题，多次宣布重新回复到法庭调查阶段，成为庭审实务中的常态。

挂一漏万的举证、质证意见,重新建构事实,且需要从法庭调查与辩论阶段分别提炼法律观点,不仅费时费力,也难以保证裁判质量。[1]

第二节　解决的对策

以上问题成因,大体可归结为当事人及代理人准备不足、法官思维模式欠缺逻辑性、案件客观情况复杂多变等,前两项是主观原因,后一项则是客观原因。深究下去,当事人方面出现的问题,或与当事人素质参差不齐、法官与律师对当事人指导不力有关;法官方面出现的问题,或与长期以来我国庭审程序与裁判内容脱节,法官欠缺“审”与“判”的逻辑训练有关;而案件方面的因素,则是审判对象的复杂性使然。对于争点归纳环节的问题样态,笔者认为可通过以下审判技术的具体运用予以缓解。[2]

一、加强庭前准备工作——指导当事人围绕争点开展诉讼攻防

对于一般案件,法官应在庭前审阅诉讼材料,预判争议焦点。对于复杂疑难案件,则有必要召开预备庭或通过证据交换的方式,提早确定争议焦点轴线,为庭审筑好基础。此阶段的工作应

〔1〕 傅静坤:《“审”与“判”的逻辑和相应技巧》,载《人民法院报》2011 年 1 月 19 日,第 7 版。

〔2〕 解决的途径包括立法上进行制度设计,如设立强制答辩制度、证据开示制度、举证时限制度等,均有利于法官及时、准确归纳争点并科学厘定审判脉络,对此本书不拟详论。

注意把握以下三项内容：

第一，为避免出现前文所述的第一、四项问题，法官应在预备庭或证据交换阶段引导当事人确定无争议事实与争议焦点，并明确告知当事人依此重新对证据材料进行整理，一方面将涉及无争议事实的证据从证据清单中剔除，另一方面则围绕争议焦点，对举证的顺序重新排列，[1]争取实现“一争议焦点一举证”。

第二，为避免出现第二项问题，法官应在庭前确定案件的诉讼标的争点，做好案件定性工作，并围绕诉讼标的争点，对案件的法律、事实与证据争点做出预判。

第三，为避免出现第三项问题，法官在庭前准备工作中，应认真检索法律法规，围绕法条重点研究涉案的各项要件事实，掌握相关证据立法与司法解释，并参酌证据法理论，初步分配举证责任。

二、保障审判脉络的清晰——强化对法官审判逻辑思维的训练

为避免出现第二项问题，笔者认为，应引导法官建立起“诉讼标的争点→可能存在的法律争点→事实争点→证据争点”逐一推进的庭审思维模式（当然，需重视争点间位序的相对性问题）。以前文列举案件的审理为例，法官首先应审查原告所提出的诉讼标的争点是否已经特定，在已特定情形下（如原告以涉案协议内容

---

〔1〕对于经过证据交换阶段的证据材料，当事人可能在庭审中无须重复举证，但明确举证顺序，在庭审中依序提供，仍有助于诉讼攻防的展开，对明晰审判脉络起积极作用。

显失公平为由撤销合同),则宜优先解决法律争点问题,即对《合同法》第五十五条第一项的文义范围进行法律解释,确定“原告发送电子邮件的行为”是否为其文义所涵盖,因而属于《合同法》规定的通知形式,在确定了原告撤销合同未超出除斥期间之后,则由原告围绕合同是否具备可撤销性提出诉讼主张(本案之诉讼主张应围绕《民法通则》第五十九条提出)。就原告所主张的事实,如被告部分予以承认,则就承认部分发生自认效力,而对有争执的事实争点(即待证事实),应由负举证责任的当事人提出证明该事实存在的证据,围绕该证据争点由对方当事人发表质证意见。

三、兼顾案件审理的实际情况——从庭审技术上对标准模型进行微调

实践中,在证据交换后,有些案件的当事人未根据法官对无争议事实与争议焦点的归纳对相关证据进行整理,为避免出现前文中的第一项问题,法官可在重述无争议事实与争议焦点之后宣布休庭一段时间,给当事人一定的准备时间对证据进行整理,以剔除无须举证的证据。实践中,有些证据可能无法剔除(因为无争议事实与有争议事实有时交织在一起,要证明有争议事实,必会带出无争议事实),可要求当事人在举证中对无争议事实简略陈述,重点围绕欲证明的有争议事实进行举证、质证。

鉴于举证责任分配的复杂性,若法官对责任分配缺乏把握,为避免出现第三项问题,可在初步确定举证责任后征求当事人意见,如当事人持有异议,可开展辩论,由法官居中作出裁断。同时,若出现举证责任分配的错误,亦应允许法官在庭后作出改正,

向当事人释明，重新开展举证、质证。

实践中，有些案件具备"一争议焦点一举证"的条件，[1]但部分案件中，当事人往往无法明确细分（因为各争点事实常交织在同一份证据之中，如要实现"一争议焦点一举证"，会形成复杂的证据排列），只能仍按证据清单中的顺序进行举证。为避免出现第四项问题，可要求当事人在举证、质证中重点说明该份证据中哪一部分与哪一争议焦点相对应，以突出证据的特定证明作用，防止举证泛化，尽可能实现与争议焦点归纳的前后呼应，避免分割断裂。

四、采用辩论与调查相融合的方式——解决法庭调查与法庭辩论的冲突

根据张卫平教授的研究，我国民事诉讼法之所以采法庭调查与法庭辩论相区分的庭审模式，或"与误解了大陆法系国家的证据调查与事实审中言词辩论有关"。[2] 理论与实务上，法庭调查与法庭辩论的分立受到两项质疑：一是，一些案件中，如未对有关的法律问题作出辩论，就无法进入对事实问题的审理。法律问题

〔1〕典型如建设工程合同纠纷案件，当事人可以分别就工程质量、工期延误、付款等方面进行举证、质证，条理性较为清晰。

〔2〕张卫平：《法庭调查与辩论：分与合之探究》，载《法学》2001年第4期。根据该文的介绍，大陆法系国家的证据调查，主要是根据当事人的申请，由法院委托鉴定人对案件所涉及的事实问题进行鉴定、查对文书的真伪、进行勘验。证据调查实际作用是对当事人声明的证据进行核实，认定当事人主张的证据的真实性，与我国庭审中的证据调查有质的不同。在大陆法系与英美法系国家，均未做出法庭调查与法庭辩论的区分，采取的是将当事人陈述、提出证据、对争点的辩论交融在一起的庭审模式。

上异同点的归纳,是进入事实调查的前提。二是,严格来说,法律问题的解决属于法律解释学的范畴,事实的认定则是证据学领域的问题,二者是泾渭分明的。但实践中,在庭审这一时间紧迫的特定场域,很多法官还是难以区分这两项问题,故与其勉强地要求法官及时准确地去区分,并将此两项问题分置于法庭调查与法庭辩论两个阶段提出,不如将调查与辩论阶段融合,允许当事人一并提出。在事实问题与法律问题的多次来回盼顾中,更好地完成事实的认定与法律适用工作。当然,在庭审之后,特别是在判决书的撰写中,法官仍应认真对事实争点与法律争点予以区分,分别解决。

为避免第五项问题的存在,可采取"一争点一辩论一调查"的审理模式。[1] 即允许当事人就一项争点(法律争点或事实争点)问题进行一轮小的辩论,再由当事人围绕事实争点进行举证、质证。这种审理模式在整个事实调查过程中都贯穿着辩论主义,争点集中,逐层剥离,无须考虑事实与法律争点的区分问题,也不会出现辩论—调查的来回反复。在此模式下,法庭辩论阶段可以视情况予以省略,或仅将之作为一项总结性的陈述。

以前文列举的庭审为例,依新的审理模式,在相关庭审准备程序后,法官宣布进入法庭审理阶段(不再区分法庭调查与辩论),庭审依以下程序或线路进行:

1.法官归纳无争议事实[相关建议参见前文"解决的对策"中

〔1〕 对此,《最高人民法院关于适用〈中华人民共和国民事诉讼法〉的解释》第二百三十条已规定:人民法院根据案件具体情况并征得当事人同意,可以将法庭调查和法庭辩论合并进行。可兹参照。

第一部分第（一）点及第三部分第（一）点］；

2. 法官依诉讼标的争点（以显失公平为由撤销赔偿协议）分析法律要件，归纳出法律争点：“原告发送电子邮件的行为”是否为《中华人民共和国合同法》第五十四条第二款的文义范围所涵盖，因而属于合同法规定的通知形式，并归纳事实争点：（1）被告在订立协议是否利用优势或者利用对方没有经验（商定协议的过程是否合理、受邀请主持人员是否偏袒一方）；（2）权利义务是否明显违反公平（重点涉及损害事件中被告与原告过错程度的认定）；（3）原告损失项目及金额的计算，以及与已赔偿金额的比较。就争点内容征求当事人意见并视情况更正、补充［相关建议参见前文“解决的对策”中第一部分第（二）点及第二部分］；

3. 就第一项法律争点，由当事人发表辩论意见，法官根据辩论意见确定原告是否于除斥期间提出撤销协议的请求；

4. 围绕事实争点，确定举证责任［相关建议参见前文“解决的对策”中第一部分第（三）点及第三部分第（二）点］，由当事人进行举证、质证，由当事人进行的相互提问，法官可依职权发问；

5. 法官视情况决定是否认证，并考虑是否需要让当事人进行总结陈述。

当然，在进行第 4 项程序时，可能会出现前文“解决的对策”中第三部分第（三）点所述的“因一争议焦点一举证形成复杂的证据排列”情形，这时可参照前文的处理方法进行技术微调。

延伸思考

关于评价一场庭审的质量,有一种说法:好的庭审是最利于撰写裁判文书的庭审。这句话的意思是,优质的庭审在结构上包含了裁判文书的诸项要素,在内容上涵括了裁判文书的承载内容,只需将庭审笔录的位序微调,就可形成一篇裁判文书的雏形。这种说法,表面上似乎着眼于为法官带来便利,但深层上是以提升裁判的逻辑性为追求,裨益于审判公正与效率的实现,笔者深表认同。基于这种认识,本书所论述的以争点归纳为中心的庭审模式,因在包含诸要素及逻辑结构上与现行民事裁判文书的撰写样式具有最大相似性,凸显其科学性。

必须认识到,围绕"争点轴心"开展庭审的工作是有局限性的,出于上文所述的当事人素质、案件性质等原因,理想的争议焦点归纳模型在实践操作中会面临诸多困难,部分的庭审或庭审中的某些阶段仍会溢出既定庭审计划的范围,呈现暂时的杂乱与无序,这需要我们的法官有足够的耐心与敏锐,依凭经验与直觉的指引,从杂乱中"抽丝",提炼出裁判所需的素材;让无序回归有序,保证审判不偏离公正高效的目标追求。

第九章
民事庭审中“后置型”争点归纳技术的运用

本章中,我们试图对“前置型”与“后置型”两种争点归纳模式进行比较,分析两种模式适用之不同前提,从适应审判实践中的局限条件、实现工作增益等角度,论证“后置型”争点归纳模式在复杂案件中适用的可行性。同时针对该种模式可能存在的问题,我们提供了解决的方案。

[**法官的困惑**]

关于争点归纳的工作模式,《最高人民法院关于适用简易程序审理民事案件的若干规定》第二十一条第一款规定:开庭时,审判人员可以根据当事人的诉讼请求和答辩意见归纳出争议焦点,经当事人确认后,由当事人围绕争议焦点举证、质证和辩论。在上一章中,我们将其称为“前置型”的争点归纳模式。在与法官们讨论该模式在实践中的可行性时,阿正法官发现它在复杂案件的庭审中存在适用上的困难,对于未经庭前证据交换而试图以“一步开庭”的模式审理的案件,这种困难尤甚。对此问题,阿正尝试收集学术界与实务界的研究资料,发现鲜有研究涉及。[1] 他发现周围的一些老法官,针对未进行庭前证据交换的案件,实际上采用了另一种争点归纳模式,这种模式颇像是在围着思考的对象绕圈子,由下至上,由浅入深,由混沌至明晰,尽管缺少"前置型"争点归纳模式的高度计划性,但似乎亦能够全面地把控庭审,最终实现查明事实与适用法律的目的,这似乎契合一种东方思维方式。[2] 阿正琢磨,这种方法值得推广吗?它有何问题?如何更好地填补存在的漏洞呢?

第一节 模式的提出

一、"前置型"争点归纳模式

"前置型"争点归纳模式(以下简称"前置型模式",为官方文本)的流程如下:法官宣布进入法庭调查→原告陈述诉讼请求及事实、理由→被告发表答辩意见→法官归纳无争议事实及案件的争议焦点,并分配举证责任→当事人就各项焦点分别举证、质证

---

〔1〕 如章武生教授所研究,我国学术界围绕庭审程序改革的探索和建言,主要集中在完善我国的审前准备程序、确定争点和证据整理程序以及集中审理等方面。实务界改革的主要成果是:落实公开审判原则,强化当事人举证责任;健全并落实承办人、合议庭责任制;改革审判流程管理模式,等等。但无论是理论界还是实务界,对诉讼中心环节之庭审程序改革,尤其对庭审核心环节之争点归纳模式的研究,均少有实质触及。参见《开庭审理程序和方式改革研讨述要》,载《人民法院报》2013 年 10 月 11 日,第 5 版。

〔2〕 [美]卡普拉:《物理学之道——近代物理学与东方神秘主义》,朱润生译,中央编译出版社 2012 年版,第 118 页。"东方的思维方式颇像是在围着所思考的对象绕圈子……来自不同观点的简单形象的交叠,形成了一种多方面也就是多维的印象"。

→法官宣布法庭调查结束，进入法庭辩论→当事人围绕法官归纳的辩论焦点问题发表辩论意见。[1]

二、“后置型”争点归纳模式

“后置型”争点归纳模式（以下简称“后置型模式”，为本书所倡导[2]）的流程如下：法官宣布进入法庭调查→原告陈述诉讼请求及事实、理由→被告发表答辩意见→法官归纳无争议事实、提示争议的可能方向并进行暂定性的举证责任分配→当事人举证、质证→法官归纳无争议事实及下一阶段争议焦点，并确定举证责任之承担→当事人围绕争议焦点综合证据材料进行论证、开展辩论……

在“后置型模式”中，法官归纳无争议事实及争议焦点（初步归纳）—当事人围绕争点举证、质证—法官进一步归纳共同确认的事实及下一阶段争议焦点—当事人围绕争点进行论证分析，盯住争点的变化—法官三次归纳……在这一过程中，案件的焦点问题越来越集中，实现庭审的逐层深入。实践中，笔者还发现，一些法官在运用这一模式时，如在归纳无争议的事实后，发现双方的分歧较小，则会直接引导当事人调解，或者做息诉工作，未必将庭审程序进行到底。此时的争点归纳工作，直接服务于案件的和解工作。

---

〔1〕为突出对争点归纳环节的研究，我们简略了一些庭审环节，如未将法官认证、庭审小结等内容列入，这种有意识的忽略，对本书的研究不会造成影响。在“后置型模式”各环节的列示中亦持相同做法。

〔2〕这种模式不是本书的创设，笔者参与法院内容庭审评查工作时，发现有少量的案件采取与本书倡导的“后置型模式”类似的审理形式。尽管其与本书倡导的模式不完全相同，但二者“先调查证据后确定争点”的路径是一致的，本书的写作亦受到这些庭审的启发。

第二节 模式之比较

一、内涵差异与比较法观察

适用“前置型模式”,争点归纳工作是在当事人诉辩之后,举证、质证之前由法官一次性完成;在“后置型模式”中,在当事人诉辩之后,法官仅进行争点的提示工作,在当事人举证、质证之后,法官才正式归纳争点,争点归纳工作是一个由浅入深的渐进过程。

“前置型模式”在比较法上的适例见于德国,该国的民事诉讼在审理模式上采集中审理主义,即在诉讼的前阶段,对当事人双方的诉辩意见进行归纳、分析,召集当事人确定无争议事实,并重点对案件的争点进行特定与限缩;而在诉讼的后阶段,则围绕前阶段所特定与限缩的争点进行诉讼的攻击与防御,对相关证据进行调查。在此模式下,德国法院通常先在审前程序中进行争点整理,在“言词辩论期日”(相当于我国的庭审)中围绕争点开展证据调查。[1] “后置型模式”则见于美国民事诉讼程序中,美国在1938年以前的诉讼程序下,采用先通过书状的交换来特定、限缩争点,再就经限缩的争点要求开示事证的审理模式。但其实际运

〔1〕 德国1976年12月3日通过的《简易化程序法》已呈现出审理集中化的趋势。现行德国《民事诉讼法》第二百七十二条规定,法院于调查证据前,应将诉讼有关之争点晓谕当事人。在诉讼的后阶段,则围绕前阶段所特定与限缩的争点进行诉讼的攻击与防御,对相关证据进行调查,开展法庭辩论。对于前阶段确定的争点之外的争议,在后一阶段诉讼程序中将不予审理。

作的结果是，经限缩的争点，通常并不是真的争点，在接下来的事证开示程序中，常显露一些之前没有掌握的资讯，从而使前面限缩的争点流于形式。在此教训下，美国于1938年制定联邦民事诉讼规则时，就特别重视在进行争点的限缩与特定前充实事证开示程序，采用先开示事证，再进行争点的限缩与特定的审理模式。[1] 关于我国为何在官方文本中采“前置型模式”，与立法机关潜在地推行集中审理的政策导向有关，根据学者的观察，我国第一审普通程序的规定，实际上就是对集中审理的规定，[2]“前置型模式”的采用，反映出立法机关对集中审理主义的高度计划性与控制性之追求。

二、基本特征比较

两种模式存在一定的共性，即均重视争点归纳工作，庭审围绕争点进行，通过制订较周密的审理计划，避免审理松散化。

两种模式的差异在于，前者对法官的争点归纳能力寄予了很高的期望，希望在庭审伊始即确定审理计划，使庭审依计划有序

---

〔1〕参见黄柄缙、李国增、周舒雁等：《争点集中审理制度在各法院之施行状况及其检讨》，载《民事诉讼法之研讨》（十四），台湾民事诉讼法研究基金会2007年版，第372～373页。

〔2〕参见李浩：《举证时限制度的困境与出路》，载《中国法学》2005年第6期。但审判实践中，在强调事实认定必须追求客观真实，立法未设立争点整理失权制度、强制答辩制度，举证时限制度又面临执行软化等情况下，司法实务中很难采用集中主义的审理模式。

进行,体现了较强的理性主义的精神;[1]后者则强调从无序到有序,经过证据的展示,抽丝剥茧,逐层推进案件的审理,在适当的时机再归纳案件的审理主线,并要求当事人围绕争点主线进行综合论证,以经验主义的方法指导审判。[2] 具体而言,两种模式存在以下不同。

(一)争点归纳工作的重心不同

如上所述,"前置型模式"的争点归纳工作在举证、质证之前完成,之后的法庭调查不再涉及争点的整理。在法庭辩论中,法官虽再次总结案件的辩论焦点,但多为对之前归纳的争点的重复,争点归纳工作的重心在法庭调查的前阶段。"后置型模式"则侧重在举证、质证之后根据掌握的案件情况进行争点归纳,举证、质证之前的争点提示工作仅具有倡导性,争点归纳工作的重心在法庭调查的后阶段。

---

〔1〕 日本民事诉讼法学者将其称为"论理型争点整理方法",即在诉辩后,按照权利要件、要件事实、直接证据、间接事实、间接证据的模式由抽象往具体的方向去做阐明。参见黄柄缙、李国增、周舒雁等:《争点集中审理制度在各法院之施行状况及其检讨》,载《民事诉讼法之研讨》(十四),台湾民事诉讼法研究基金会2007年版,第320页。

〔2〕 日本民事诉讼法学者将其称为"事实型争点整理方法",即由当事人向法官陈述整个纷争之实情,再由法官就当事人主张之事实,通过分析、评价来选取被认为该当于某权利之要件事实及其与实体法之关联等问题点。参见黄柄缙、李国增、周舒雁等:《争点集中审理制度在各法院之施行状况及其检讨》,载《民事诉讼法之研讨》(十四),台湾民事诉讼法研究基金会2007年版,第328页。

（二）举证责任分配的时间不同

“前置型模式”在诉辩之后，举证、质证之前，即确定各事实争点的举证责任。“后置型模式”在诉辩之后仅提示可能的举证责任承担，在举证、质证之后，才正式确定各方的举证责任，由当事人围绕争点、举证责任，组织证据材料开展诉讼攻防。

（三）心证公开的程度不同

适用“前置型模式”时，法官在诉辩之后归纳争点，虽在一定程度上确定了案件的审理方向与计划，具有心证公开的性质，但因为举证、质证尚未展开，这种心证公开的范围与深度较为有限。“后置型模式”采用举证、质证后归纳争点的方式，随着法官对案件理解程度的加深，心证公开的广度、深度及准确性均有所提高。

第三节　模式适用之前提

争点归纳工作，必须满足一定的条件才能顺利开展。这些条件包括：诉争的相关资料必须于争点归纳前展示出来；进行争点归纳的人员应具备相应的能力与意愿；归纳出来的争点必须具有稳定性，等等。前述的两种争点归纳模式，因其归纳争点的时点不同，对上述条件的要求程度存在差异。

一、对诉辩环节之后所开示的诉争资料之充足性要求不同

“前置型模式”对资料充足性要求较高，只有经过充分的起

诉、答辩,法官才能科学提炼争点,并形成有层次的争点链条。“后置型模式”中,法官在诉辩之后仅做一些争点的提示工作,实质意义的争点归纳工作在举证、质证之后才开展,对诉辩后所达到的资料充足程度要求不高。

二、对法官能力要求不同

“前置型模式”要求法官在当事人诉辩之后立即形成案件审理的“全景图”,客观上要求法官具有较强的争点归纳能力。法官的争点归纳工作不但要准确,而且要快捷。此模式将举证责任分配工作置于争点归纳环节之后,对法官分配举证责任的能力亦提出较高要求。在“后置型模式”中,法官对案件审理的“全景图”是在诉辩、举证、质证过程中逐渐形成的,该模式给了法官一定的思考空间,使法官没有“前置型模式”下那么大的时间压力。在提供倡导性的争点建议后,法官仅提出举证责任承担的暂定性意见,待当事人提供证据资料后,再明确举证责任,这亦有利于法官综合考虑案件审理情况来分配举证责任。

三、对当事人能力要求不同

“前置型模式”要求当事人必须在法官告知案件的争议焦点后发表同意与否的意见,其对当事人的能力要求较高。实践中,当事人往往难以否认法官提出的争点,也无法补足法官在争点归纳上的缺漏。在“后置型模式”中,当事人有较为充分的时间对具体的争点进行判断,并能综合全案的证据资料形成争点链条,对当事人的诉讼能力要求相对较低。

四、对争点的固定性的依赖程度不同

“前置型模式”要求争点尽可能地稳定，法官依据当事人诉辩意见归纳争点后，审理计划即确定下来，当事人应围绕争点开展诉讼，其间若争点变动，则该模式较难包容。在“后置型模式”中，争点可以在诉讼的进程中发生变动，允许在诉讼中出现新的争点，也倡导法官在诉讼中协助当事人化解原来的争点，在举证、质证完毕之前，争点是一个开放的系统。

第四节　争点归纳面临之问题

在分析两种模式所适用之前提条件后，为了得出下文中“采用何种模式”的结论，我们需要对争点归纳工作在当前审判实践中面临的问题做一讨论。为揭示问题，笔者参与的课题组调阅了J基层法院所审理的100件民商事卷宗材料，[1]对被告答辩、举证时限制度适用、争点归纳工作的开展等情况进行采样、分析，发现以下四个层面的问题。

一、在争点归纳主体方面，法官与当事人均存在能力缺乏与意愿不足的问题

在取样的100件民商事案件中，诉辩后法官对争议焦点进行归纳的案件仅有9件。而且在有的庭审中，法官归纳的争点语义

〔1〕参见厦门市集美区法院课题组：《民商事案件多次开庭现象剖析》，载《人民司法·应用》2014年第3期。

模糊,无法明确特定所指,如将争点归纳为“原告主张无事实与法律依据”,这种表面上的争点归纳,并未缩小案件的审理范围,当事人无法依此开展诉讼攻防。在争点归纳后,部分庭审也并未按争点的范围与位序进行,显现出一种变形,往往是你整理你的,我举证我的,仍是“散弹打鸟”。这种现象的出现,在法官意愿方面,与其言多必失的担心有关,仅根据诉辩意见即归纳争点,对法官的压力较大,部分法官担心因争点归纳错误导致归责,故采取回避争点归纳工作的策略;在法官能力方面,则其与长期以来欠缺争点整理方面的训练有关,部分法官未围绕诉讼标的、法律、事实与证据建构起争点的线路图,未牢固树立全程整理争点的意识,难以围绕争点组织庭审。从当事人角度审查,当事人素质参差不齐、试图通过回避争点归纳来实施诉讼突袭等因素,[1]均导致“前置型模式”在实践中的形式化与变形化。

二、在争点归纳客体方面,存在较为严重的资料缺乏与延滞问题

我国《民事诉讼法》第一百二十八条规定了被告答辩制度,但该条仅是倡导性的规范,未对被告庭前提交答辩状作出强制性规定。实践中,被告于庭前提交答辩状的情形较少,在取样的100件民商事案件中,被告在庭前提交答辩状的案件仅29件。由于

---

〔1〕一些律师认为在诉讼中隐藏自己的诉讼攻防手段是一种策略,这种观点具有相对性。应当说,律师在诉讼伊始适度隐藏自己的诉讼策略有必要性,但如在开庭陈述中仍不表明,无法有效地引起法官关注、将审判路径引导到于己方有利的方向上来,则是失职。

被告多采用当庭答辩策略，法官很难在庭前了解案件基本情况，并据此整理案件争点。2002 年《最高人民法院关于民事诉讼证据的若干规定》在民事诉讼中确立了举证时限制度，旨在通过证据提交时限的规定，使诉讼资料由随时提出改为适时提出，便利法官掌握争点、查明事实。但最高人民法院于 2008 年又下发了有关举证时限制度的通知，对于“证据失权”从严把握。目前举证时限制度在实践中发挥的效能较为有限。统计数据显示，取样案件中被告在指定举证期限内未提供证据的有 68 件，证据的延滞提供，导致法官无法在庭前或在开庭阶段的诉辩之后立即归纳出案件争点。《最高人民法院关于民事诉讼证据的若干规定》第二条第二款规定了当事人因客观原因不能自行收集证据时，可申请法院调查证据，但实践中，法官极少在开庭前即应当事人的申请开展证据调查，通过庭前申请证据开示来助力争点归纳的方法难以得到实行。

三、在争点归纳内容方面，存在相当程度的不受约束与变动性

一方面，我国未对争点整理的效力作出规定，[1]这导致已固定的争点无法约束法官与当事人，无法阻却当事人于争点固定后复又变更诉讼标的或提出新的事实和证据主张，亦无法避免法官

〔1〕关于争点整理的效力，我国台湾地区“民事诉讼法”第二百七十条之一第三项规定：当事人就其主张之争点，经依第一项第三款或前项为协议者，应受其拘束。但经两造同意变更，或因不可归责于当事人之事由或依其他情形协议显失公平者，不在此限。此条确定了有关简化争点之协议的拘束力。

超出已固定的争点范围裁判,导致“前置型模式”作用受限。另一方面,由于当事人法律知识、诉讼技能的欠缺或者自身认识上的主观性等因素,其往往难以在诉讼伊始即妥当地确定诉讼标的,事实、法律的论争亦常随诉讼的进程而迭次推进或曲折迂回。实践中常遇到的问题是,原告开始主张适用的法律依据属于不完全性法条,在审理过程中,会引申出其他的补充性法条,使要件事实方面的争点被逐层发现,而非一次性出现。因此,争点的变动性与逐步呈现性在审判工作中是一种常态,多导致“前置型模式”追求结果的落空。

四、在争点归纳过程方面,体现出释明的不足与互动环节的缺失

在争点归纳工作中,法官必须保证当事人对争点有正确与充分的理解,方能避免裁判突袭,保护当事人的诉讼利益,故争点释明工作意义重大。调研中发现,法官们的争点释明工作存在以下缺陷:一是主体单一。由法官提供争点方案,当事人未参与争点形成的过程,这在一定程度上消解了当事人在诉讼中的主体性与参与感。二是程序简单。无论是证据交换阶段的举证后归纳,还是法庭调查过程中的举证前归纳,均是由法官完成争点的确定工作,虽会征求当事人意见,但其仅具有程式上的意义。[1] 三是心证封闭。一项事实是否属于争点,以及其在诸事实争点中的重要程度,是法官通过独立心证形成的,当事人在此心证形成过程中

〔1〕 笔者所观察的庭审中,很少有当事人会对此归纳提出异议,这或是由于我国未规定争点整理的约束力,当事人对该项工作缺乏必要的重视。

发挥的作用较小。在无实质互动参与的情况下,争点归纳意见代表的是法官的一己之见,常导致各争点间缺少联系甚至僵硬、分裂。这些因素均导致“前置型模式”难以发挥其预期效果。

第五节　基于可行性之选择

从实践中的具体情况可以看出,对于以“一步开庭”方式审理的复杂案件,由于存在诉讼资料不充足、法官与当事人能力与意愿不足、争点变动性等问题,适用“前置型模式”存在较大的难度。针对这些问题,“后置型模式”提供了较好的解决方案,它不仅能适应当前存在的局限性条件,而且能够实现“四项增益”。

一、“后置型模式”对局限性条件的适应

(一)应对诉讼资料的不充足

在“后置型模式”下,在诉辩之后,法官仅对争点发表倡导性的意见,除须对诉讼主体、法律关系有一定把握外,无须做较充分的庭前准备。在之后进行的举证、质证程序中,诉讼材料被充分展示出来,为法官的争点归纳工作提供了丰富的素材,有利于增强争点归纳的全面性、客观性。

(二)应对法官与当事人的能力不足

鉴于我国当事人诉辩的质量不高,针对性、对抗性不强,在复杂案件的审理中,法官难以在当事人诉辩后即整理出法律规范要件,更难以仅依诉辩意见即从法律规范要件中提炼出法律争点与

事实争点。因此，我们必须给予法官一定的思考时间，将争点归纳的环节设定在当事人证据展示之后，以合乎审判现状。一方面，法官可以通过对证据的审查确定较为清晰的争点线路图；另一方面，在证据的开示过程中，当事人可以通过协商的方式限缩争点，法官可以对争点的范围作出取舍。这均降低了对法官能力的要求。而在举证、质证的过程中，通过法官的引导，当事人对争点的认识会逐渐清晰，这种渐进型的认识方式，符合当事人的认知规律。

当然，一名争点归纳技术娴熟的法官，他所归纳的初步争点，与举证、质证后所归纳的争点之间，可能差距较小。初步争点归纳的正确度，可作为考核一名法官的审判能力的重要指标。

(三)应对争点的变动性

适用“后置型模式”，法官无须担心已归纳的争点会在庭审中发生变化，诉辩之后形成的对争点的预判，可以随着证据开示的进程进行调整。实践中常出现的情况是，在诉讼前阶段，由于证据资料还没有全部提出来，当事人的争点可能较多；但随着法官适度公开心证、表明法律见解，当事人可能在法院的说服之下对原争点不再争执。“后置型模式”能更好地对争点进行调整与限缩，更加科学地归纳争点。

二、“后置型模式”的“四项增益”

(一)有助于构建合乎认知规律的庭审模式

人的思维运作通常按照先分析特征、后形成模式的顺序进行。[1]“前置型模式”所采用的一步到位建立模式的做法，违反认知规律，且具有禁锢性，易遗漏核心争点，不能应对变动的争点，亦不利于通过协商和解方式解决争点。“后置型模式”的逻辑结构是“总（以当事人发表诉辩意见的形式进行初步辩论）—分（法官提出初步争点后，当事人进行举证、质证）—模块化（法官正式归纳争点后，当事人围绕各争点模块进行辩论并组织证据进行证明）”，符合认知的规律，有利于法官科学地归纳争点，依靠争点有效地组织诉讼攻防，最大限度地发挥庭审查明事实的功能，也可有效避免法庭辩论碎片化的问题。

（二）有助于提升庭审诸环节的紧密性

在“前置型模式”下，庭审中常出现法官归纳争议焦点后，当事人仍按照原先拟订的证据清单一次性举证，与法官归纳的争议焦点脱节的现象。在“后置型模式”下，法官在证据出示后再归纳争点，争点在证据审查中浮现，与证据呈现出强相关；在举证、质证后，当事人分别就各项争点组织相应证据进行综合论证并展开辩论，便于法官对证据形成综合印象。

（三）有助于法官利用庭审笔录制作裁判文书

实践中有两种裁判文书的写作方法：一是集中认定证据法，即在概括双方当事人诉讼主张和请求后，分别列举双方当事人提

〔1〕 根据学习理论中的格式塔原理，从感觉输入到物体识别，思维的第一阶段是分解物体特征并进行大致分析，这种特征分析又被称为“自下而上”的加工，思维的第二阶段才是将大量信息整合为一个有意义的模式。

供的证据,然后对认定或不予认定的证据及理由进行集中分析。二是争点归纳法,即先对无争议事实进行认定,然后归纳争点,再就每一争点分别写明当事人的诉讼主张与证据,并由法官发表认证意见。在依第一种方法撰写文书时,以"前置型模式"开展的庭审,因其采用"一争点一举证质证"的方式,各争点项下的证据可能存在多重交叉,无法在文书中直接援引,且在笔录与文书的转换中可能遗漏证据。"后置型模式"则与该种文书有较高的匹配度,其所采取的"举证、质证在先,争点归纳在后"的模式,有利于在文书中直接援引笔录中举证、质证的内容,并可避免证据的遗漏。在依第二种模式撰写文书时,"后置型模式"亦能为法官提供写作便利,其在争点归纳后,要求"当事人围绕各争点综合证据情况逐一进行论证、辩论"的做法,对各争点项下的证据进行了有计划的整理,笔录中的当事人的综合论证内容,可在文书中"当事人诉讼主张与证据"部分予以直接援引。

(四)有助于法官通过一定载体公开心证

法官通过一定的方式公开心证内容,有利于获得当事人的信赖。在"后置型模式"下,法官在诉辩后的争点倡导性归纳中征求当事人的意见;在举证质证阶段,与当事人共同确定先前的哪些争议可以改列为不争执事项,哪些可以简化排除;在举证质证后,确定哪些争点需要由当事人进一步组织证据开展诉讼攻防,并再一次征求当事人的意见。该模式从三个环节为法官公开心证创设了载体,使当事人在互动的过程中看清法官心证的走向。借助争点归纳这一过程,使心证公开这一极易触动双方当事人敏感神经的程序，以一种“和平”的方式进行，避免心证公开可能引起的对抗性。同时，心证公开也有利于促进案件的和解（这也是庭审的重要功能之一）。相较而言，“前置型模式”缺少对争点的“讨论场”，心证公开的范围存在局限性。

三、适用“后置型模式”应注意处理的问题

（一）关于争点的初次归纳与二次归纳的宽严把握

在进行争点的初步归纳时，法官可以宽泛、笼统一些，只需确定大致的审理方向即可。当然，为保证初步归纳的争点能有一定的准确性与完整性，建议法官在当事人第一轮诉辩后，让当事人根据对方答辩情况补充发表第二轮的诉辩意见。这能避免诉辩阶段仅成为一个原告宣读诉状、被告宣读答辩意见的仪式化过程，而赋予它一定的辩论内涵，便于法官从这种较为初步的辩论中归纳出初步争点。当法官不确定有的意见是否应纳入争点，或觉得有的意见较为细碎不宜放入争点时，可采用“放入括弧”的方法：在第一次争点归纳中，将其放入括弧之中作为备选，暂不将其纳入争点范围。有时，这些候选的争点在举证质证后，会被当事人自动放弃或协商解决。这一方法既不让法官的困惑恣意膨胀，也能使正常的争点归纳不受牵绊，且符合争点的节约化原则。在有些较为简单的案件中，如第二次争点归纳无必要，则不必再行归纳，只需围绕第一次归纳的争点组织相关证据开展辩论即可。

在进行第二次争点归纳时，则要体现法官对案件的控制，防止案件审理失控。实践中，第二次归纳出的争点较之初步归纳的争点，有三项推进：(1)体现了争点的位序性；(2)考虑了争点的变

动性;(3)排除了伪争点,呈现了真实争点。故第二次争点归纳对法官的能力要求更高,要求其准确判断各争点的重要性,并根据各争点之间的逻辑关系归纳出案件审理的脉络。考虑到归纳出来的案件审理脉络对于案件的最终裁判将起决定性作用,为防止对当事人造成诉讼突袭,法官应公开其对案件审理脉络的心证,并根据当事人的建议对审理思路予以完善,以保障当事人的参审权利。这些都属于法官的办案技艺问题。

(二)关于无争议事实的认定

此项工作可在诉辩后开展,[1]由法官根据诉辩情况作出以下判断:哪些是当事人陈述一致无争执的?哪些是当事人陈述情节存在出入的?在存在出入的事实中,哪些是被告坚持否认而原告坚持主张的?哪些是当事人愿意修正陈述而放弃争执的?被告坚持继续争执的争点中,哪些是与原告请求权基础无关而可简化删除并告知双方无须举证的?

在无争议事实的归纳中,法官还要善于运用证据法中的自认规则,将诉讼过程中一方当事人明示或者默示承认的、对方主张的于己不利的事实,纳入无争议事实的范围;并按照法律规定,准确地确定"无须举证的事项"(典型的如既有生效裁判已确定的事实),事前将这部分的事实也排除于事实争点之外。

---

〔1〕 实践中,除已完成庭前证据交换工作的案件外,一审法官很少会在当事人诉辩后归纳无争议事实,个中原因在于诉讼效率、当事人质疑、法官担心因归纳而导出更多争议等,在此不拟详论。这里仅从技术层面上探讨此项工作应当如何科学开展。

在具体操作中，鉴于庭审中归纳无争议事实的时间较少，为提高审理效率，这部分的工作可由法官与法官助理、书记员配合完成。法官在听取当事人诉辩时，宜适度重复无争议事实，以便于法官助理、书记员准确整理。法官助理或书记员在听取当事人诉辩时，应重点协助法官归纳本案的无争议事实并提交法官审核，以便于法官集中精力归纳初步争点。

需要注意的一个问题是，本阶段的无争议事实的归纳，必然涉及对当事人的询问，有时会误入调查证据的领地，使法官在书证、物证提出前去调查当事人陈述（这种证据是证据类型中可靠性最低的），如何避免这一问题，值得研究。笔者建议，进行以上询问时，宜事先告知仅作归纳无争议事实之用，让当事人以“是”或“否”回答，进一步的理由可在证据调查阶段进行陈述。

（三）关于概括举证与分割举证的结合适用

“按照魏格莫之看法，英美的这种举证方式称为交唱式方法（antiphonal method），即轮流举证。案件常常被作为一个整体，不管跟哪个争点有关，辩论和证据全部都针对当事人按照一定顺序提出。”[1]这种举证模式的优点在于采用一种易于客观理解的叙事方式，也具有既定的顺序的仪式。但这种举证方式，对诉讼的经济性有一定的负面影响。比如，“从结果来看，虽然侵权行为的责任可能不被认可，但仍然必须对损害额展开庞杂的举证在美国的法庭上比比皆是”，[2]导致诉讼效率的低下。另外，这种方式下，法官很

〔1〕　段文波：《我国民事庭审阶段化构造再认识》，载《中国法学》2015年第2期。

〔2〕　段文波：《我国民事庭审阶段化构造再认识》，载《中国法学》2015年第2期。

难对照已经形成的心证事先排除不必要的证据。这种方式“使得英美的庭审宛若工厂的传送带体系”,“不管审判者的心证是否成熟,只有按顺序机械化进行的举证过程终结时,公判始告终结”。

相反,大陆法系则是首先审理先决性争点,然后针对各个待证事项进行证据调查,将对举证的控制权交给法官。这有利于诉讼效率的提升;其缺陷则在于控制性太强,可能导致法官的专断,影响裁判公正。

本书在比较两种举证模式优劣的基础上,建议采用一种统合式的模式。在这一模式下,在初步归纳争点之后,首先采用的是英美的“概括举证”的方式,将举证的主导权主要交给当事人;而在第二次争点归纳之后,则由法官来控制举证,要求当事人分争点来组织证据、发表辩论意见,采用的是“按争点组织证据”的方式(分割式)。这种统合式的模式将两种方式相结合,有利于兼顾公正与效率。

为了避免概括举证可能出现的举证的无目的性问题,本书在设计上述统合式模式时,于诉辩环节后设置了一个争点倡导性归纳的环节。在这一环节中,法官可以根据当事人在诉辩中发表的意见,提出争点归纳的建议,为案件审理提供一个大致的框架,从而在一定程度上为证据的提供划定范围,以节约审判资源。

但在实践中,这种倡导往往得不到当事人的重视,他们可能仍然依照自己原来的证据清单提出证据。这是因为,若在庭前准备阶段缺乏充分沟通,则当事人及代理人难以在短时间内重新组织举证之顺序并依各争点对各项证据进行归类。初步归纳争点的意义,是在诉讼路径上给予当事人一定的提示,帮助他们更有目的地进行举证、质证。为防止这种建议落空，可要求当事人在提供每项证据时，说明该份证据与法官所归纳的初步争点间的关联性，以密切各项证据与争点间的联系。对于与争点有重大关联的证据，重点提示对方当事人质证、提供证据方补充说明、二次质证；对于与争点缺乏关联的证据，则引导当事人简略质证过程。通过法官对当事人概括举证的诉讼引导，来防止证据出示的盲目性、随意性，实现对举证的适度控制。

（四）关于举证责任分配问题

如在举证、质证前未确定举证责任，则可能导致诉讼攻防的主体不清，举证、质证顺序不明，减弱庭审的对抗性，不利于查清案件事实。故在适用“后置型模式”中，建议法官在提出倡导性的争点建议后，可围绕争点提供暂定性的举证责任分配意见，供当事人在提供证据时参考。在举证、质证完毕，法官提出正式的争点后，可明确分配举证责任，以利于当事人围绕争点综合证据材料充分开展论证。

——延伸思考——

“一切自下而上的事物在适量的压力和混乱下反而能蓬勃发展”。[1] 在一场审判中，法官在有计划性地开展工作的同时，

〔1〕［美］纳西姆·尼古拉斯·塔勒布：《反脆弱——从不确定性中获益》，雨珂译，中信出版社2014年版，第15页。

亦应保持自由探索的状态,从丰富的案件素材中提炼争点,不拘泥于事先制订之计划,不丧失对逐渐呈现出来的争点的判断力,须知,“不善变通的事情常有失败之虞”!

基于这样的一种认识,对于适用“一步开庭”方式审理的复杂案件,本书倡导将庭审中争点归纳的重心由“前置型”转向“后置型”。这种调整,表面上虽仅是位置的变化,但契合对事物认知从混沌到清晰的思维逻辑,有利于解决目前民事庭审中存在的争点归纳虚化的问题,使争点归纳的功能得到有效发挥。在可行性方面,考虑到我国目前难以采用德、日等国“庭前准备中的争点整理程序 + 口头辩论 + 证据调查”的审判模式,采用“总—分—争点模块化”审理模式的“后置型模式”,更能适应转型期民事诉讼实务中面临的复杂环境,更多地关照到了诉讼主体的素质能力,在现阶段或能为更多的法官、当事人所接受。同时,“后置型模式”为心证公开提供了较好的载体,对保证当事人的诉讼参与权提供了较强的技术支持,可能更为当事人所认同。

本书对目前的庭审方式采取了修正主义的立场,主张一种在充分考虑现实状况的前提下“不求最好,只求更好”的问题解决路径。当然,具体的民事诉讼种类多样,庭审具有复杂性与不可预测性,庭审工作不是所谓的标准化模本所能涵括的。允许争点归纳模式的多样化,并适时总结、批判地吸收各种模式的有益成分,方能为追求民事庭审的科学性保留“鲜活的水源”。

第十章

争点中心型判决书的撰写

裁判文书是公正的书面载体。在本章中,我们针对当前的一审民事判决书存在的诸多问题,思考整理出争点中心型的民事判决书撰写模式,即通过围绕案件争点,固定判决书中的诸项要素,追求判决书各部分内容间的对应与承接,以提升判决书的逻辑性,并简化判决书之内容。

[法官与律师、当事人的困惑]

阿正法官每年承办案件 200 余件,在繁重的文书撰写工作中,他发现现行的文书撰写格式要求在判决书中详细地记载当事人的各项主张、将当事人的各种攻击防御方法逐项罗列并逐一交代的做法,常占用他的大量精力,导致制作文书的时间成本过大。他想,能否以案件争点为中心,固定判决书中最基本的要素,提升要素组合的逻辑性,实现文书的简洁性,从而减轻自己的负担。而律师阿争及其当事人也苦于目前判决书的难读难懂,一些疑难案件的民事判决书,给他们带来的感觉是"繁复而不集中"。此类文书形式上面面俱到,对当事人诉辩意见、证据列示、质证意见的记载动辄数页,说理部分的表述亦占大段篇幅,但法官沉迷于对"证据三性"的分析,缺乏对于全案的综合性考量,使律师和当事人很难从判决书把握案件的实质焦点,常陷入文书中证据堆砌的迷雾。其实,当事人最想知道的,无非是他们为什么打赢或打输了官司,他们希望判决书能以此为轴来展开。法官与律师、当事人的上述困惑,引发了本章的思考。

第一节　完全型判决书的问题所在

最高人民法院于1992年公布了《法院诉讼文书样式(试行)》(已废止),明确了民事判决书结构包括当事人情况、法院审理情况、诉称、辩称、经审理查明(含叙述事实及列示证据)、本院认为、判决主文等部分。相较1992年前文书不统一的状况,样式的定型化显著地提高了文书质量。[1] 其后跟进的民事裁判文书改革,针对文书说理简单化的问题提出了改进措施,较为有效地提升了文书的说理论证水平,但在实践操作中也造成了一些问题,尤其是在一些繁杂案件中出现了矫枉过正的情况,导致说理繁复化。2000年,有关部门曾召开裁判文书制作理论与实务研讨会,与会代表提出,"现在有些判决书的问题不是不说理,而是不会说理,说理冗长",一些文书存在"材料堆积、叙述琐碎、主次不分、重复累赘"的问题。[2] 2003年,在人民法院民事诉讼文书样式修订座

---

〔1〕 比较法上判决书的制作方式,德国《民事诉讼法》第二百三十一条、日本《民事诉讼法》第二百五十三条、我国台湾地区"民事诉讼法"第二百二十六条,均规定了判决书的定型化。法国《民事诉讼法》第四百五十四条则不这样安排,它只规定了判决书应包括的要素,实务中法官可以不拘格式,自由挥洒。

〔2〕 世平:《裁判文书制作理论与实务研讨会综述》,载《人民司法》2000年第4期。该研讨会由《人民司法》编辑部、北京市海淀区人民法院、中国人民大学法学院共同举办。

谈会上，最高人民法院民一庭法官曾将民事判决书存在的问题概括为“事实部分的叙述千人千面，裁判理由过长，而且针对性不强”等方面。[1] 为克服这些问题，此后各地开展的裁判文书改革中加强了对事实叙述与证据列示部分撰写模式的改革：一些法官在“事实查明部分”的撰写中，为体现民事诉讼当事人的诉辩对抗性，先详尽叙述各方当事人举证、质证与法庭认证的结果，再由“经上述举证、庭审质证及法庭认证可以认定以下事实”的表述，引出法院认定的事实（笔者将该模式称为“证据分析先行型”事实撰写模式）；[2] 一些法院将事实分为“无争议事实”与“争议事实”，围绕各“争议事实”分别列示原、被告的诉辩意见与相关证据，陈述法院对证据的分析意见及对事实的认定意见（笔者将该模式称为“区分无争议事实与争议事实型”事实撰写模式）。这些做法虽在一定程度上凸显了诉讼的对抗性，但前者在证据分析中逐一论证的写作模式，易导致文书内容繁复，在我国台湾地区也曾出现相同的情形，一些学者将该类文书称为“完全型判决书”[3]；后者未考虑审判实际情况，忽视了大多数案件审判中存在的局限条件，较为理想化。另外，改革后的判决书在“本院认为”部分仍

---

〔1〕参见最高人民法院民一庭孙华璞副庭长：《在人民法院民事诉讼文书样式修订座谈会上的讲话》，载《民事审判指导与参考》第2卷。

〔2〕参见龚成：《改革民事判决书制作模式的思考》，载《法律适用》2000年第2期。

〔3〕所谓完全型判决书，是指在判决书中非常详细地对当事人的主张一一记载，将当事人所提出的各种攻击防御方法逐一罗列并逐一交代的判决书写法。参见陈计男等：《民事判决书制作合理化之刍议——以第一审判决书为中心》，载《民事诉讼法之研讨》（十），台湾民事诉讼法研究基金会2001年版，第8页。

未建立起围绕各个层次的争点展开论证的脉络,[1]且常在理由认定部分再次写入“经审理查明”中的事实论证内容,难以从根本上避免判决书内容繁复、重叠、混杂的问题。下文中,笔者将目前部分判决书仍然存在的问题归纳为四个方面。

一、诉辩部分:简单引述,整理不足

一些法官将当事人的诉辩主张直接复制到判决书中,以节约文书的写作时间,但一些诉辩主张与案件的要件事实缺少关联性,在大篇幅的引述中,真正对审判有价值的内容占比不高。有的法官为了让文书显得更加充实,在记载诉辩主张之后还将当事人所提供的证据一一列示,让人难明其要。另外,此类文书关于诉辩过程的记录通常未载明当事人攻防的过程、争执的要点,无法让当事人了解法官整理争点的过程,亦使诉辩部分与判决书中争点列示、围绕争点进行说理论证等其他部分脱节。

二、事实与证据部分:先行堆砌证据,对无争议事实的认定过于理想化

(一)在归纳争点之前先行罗列证据并逐一认证

在前述“证据分析先行型”事实撰写模式中,法官在叙述事实

[1] 有学者对北京、上海、深圳、河南等地法院关于民事判决书改革的指导意见进行研究,认为各地关于争点规范性的改革意见偏重于程序性,并没有充分反映民事法律关系的作用,有关争点的问题仍需进行统一、明确、合理的规定。参见赵朝琴:《民事判决书改革的理性思考——从民事法律关系的角度进行分析》,载《安阳师范学院学报》2004年第6期。

前，往往花费大量笔墨列示当事人各方所举的证据、相对方的质证意见，并围绕每个证据的“三性”（真实性、关联性、合法性）发表认证意见，最后才叙述法庭对事实的认定。而这些证据之中，往往有相当数量的证据与案件事实的认定并无关联，也不涉及案件的争点，纯属干涉项信息。这种不加区分地对所有证据逐一列示、质证、认证的方式，既耗费了法官的时间、精力，又增加了当事人、案外人理解判决内容的负担。设计这种事实撰写模式的出发点，或在于其能较为全面地反映庭审内容，但该模式在证据分析前未归纳争点，使得证据的提出、分析“任意而行”，产生了较为严重的证据堆砌问题。

（二）对无争议事实的认定过于理想化，对事实争点的分析较显突兀

在前述“区分无争议事实与争议事实型”事实撰写模式中，一些法官在事实查明部分先叙述案件的无争议事实，再就争议事实逐项进行分析。这种模式的好处在于，通过对无争议事实的筛选、固定，使争议事实凸显出来，使文书的条理更加清晰，是“理想型”的判决书。但目前适用这种撰写模式存在三项障碍：第一，审判实践中，除少量庭前经过证据交换的案件外，鲜有法官在庭审中归纳无争议事实。这既是出于法官对审判效率的考量，也受到当事人对确定无争议事实的审慎态度等因素的影响。如要求法官在判决书中归纳无争议事实，则法官通常得回到庭审笔录中，对当事人的陈述事实进行逐项核对，而部分法官没有意愿去进行这项工作，故其宁愿退而求其次，采用1992年《法院诉讼文书样

式(试行)》中的“经审理查明”这种不区分无争议事实与争议事实的事实撰写模式。可见,这一撰写模式没有考虑到审判中的制约条件,显然过于理想化。第二,该种模式在归纳无争议事实之后即对事实争点进行分析,也与裁判思维路径不相符。因其尚未对诉讼标的争点(即法律关系)进行确定,亦未围绕法律构成要件对诉辩主张进行整理,突然对事实争点进行分析,如无源之水,较显突兀。同时,这一模式也难以利用各类争点之间的位序性(如某项法律争点的先行解决可能使某项事实争点的分析成为不必要)来简化案件的审理。第三,在对抗式诉讼中,当事人通常会“穷尽有利事实”,事无巨细、竭尽所能地提出事实争点。实践中,当法官引导当事人核定“无争议事实”时,当事人往往会片面地扩大争议项,制造出一些伪争点,这或是“无争议事实”归纳工作带来的负面效果。基于以上原因,“区分无争议事实与争议事实型”事实撰写模式在实践中很少得到适用。

三、理由部分:论证繁复,条理不清

(一)说理缺乏针对性

在理由部分中,多数的判决书先从法律关系入手,分析各项要件事实,事无巨细,分项展开论述,最后引出裁判结果。由于未围绕案件争点展开论述,此类文书往往缺乏针对性,对于有重大争议的证据,亦缺乏深入的认证意见。在个别判决书中,法官对于理论热点问题,“难以抑制参与讨论并引为得意之笔的欲望,花费大量的笔墨阐释当事人无争议的问题”,〔1〕亦导致了说理的盲目性。

(二)逻辑层次不清

对于事实争点和法律争点较多的案件,此类情况表现得较为明显。民事裁判中,法官的思维模式应为:审查当事人的诉讼请求、原因事实及抗辩理由,从中判断法律关系,寻找法律要件,再依法律要件来发现事实争点,并围绕其展开证据分析。但很多判决书未依此逻辑进行说理,在论证结构上表现出一定的随意性。

四、事实与理由:交叉重叠,多重论证

一方面,现行文书明确区分事实部分与理由部分的做法,使文书的事实问题与法律问题被硬性割裂,读者须在事实与理由之间来回观视,否则难明其理;另一方面,有的法官因担心对问题讨论得不够充分,故在理由部分的论述中又再次述及事实问题,造成文书的内容重复。“对于简单、明确的事实,当事人诉讼诉称中写一遍,本院查明中写一遍,本院认定中又写一遍”,〔2〕使对“经审理查明”与“本院认为”的分列失去意义。

---

〔1〕 李琛:《关于民事判决书的撰写技术》,载《法律适用》2002年第4期。

〔2〕 薛峰:《适用普通程序审理民事案件时民事判决的表达方式》,载《民事审判指导与参考》第23集。

第二节　争点中心型判决书的内涵与结构

一、争点中心型判决书的内涵

所谓争点中心型判决书,是紧紧围绕诉讼过程中形成的主要争点,将诉辩意见、事实认定、证据列示、理由阐述等环节中的各争点要素依逻辑组合的一种形式易于当事人理解的判决书撰写样式。[1] 争点中心型判决书,针对当事人争执的事件,说明争执的过程,记载争执的结果;对不属于争点、不影响判决的内容,在事实、举证、说理部分则省略记载。此类文书预期实现简化与清晰的效果,即在诉辩部分及事实认定部分实现简洁化,在说理部分则追求精致化。

从纵向角度深入剖析,争点中心型判决书与完全型判决书呈现出不同的价值取向。一是撰写动因不同。判决书写作的服务对象是以当事人为主,还是以社会为主,抑或以法官为主,是制作裁判文书时必须厘清的基础性概念。完全型判决书不是写给当事人看的,而是写给二审法院看的。撰写此类文书的一审法官将当事人的各项诉讼主张、答辩,各种攻击防御方法,所有事实均涵

---

〔1〕“争点中心型判决”之用语,系借鉴日本《民事诉讼法》实施后民事判决书新样式中的提法。该样式将“争点中心型判决”定义为:依成为请求理由之主要事实及重要间接争点之次序,将当事人易于了解之理由,记载于判决之形式。参见陈计男等:《民事判决书制作合理化之刍议——以第一审判决书为中心》,载《民事诉讼法之研讨》(十),台湾民事诉讼法研究基金会2001年版,第26页。本书对该样式的内涵予以扩充,侧重以争点为线索串联起文书各部分的内容,并创设性地提出在“本院认为”部分依“诉讼标的争点—可能存在的法律争点—事实争点”的顺序来论理的逻辑结构。

括进去，以防判决被改。此类文书不是向当事人做交代，而是就当事人的主张，向二审法院做交代。争点中心型文书则明确“面向当事人为主”，目的在于说服当事人，力求通过判决书实现法院与当事人间的沟通，进而通过争点审理方式与文书来建立当事人对法官的信赖，提升诉讼制度使用者对裁判的信服度及接纳度。从近年德、奥、日诸国的思潮观之，判决书的制作体现了以当事人本人为中心的趋势，侧重以说服当事人本人为重心。二是追求目标不同。争点中心型判决书将当事人存在争议而向法院提起民事诉讼的民事法律关系（即民事诉讼法律关系的客体）作为审理对象，文书的写作以呈现当事人的诉求为目标，契合民事审判“解决纷争”的特性。完全型判决书则认为民事诉讼的目的在于“正义宣示”，将民事法律关系的内容作为规范民事判决书制作要素的重要依据，未直接从当事人的实际需求入手，在事实认定部分倾向于全面反映当事人之间的法律关系及其内容，在说理部分倾向于对各方权利义务进行完整叙述，却未必能体现当事人对程序利益的追求。三是逻辑线索不同。如下文所述，争点中心型判决书总的逻辑线索体现在“本院认为”部分，是依照从诉讼标的、法律规范要件、事实争点到证据分析的顺序展开论证；完全型判决书隐含的逻辑线索则是：从诉辩意见、证据列示中查找争点，在经审理查明部分述明案件事实，再通过证据的审查形成内心确信，最后结合事实与法律得出结论，总体的论证思路与前者相比是倒置的。

从比较法角度横向观察，日本、德国、奥地利民事判决书有朝争点中心型方向改革的趋向。日本旧式的判决书记载过于繁杂，造成法官的工作压力过大。经充分研究与检讨,日本于新《民事诉讼法》第二百五十三条,对新文书样式作了改革,在理由栏部分要求"对于争点之判断,应以当事人易于了解之方法详细记载",且为了避免无用的重复记载,允许对事实与理由合并记载。此项改革"旨在唤起对以争点为中心的审理方式的重视,借此促成真正的争点充实之审理"。[1] 德国的民事判决书亦有相同追求,通常要求判决书只需详载"核心的理由",对其他"一般化事实"则记其大要即可。[2] 在结构比例上,"德国判决的事实栏其实都是简短扼要分段明列,但理由栏则相对很长、论证很多"。[3] 奥地利民事诉讼,要求围绕争点写明事实认定及证据评价,并进一步规定"判决中可不记载事实,仅对于理由之叙述中涉及的必要范围内之事实加以记载",以达到简化文书的目的。[4]

二、争点中心型判决书的基本结构

以争点为轴,该类判决书由以下部分组成。[5]

〔1〕 参见陈计男等:《民事判决书制作合理化之刍议——以第一审判决书为中心》,载《民事诉讼法之研讨》(十),台湾民事诉讼法研究基金会2001年版,第17~18页。

〔2〕 参见陈计男等:《民事判决书制作合理化之刍议——以第一审判决书为中心》,载《民事诉讼法之研讨》(十),台湾民事诉讼法研究基金会2001年版,第22页。

〔3〕 参见张特生等:《三谈民事判决如何写》,载《民事诉讼法之研讨》(十三),台湾民事诉讼法研究基金会2006年版,第188页。

〔4〕 参见陈计男等:《民事判决书制作合理化之刍议——以第一审判决书为中心》,载《民事诉讼法之研讨》(十),台湾民事诉讼法研究基金会2001年版,第23页。

〔5〕 需要说明的是,本书的研究对象是复杂民事案件,因此,下列结构的适用对象是存在较多争点的案件,特别是存在多个层次争点的案件。

1. 原告的诉讼请求及事实、理由：重点围绕与争点有关的部分作记载。

2. 被告的答辩意见：重点围绕与争点有关的部分作记载。

以上两点，有利于解决前述完全型判决书的第一个问题。

3. 经审理查明的事实：侧重对案件的一般事实予以表述，对有争议的事实予以标注（留待下文论述，以实现上下文的衔接），再就相关证据予以列示。[1]

此点有利于解决前述完全型判决书的第二个问题。

4. 本院认为：先述明诉讼标的争点，再分两种情形进行论述。

（1）对于复杂案件，可根据具体案件情况，先划分为几个部分，再就各部分确定争点位序，围绕争点展开论述；

（2）对于一般性案件，可以直接围绕"程序争点—诉讼标的争点—可能的法律争点—事实争点"的争点位序展开论述。

此点有利于解决前述完全型判决书的第三个、第四个问题。

5. 总括部分：对原告的诉讼请求是全部成立、部分成立还是全部不成立进行总结，并列示法条，引出判决主文。

以上结构设计，突出了争点中心型判决书的三个特点：一是简约性。围绕争点来限缩诉辩意见的记载、删除对无争议事实的证据诸项列示以及将法律争点与事实争点的分析合并于"本院认为"部分，能避免判决书的材料堆积与说理重叠，缩减文书篇幅。

---

〔1〕最高人民法院出台了《民事诉讼文书样式》，根据该文件，在诉辩意见后，应另起一段简要写明当事人举证、质证的一般情况；"经审理查明"之后的证据列示部分，可调整至"经审理查明"之前撰写；至于质证意见及认证理由，则建议在"本院认为"部分，围绕对争点的分析，具体述明。

二是明晰性。“经审理查明”部分对一般事实的述明、对事实争点的标注,与“本院认为”部分对争点位序的安排、对各争点的详细论证,使文书各部分内容相互呼应与承接,增强了文书的逻辑性,利于当事人理解判决书所承载的内容。三是在一定程度上提高了论证的充分性。在论证理论中,有一项普遍的共识,即“纵向论据所形成的链条越长,论证的融贯性就越强,论证也越充分”。[1]争点中心型判决书在“本院认为”部分按“诉讼标的争点—(可能存在的法律争点)—事实争点”的脉络进行的分层次、递进式的说理,提升了论证的融贯性,有利于使论证更加充分。

第三节 争点中心型判决书之撰写要点[2]

一、诉辩部分

审查诉讼请求、答辩及经法官释明后补充的诉辩主张,并仅就其中与法律要件有关的部分予以记载,旨在简化诉辩中多余的内容。在此要防止两种倾向:第一种是对诉辩的概括过于繁复。当事人诉状、答辩状的电子版,可作为判决书诉辩意见的初始模

---

〔1〕 参见杨贝:《民事判决书论证参数构想——彭宇案一审判决书的重新审视》,载《山东大学学报(哲学社会科学版)》2012年第4期。平行论据指在论证结构体系中位于同一层次并且支持同一论断的论据;纵向论据指在论证结构体系中位于不同层次但相互之间存在递进关系的论据。

〔2〕 本书侧重对诉辩之后的记载内容进行论述,这并不否定其他部分内容的重要性。例如,判决书的“案件审理过程”部分应对全案的审理有一个全面、客观的描述,除了交代合议庭组成人员等常规事项外,还要对施行保全情况、管辖权异议的处理、当事人的追加与变更、多次开庭的情况进行说明,对此本书不拟详论。

本,但法官应对其详加校对,重点围绕案件的争点进行整理,对其中与要件事实无关的部分可以不予记载。第二种是对诉辩的概括过于精简。比较法上,日本新的民事判决书样式要求“事实栏须表明其请求,且为表示主文系为正当,应摘示其必要之主张”。[1] 一些学者研究认为,此项改革旨在简化文书的记载内容,但较之旧版的判决书对诉辩内容的记载,这种要求又失之过简,使判决书事实记载之取舍难免受法官主观判断的影响。权衡以上情形,在诉辩内容的记载上,应提倡围绕要件事实、突出诉辩争点,但亦要注意保持一定的完整性。

二、事实部分

在“经审理查明”部分的写作中,法官应围绕案件的要件事实来运笔,避免将与要件事实无关的事项列入。在确定了事实的撰写范围后,要处理好一般事实与焦点事实之间的关系。在很大意义上,“正是因为有了一般问题的铺垫,焦点问题才得以显得重要”;反过来看,焦点问题也是一般问题,不过是“‘膨胀’出来的一般问题”。[2] 对于一般事实,可在“经审理查明”部分叙述列明;对于争点问题,则要注意埋伏照应、布局用笔,可采用标注注明,与下文的“本院认为”部分衔接对应。

需要说明的是,在前文的论述中,笔者认为“区分无争议事实

---

〔1〕 参见陈计男等:《民事判决书制作合理化之刍议——以第一审判决书为中心》,载《民事诉讼法之研讨》(十),台湾民事诉讼法研究基金会2001年版,第17页。

〔2〕 周恺:《如何写好判决书——判决书的写作与实例评改》,中国政法大学出版社2010年版,第8页。

与争议事实型”事实撰写模式较为理想化,与审判实践情况不符,但在庭审前曾经过证据交换而采用“前置型”庭审模式的案件中,因其已具备归纳“无争议事实”的条件,故不排除法官采用“区分无争议事实与争议事实型”事实撰写模式的可能[见附录D中的(2006)集民初字第727号民事判决书]。庭审模式与判决书模式之间的关系可见图10-1:

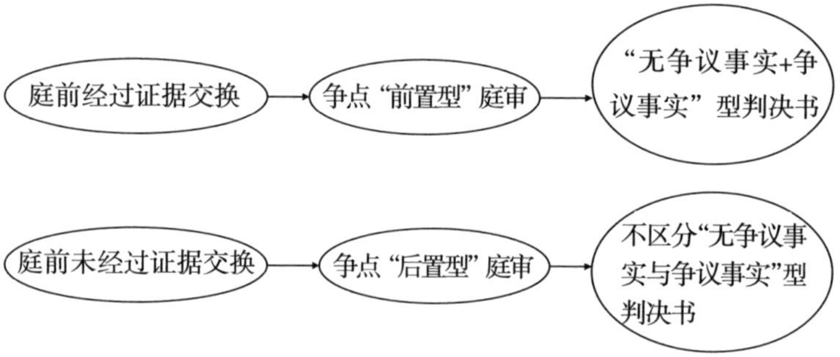

图10-1　庭审模式与判决书模式的关系

三、本院认为部分

法院认为部分重点记载对争点的判断,即对争执的法律问题与事实问题如何认定,依何理由判决一方败诉。为克服完全型判决书对当事人的所有诉辩主张逐一评判而造成的文书繁复问题,争点中心型的判决书特别强调围绕争点来展开文书理由部分的撰写。第一,“本院认为”部分应首先交代案件的诉讼标的争点。实践中,我国向来没有确定案件诉讼标的争点的意识与习惯,我们很难在判决书中看到法官对本案诉讼标的争点的意见。这一重要环节的缺失,使文书对要件事实的检索很难顺理成章地展开，并由此有针对性地分析当事人的诉讼攻防意见。因此，在“本院认为”部分的一开始，法官应当述明本案的诉讼标的争点，如有释明问题，也应当在这部分做一些交代。第二，在确定案件的诉讼标的争点之后，可根据案件的复杂程度，选用两种撰写方式：第一种撰写方式适用于复杂程度较高的案件，先按案件情况分为几个部分，如合同类案件可分为“合同类型的判明—合同有效与否—是否已解除合同—如已解除，损害赔偿金额如何计算；如未解除，是否继续履行”等部分，[1]又如涉及损害赔偿的案件可分为“责任人判明、责任承担方式、赔偿金额”等部分，再在各部分围绕各个争点展开论述[见附录D中的（2015）集民初字第1239号民事判决书]；第二种撰写方式适用于一般案件，直接按争点线索进行论述[见附录D中的（2015）集民初字第1164号民事判决书]。第三，在第一种或第二种撰写方式的争点论述层面，适用争点的位序性技术（详见本书第二章），为可能存在的法律争点与事实争点排定位序，厘清裁判的脉络。在事实争点的论证中，通过核对所应适用的法律规范各项要件，仅针对当事人争执的要件事实，依事实争点间的位序性，对涉及各争点的证据进行分析论证。若争执的要件事实得以证实，则支持原告诉请；若争执的要件事实被证伪，则对原告的相应诉请不予支持。

当然，在围绕争点撰写判决理由的过程中，除了争点问题外，

---

[1] 如最高人民法院（2013）民提字第90号民事判决书，即在判决理由部分，对涉案公司之间就案涉房屋所形成的法律关系的性质和效力、涉案解除函是否产生解除双方合同关系的效力、合同是否应继续履行等内容依次论述。参见《最高人民法院公报》2015年第1期。

我们不应忽视对一般问题(争点问题之外的次要问题)的必要论述。如果案件的一般问题非常简单(属于常识性问题),而争点问题比较突出,那么对一般问题就无须多谈,只需要集中阐释争点问题。如果案件的一般问题也属于专业性问题,需要有所交代,那就应对其进行简约化处理,尽可能地用简洁的语言文字进行表述,以免理由撰写部分繁复拖沓。

在撰写判决理由时,还有一种较为特殊的情形值得关注,即对于原告败诉的案件,可以直接从击破败诉当事人的那一点入手写"本院认为"部分。观察结果具有不对称性:你对于某事是错的,比对于某事是正确的,有更大的信心。[1] 对于这类案件,不需要作全盘分析来怀疑、否定,只要对少量信息提出怀疑、否定即可。但对于原告胜诉的案件,则有作全盘分析的必要。

四、总括部分

裁判文书在论述各个争议焦点之后,通常会进行总结性论述,即以"综上"或"综上所述"等表述,引发对原告的诉讼请求是全部成立、部分成立还是全部不成立的总结(若上文争点论述已充分,这部分亦可省略),然后引用法条,导出判决的主文。此部分的写作要注意避免与上文围绕争点论证部分的重复。

五、关于如何避免事实部分与理由部分的重叠

民事判决书改革的一个重要问题是如何处理好事实部分与

---

〔1〕[美]纳西姆·尼古拉斯·塔勒布:《黑天鹅——如何应对不可预知的未来》,万丹、刘宁译,中信出版社2011年版,第57页。

理由部分的逻辑联系。在以上结构中,我们将一般事实的记载放在“经审理查明”部分,并在该部分对有争议的事实予以标注。对有争议的事实的分析认定,则在“本院认为”部分进行。这种设计的理由有三个方面:一是如前文所述,若将事实争点的判断放在事实部分来写,则因此时尚未围绕法律构成要件对诉辩主张进行整理,突然出现对事实争点的分析,较显突兀,与通常的审理思路不符。二是若将事实争点的分析放在事实部分写,实践中很难避免在理由部分对事实、证据进行重复论述,因为法官常觉得事实部分未论述充分,免不了在说理部分又重复论述,导致文书冗长。三是一些法律问题与事实问题难以区分,在很多情况下二者存在交融关系,对其一并进行分析能避免这种区分成本。比较法上,我国台湾地区“司法改革委员会”曾于研究报告中提出,“应该修正‘民事诉讼法’第二百二十六条,使事实理由合并记载,资以简化判决书”,[1]可供参照。具体撰写中,为防止重复记载,可在“经审理查明”部分对争议事实予以标注,在“本院认为”部分分析事实争点时,可采用简引形式,如“对于上文所列事实争点A,本院认为……”,以防止重复叙述事实争点。

第四节　制作争点中心型判决书应注意的问题

要写出一份优秀的争点中心型判决书,首先,需要有一个扎

---

〔1〕 参见陈计男等:《民事判决书制作合理化之刍议——以第一审判决书为中心》,载《民事诉讼法之研讨》(十),台湾民事诉讼法研究基金会2001年版,第33页。

实的审判基础,这个审判基础的达成,以法官具备较强的争点归纳意识与能力为前提。这通常体现在,法官能在审判工作的诸环节(受理、应诉材料送达、庭前准备、证据交换、庭审诉辩等),积极主动地开展争点的归纳工作;同时,他还能完整、清晰地识别出各类争点,厘清它们之间的逻辑关系,以此为线索推进诉讼攻防,在判决书撰写之前即已完成案件的精准定位与框架搭设。其次,要求法官在工作中树立目标意识。要知道,审判工作的开展服务于裁判结果的达成,因此,法官在前期审判工作中,宜通过诉讼指挥权的行使,将证据交换、庭审中的各争点模块与将来判决书撰写中的各争点模块对接起来,以便判决书撰写中能够裁减证据交换、庭审笔录中的对接部分。以笔者的经验来看,通常来说,从一名优秀的法官主持庭审的笔录中,已可见将来判决书之端倪。最后,还要求法官具有较强的文字编排布局能力。在一篇裁判文书中,将哪一项争点的分析放在裁判理由中的哪一层次,有时可能有多种选择,以便于当事人的理解、实现裁判的逻辑严密性、保持行文的简洁三者兼得为上选。但三者出现冲突时,宜优先考虑便于当事人的理解。

应当认识到,加强审判技能的训练能为写出高质量的争点中心型判决书提供保障;而对争点中心型文书的提倡,也会对法官的办案工作改进形成一种倒逼,要求法官去实现审理的计划性,促进诉讼指挥与释明权的行使,这种促进是双向的。

延伸思考

在本书成稿之后，最高人民法院《民事诉讼文书样式》已下发并施行，笔者注意到，新样式对民事判决书的样式有一些重要修正，如规定裁判文书事实部分增加争议焦点，在记载当事人诉辩意见后，要求对无争议证据进行表述（可随案附卷），并对争议证据进行分析认证，同时亦允许在形式上灵活处理，可将事实与证据一并论述。新样式中的这些要素，在本书所倡导的争点中心型判决书中均能得到体现。例如，本书倡导的争点中心型判决书将对无争议证据的概述放在“经审理查明”部分的事实认定之后，将争议事实与证据的分析论证放在各争点项下，这种安排与最高人民法院下发的新文书样式只是布局上略有差异，不致存在较大冲突。

笔者认为，判断一篇判决书质量优劣最主要的标准在于它的表达效果，而如何实现好的表达效果，关键在于文书的各部分如何准确地呈现、妥适地安排案件的各项争点。一种好的争点的呈现与布局，能编排出一种合理的结构，建立起一种秩序，使文书更具有逻辑性、均衡性、稳定性，也更易于阅读者理解掌握。正是在这个意义上，较之完全型判决书导致了内容繁杂、逻辑不清等问题的逐一论证做法，争点中心型判决书以争点为线索来整合全文的做法，优势凸显。本书所倡导的文书结构，虽然不是最优的，如鉴于“无争议事实”在实践中的归纳困难,并未采用“区分无争议事实与争议事实”的理想型事实撰写模式,但这些次优的选择往往更加照顾到当下的现实,因而具有较强的适用性。

需要明确的是,具体的案件千差万别,要想通过若干样式规范所有复杂的民事判决书是不可能的。“文无定法”,笔者赞同这样一种观点,即“对判决书的格式要求应当是‘大体则有,细体则无’”,“只规定大致的方略即可,不必过分拘泥”。[1] 内容的详略,结构的安排,均要求法官发挥同理心,从阅读者的角度编排文章结构。因此,笔者写作本书,仅系设想一套基本的操作规范,而非不自量力地试图将所有复杂案件的判决书写作模式均涵括在内。我们期待,区分案由进行的判决书类型化研究能够在此基础上充分展开,以提升司法公正与效率,亦裨益辛劳的民事法官。

〔1〕 周恺:《如何写好判决书——判决书的写作与实例评改》,中国政法大学出版社2010年版,第24页。

第十一章

相对集中审理:应对漂流审问题的次优进路

这一章我们将检讨实务中存在的“漂流化”审判形态,分析这种“实验性司法”的弊端,并在分析有关国家、地区集中主义审理模式的基础上,立足我国当下的立法与司法语境,探求适宜于民事复杂案件的审判模式。

[法官的困惑]

阿正法官历经磨砺,已成为庭里的办案“主力”,经常承办一些难案要案。在一些民事复杂案件的审理中,他有时颇感压力。这种压力体现在,此类案件争点数量多、层次繁杂,一方面,当事人限于诉讼能力,在诉辩中往往无法尽早明确争点;另一方面,出于诉讼策略考虑,有些当事人会刻意隐藏争点,这二者均导致争点的“散漫化”,使审判进入一种“随波逐流”的“漂流化”状态。在这种状态下,审判如同试验,在试错中推进,造成诉讼拖沓、延迟;同时,由于开庭次数多、间隔长,法官在同时承办数十起案件的情况下,也易出现思考的断层与遗忘,无法充分发挥庭审的亲历性优势,导致裁判正确率降低。如何解决这种“争点散漫”的问题,引发阿正法官对于集中审理模式的思考。

第一节 “漂流化”的审理模式及其检讨

本章写作的动因,源于作者承办的一起房屋买卖合同案件。该案历经四次开庭,对多项法律问题进行分散性审理,暴露了其审理的漂流化特征,成为一个好的分析样本。

一、据以讨论的案例[1]

2016 年 4 月 25 日,原告 A 与被告 B 的父亲 C 经中介公司居间介绍,签订了一份《房产买卖居间协议书》。该协议约定,B 同意将某楼盘 2102 室房产出售给 A,房产总成交价为 240 万元,A 于协议签订之日支付定金 5 万元,于过户当日支付 120 万元,余款以银行贷款支付;双方保证,于 2016 年 5 月 15 日前备齐材料前往土房局办理交易登记手续并签订土房局提供的《房地产买卖合同》;协议中的违约责任条款规定,违约方应向守约方支付违约金,金额为总房款的 20% 。协议签订后,A 依约向 C 支付了购房定金 5 万元。2016 年 4 月 26 日,B 到公证处办理公证,该公证处确认 B 授权其父亲 C 出售涉案房产、签订上述房产的售房合同等,委托期限为公证即日起至 2016 年 12 月 31 日止。C 将《公证书》复制文本发给中介公司留存。其间, C 还与 A 一同至银行咨

〔1〕 该案为笔者承办的一起案件,案号为(2016)闽 0211 民初 2552 号(判决已生效),在该案的承办过程中,笔者切身感受到争点散漫化带来的困扰。需要说明的是,本案原是一起本诉与反诉合并审理的案件,为了更加精练地概括问题,本书对诉求略作调整,对于反诉部分不再涉及,此不至于对本文的论述造成影响。

询按揭贷款手续的办理流程。2016 年 5 月 12 日，B 向 A 发送函件，称 A、C 于 4 月 25 日签订的协议书未经过其同意，C 的行为属于无权代理，表示不再履行协议约定的内容。

原告 A 遂向法院提出诉讼请求：1. 请求确认《房产买卖居间协议书》为有效合同；2. 请求确认《房产买卖居间协议书》于诉请之日解除；3. B 立即向 A 支付违约金 48 万元；4. B 立即返还 A 购房定金 5 万元。

二、作为研究对象的审理模式

承办法官共开庭 4 次，每次的内容记载如下。

（一）第一次开庭审理重点及庭后工作

开庭：审查“事前 B 是否授予 C 代理权”的问题，A 就此申请证人甲（中介公司工作人员）到庭作证，拟证明 B 将钥匙放在 C 处保管。B 质证称，其确有将钥匙放在 C 处，但这与授权售房并无关联性。

庭后工作：法官思考，B 将钥匙放在 C 处与授权售房尚缺乏关联性，C 的行为可能构成无权代理。法官将此心证内容告知 A，A 提出 C 的行为应构成表见代理行为。

（二）第二次开庭审理重点及庭后工作

开庭：审查“C 的行为是否构成表见代理行为”的问题，涉及 B 是否存在使 A 相信 C 存在代理权的“先前行为”。A 提出，C 代管房屋行为，即为表见代理要件中的“先前行为”。

庭后工作:法官思考,仅凭 C 的代管行为无法认定“C 的行为构成表见代理”,经向 A 释明,A 主张 B 于 4 月 26 日的公证授权行为是对 C 于 4 月 25 日签订协议行为的追认。

(三)第三次开庭审理重点及庭后工作

开庭:审查追认行为是否成立的问题。B 提出,其如欲追认,则完全可在《公证书》《委托书》中将委托期限约定于 4 月 26 日之前,但其未作此约定,恰恰证明了 B 未予追认。

庭后工作:法官思考,鉴于涉案的《公证书》及《委托书》有明确的授权期限,认定追认行为缺乏依据。考虑到 B 在协议书订立后的较长时间内从未对此提出异议,可将“B 的行为是否构成对 C 行使代理权的默示”作为审查方向。

(四)第四次开庭审理重点

开庭:审查“B 的行为是否构成对 C 行使代理权的默示”的问题,涉及 B 有无对协议提出异议的问题,若 B 对协议不予认可, C 为何还与 A 一同至银行咨询按揭贷款手续的办理流程?

(五)裁判情况

法院认为,B 从未就涉案协议书的代理权问题向 A 提出异议;C 在取得 B 的授权后,与 A 同至银行咨询按揭贷款手续的办理流程。由此推定,B 的行为构成对 C 行使代理权的默示。由此,涉案《房产买卖居间协议书》合法有效。

三、漂流化审理模式之渊源与弊端

以上审理模式可称为“漂流化”的审理模式,其特征是:在每次庭审中,法官会围绕当庭归纳的争点组织当事人进行举证、质证、辩论,查明一些事实;但在庭审结束之后,法官发现原定争点可能归纳不准或者概括不全,允许当事人就此补充法律意见、事实与证据,于是案件可能再次开庭;第二次庭审结束后,法官又可能发现新的争点,需要第三次开庭……案件审审停停,停停审审,像是在随波逐流,故又可称为“漂流审”。

(一)“漂流化”审理模式的渊源

“漂流化”审理模式的形成,与民事审判中的口头审理方式密切相关。民事审判的运营方式,理论上可分为书面审理方式与口头审理方式两种。前者以文书资料为裁判的基础资料,如罗马帝国时代的特种诉讼,弊端在于当事人的书状成本较高、法定形式具有机械性、法官仅审查书面证据易导致错误心证等;后者由1877年《德国民事诉讼法》确立由当事人在辩论期日出庭并以口头方式向法院提供诉讼资料,法官直接听取当事人的口头陈述并调查证据,“不论口头辩论经过几个期日,每一个审理期日在作为证据原因的意义上都具有同等价值性,所有的口头辩论构成一个整体,即所谓的口头辩论一体化原则”。〔1〕后者通常采用证据结合主义,即允许当事人在辩论终结前随时提出诉讼主张,并提交

〔1〕段文波:《一体化与集中化:口头审理方式的现状与未来》,载《中国法学》2012年第6期。

相关证据予以证明,其优势在于法官能够直接听取当事人的辩论,有利于查明事实、准确裁判,但随之带来的缺陷即为容易导致案件审理的重复与扩散化。根据学者对我国民事诉讼制度立法史的考证,我国现行的民事诉讼制度,明显地带有大陆法系民事诉讼法例的痕迹,属于口头主义为主、书面主义为辅的混合模式,[1]本质上为口头审理方式,故"漂流化"的审理模式作为"口头辩论一体化"与证据结合主义的本质体现,审理重复与扩散化等问题的出现有其必然性。

(二)"漂流化"审理模式的弊端

一是造成案件审理效率低下。漂流化审理模式整体呈现出一种"实验性司法"的特点,法官似乎在测试中前行,有时被当事人带着走,造成案子空转。从本案审理中可发现,法官的审理重心历经四次调整:第一次审理重心是 C 是否在事前取得代理权;第二次审理重心是本案是否构成表见代理;第三次审理重心是 B 事后是否对 C 的行为进行追认;第四次审理重心是 B 是否对 C 行使代理权予以了默示。对案件争点的不断挖掘,使审理呈现扩散性,像法官与当事人的思想实验,造成诉讼拖沓、延迟,也增加了当事人与律师的诉讼成本。

二是导致裁判结论的准确性下降。由于审理的间隔性时间长、开庭次数多,法官容易淡忘以前的审理状况,进而通过查阅前几次开庭的笔录来推进审判。这使口头审理形式化,直接审理主

[1] 段文波:《一体化与集中化:口头审理方式的现状与未来》,载《中国法学》2012年第6期。

义的优势无法发挥出来,从而降低裁判正确率。

三是易使当事人质疑裁判的公正性。在多次开庭并多次公开心证内容的审理模式下,法官对中立姿态的把握稍有不慎,就会使当事人质疑裁判的公正性。另外,公开审判制度本有利于促成公民信服法院,但在这种对同一案件多次开庭的审理模式下,关注案件的旁听者,无法每次都来法庭参加庭审,这使公开审判的作用大打折扣,公民对法庭裁判的信服度下降。

第二节　比较司法上的对策及可行性分析

以上民事审判在发展历程中面临的问题,实为共性问题。为解决审判的“漂流化”,域外司法采用了不同对策,总体呈现审理集中化之态势。

一、比较司法上的对策

集中审理主义最初是为了革除传统民事诉讼“漂流审”的弊端。所谓集中审理,系就争点集中调查证据、集中辩论的审理。根据我国台湾地区学者邱联恭先生的介绍,集中审理在比较法上主要存在以下几种不同模式:一是英美法上较为彻底的集中审理。该模式下,在审前程序中先行开示证据,而就该事件之辩论,或集中于一次言词辩论期日一举为之,或继续确定数次言词辩论期日而不予时间上的隔离。该模式系为配合陪审制而设立。二是德国法上的集中审理。在诉讼的前阶段,在对当事人双方的诉辩意见进行归纳、分析之后,召集当事人确定无争议事实,并重点对案件的争点进行特定与限缩;而在诉讼的后阶段,则围绕前阶段所特定与限缩的争点组织当事人双方进行诉讼的攻击与防御,对相关证据进行调查,开展法庭辩论。对于前阶段确定的争点之外的争议,在后阶段中将不予审理。三是日本法上的集中审理。该模式提供包括预备性口头辩论、辩论准备程序及书面准备程序在内的多种庭前准备程序以供选择,具体选择哪一种准备程序,由法官根据案件的具体情况决定。[1] 原则上要求法院尽可能在争点整理以后再集中调查人证,而不于争点整理以前先行调查人证。[2] 四是我国台湾地区"民事诉讼法"上的集中审理。2000年,我国台湾地区在对"民事诉讼法"进行修改时,重点引入了集中审理主义。根据该文件第二百九十六条之一及第二百九十七条的规定,法院在调查证据前应晓谕争点,并集中于此调查证据及辩论。

鉴于英美法的诉讼制度设计与其陪审团制度密切相关,与我国的诉讼制度设计相差较大,缺乏适用的共同土壤,本书不将其作为比较讨论的对象。鉴于日本以及我国台湾地区的集中审理主义模式,都是对德国集中审理诉讼模式的修正与补充,本书将讨论重点集中于德国集中审理诉讼模式上。

德国《民事诉讼法》为解决"漂流审"问题提出的解决方案是,在诉讼的前阶段,要求当事人将所有的攻击防御方法都列举

---

〔1〕 参见日本《民事诉讼法》第二章"口头辩论及其准备"中的第三节"争点和证据整理程序"(第164~178条)。

〔2〕 邱联恭讲述,许士宦整理:《口述民事诉讼法讲义》(三),台北,元照出版公司2012年版,第102~103页。

出来，由法官引导当事人整理争点；而在诉讼的后阶段，诉讼攻防的展开只围绕前期确定的争点，前期所确定的争点能约束当事人，同时也对法官产生拘束力，不会因为有新的争点的出现而导致案件审审停停，从而保证了审理的连续性。对于争点整理阶段未整理出来的争点，非有法定情形，不得在证据调查阶段提出，其后也不予审理（此即所谓“争点失权”）。这些制度设计旨在以前期所确定的争点约束当事人与法官，避免诉讼突袭与裁判突袭。

二、我国能否走德国式的集中审理主义道路

技术领域的研究告诉我们，一项技术是否能得到运用，取决于技术运用之土壤与该技术的匹配程度。判断是否应引进一项域外的诉讼制度时，必须重点考虑引进国的正义观、现行司法的价值取向、立法制度、审判活动规律、司法人员和诉讼参与人员的素质等基础要素，进行综合分析。

（一）是否与引进国的正义观相契合

在传统上，中国的司法官吏们大体上遵循的是“天理、人情、国法”三者统一的办案标准。这一标准典型地体现在西汉董仲舒所倡导的“春秋决狱”之中。在中华法系下，官吏在司法中必须保证自己的判决符合民意和人情，高度注重对终极正义的追求，不惜为此牺牲诉讼效率。集中审理主义所主张的争点失权、举证时限制度，合乎程序正义，但与我国传统朴素的正义观相冲突。在追求客观真实、实体正义的现实压力下，当出现新的争点时，如法官禁止争点变动，或对争点视而不见，则可能会直接决定当事人

是胜诉还是败诉,从而导致法官产生沉重的心理压力。

(二)是否符合我国现行司法的价值取向

公平正义是中国特色社会主义的内在要求,是我们党治国理政的一贯主张。“实体公正事关当事人的切身利益,是当事人参加诉讼的目的所在,也是司法活动的出发点和归宿。”〔1〕通过诉讼,使真正享有权利之人的权利得到确认,使权利受到侵害之人得到救济,方符合民事诉讼立法的初衷。

(三)有无相关诉讼制度的配套

德国《民事诉讼法》中的集中审理主义,与其实行的强制答辩、争点失权等制度密不可分,而我国当下尚缺乏与集中审理主义有关的制度配合。一是我国没有规定强制答辩制度,难以在诉讼的前阶段收集到被告答辩意见,无法有效地整理出争点。二是我国没有规定争点失权制度,对当事人在诉讼的后阶段提出的新争点,没有规定失权。三是我国虽规定了举证时限制度,但最高人民法院于2008年又下发了有关举证时限制度的通知,要求对于“证据失权”从严把握。《民事诉讼法》第六十八条及《最高人民法院关于适用〈中华人民共和国民事诉讼法〉的解释》第一百零一条、第一百零二条,亦明确规定以证据不失权为原则、失权为例外。目前举证时限制度在实践中发挥的效能十分有限,故在当下的制度设计下,司法实务中很难采用德国式的集中审理主义

〔1〕 转引自最高人民法院审判委员会专职委员刘贵祥的《在全国法院民商事审判工作会议上的讲话》,2019年7月3日。

模式。

(四)是否契合审判规律

审判的客体往往呈现多重的面向,需要逐步去揭示,这是事物发展的当然之理。在一起诉讼的早期阶段,法官很少有机会介入法律问题的形塑过程当中,因为他并不熟悉事实,只能在当事人描绘的事实中,去描绘自己的法律路线。但在诉讼的审理阶段中,他会不断地越过当事人所画出的法律边界线,去探索他认为对解决本案最关键的法律问题。对于民事复杂案件,审判有如一朵重瓣花开放的过程,法律与事实问题会逐步呈现,不由法官的意志决定。故而,集中审理主义要求先将问题梳理透彻再进行证据调查的构想,有较多的理想化色彩。争点整理制度的要义,到底是以争点确定后的失权效防止审理的散漫化,还是追求争点整理后再调查证据以提高举证质证的效率,抑或只是为法官确定一个审理的计划从而指导双方当事人进行有效的诉讼攻防?这值得我们进行更多的思考。若将争点整理目的侧重理解为提升计划审理之水平,则争点失权、举证时限等制度并非不可撼动。

(五)有无相关人员的司法素质予以支撑

目前,我国尚缺乏对法官的争点归纳技术训练。一些法官在归纳争点时往往浅尝辄止,不能正确、完整地归纳出案件争点,缺乏公开心证及沟通说服等方面之能力、技巧,他们在审判中,往往还需要在纠错中前行。个中理由是,复杂案件法律点多,需要渐次查明,有时法官难以在审前程序中即对其予以判明;从当事人素质层面看，我国当事人因法律知识、诉讼技能的欠缺以及自身认识的主观性等因素，往往难以在民事诉讼伊始即妥当地确定诉讼标的，[1]因此若以争点整理程序已进行完毕为由，严格地禁止争点变动，将会造成当事人对法官产生严重的抵触心理。

综上分析，"漂流审"的问题迫切需要解决，但"漂流审"问题不能通过直接移植域外立法制度、司法经验解决，唯有结合当下语境，另行探索适宜之路。

第三节　选择一条次优的道路——审理的相对集中化

本书主张，基于我国民事审判"口头辩论一体化"的本质，结合具体国情，采用一种较之德国民事诉讼法更加缓和、具有相对性的集中审理主义模式。

一、"相对性"的体现

（一）相较英美法的集中审理主义，我们不应盲目仿效其不间断审理的方式

诚如学者所言：集中是"口头辩论一体化"基础上的"集中化"；离开了"口头辩论一体化"这个主体，"集中化"根本无所附丽。[2] 英美法所采的绝对集中审理主义模式，不是基于口头辩论

[1] 考察诉讼实务中的民事诉状，在法律依据的表述方面，多数的当事人仅提出要求法院"依法判决"，但未提供具体的法条依据。

[2] 段文波：《一体化与集中化：口头审理方式的现状与未来》，载《中国法学》2012年第6期。

原则的本质需要,而是基于实施陪审制度的要求(召集陪审团不易,故需要争取于一次庭期内结束庭审),这与我国的制度背景完全不同,且他们为此也付出了审前程序“肥大化”、延滞诉讼的沉重代价。从大陆法系国家与地区的司法经验看,亦是允许法官多次开庭的,“(德国与日本民事审判集中审理模式下)集中证据调查也主要是尽可能集中询问证人以及当事人本人,其他证据调查未必需要在一个期日完成”。[1]

(二)相较德国法的集中审理主义,我们不宜采纳其争点整理前不调查证据的立法例

一方面,争点整理程序的主要目的,是防止出现“漂流审”,确保将来的审理范围在已整理的争点范围之内进行,而并不是阻止法官先期调查证据。实践中,很多法官反映,如果不接触证据,则很难整理出争点。(如在本案中,关于 B 是否事先授予 C 代理权,中介公司曾提出他们有现场的录音,可证明 C 通过电话在现场征求过 B 的意见。对这一证据的真实性的判断,即决定了 A 是采“B 事前授予 C 代理权”这一进路,还是其他攻击方向。)另一方面,先整理争点再筛选证据进而开展证据调查的理想做法,的确能减少对不必要证据的调查,提高诉讼效率,但实践中,从我国法官的心理层面分析,法官们可能没有能力去判断哪些证据与争点没有关联,也没有意愿冒着可能遗漏案件事实而被上诉审发回重审的风险去阻止当事人举证。在这一点上,笔者认同美国法的证

[1] 段文波:《一体化与集中化:口头审理方式的现状与未来》,载《中国法学》2012年第6期。

据开示制度,即先进行证据开示再确定、限缩争点,这或是一种更为务实的做法。[1]

(三)相较大陆法系的集中审理主义模式,我们不宜采纳其争点失权的相关规定

考虑我国当下制度层面上缺少强制答辩、律师强制代理等制度的配合,主体层面上法官、律师尚缺乏对争点整理方法的体系化学习与训练,且当事人的素质仍较低,目前不宜采纳争点失权规定,但作为替代性措施,可通过引导当事人达成争点整理协议,适用诉讼契约原理,对争点作出限缩,以促进审理的集中化。

二、"集中性"的实现

集中化审理的立法空白,可通过法官在审判中适用集中化的技术来填补。

(一)审判前期:确定诉讼标的争点,预判法律与事实争点,发挥集中作用

仿效英美法系诉答制度、大陆法系书诉先行制度的设计,在诉讼与答辩的阶段收集争点信息。目前,在无强制答辩制度约束的情况下,较为务实管用的方法是,尽可能通过口头沟通的形式,触及争点的相关信息。具体途径包括:阅看诉状,如果诉讼请求

〔1〕 关于美国民事诉讼中先开示证据再确定争点的做法,可参见黄柄缙、李国增、周舒雁等:《争点集中审理制度在各法院之施行状况及其检讨》,载《民事诉讼法之研讨》(十四),台湾民事诉讼法研究基金会 2007 年版,第 373 页。

和诉讼标的不明确，应要求原告对诉状进行补正（如在前述案件审理中，应先要求原告补正诉状，让其列明基于何理由主张代理行为有效）；提倡在复杂案件中开展直接送达工作，由法官、法官助理或书记员直接与被告方接触，了解其对原告诉请的意见，由此提前掌握争点；动员被告提供答辩状，及时与原告交换书状；提倡法官在庭前通过电话等便利方式与当事人通联，一方面了解双方是否有和解的愿望，另一方面，通过听取当事人的意见掌握案件的争点。

（二）审判中期：召开准备庭，实现对争点的锚定，进一步实现审理范围的集中化〔1〕

1. 决定何时召开准备庭，涉及复杂案件的识别问题。复杂民事案件有多种类型，如涉及事实认定困难的复杂案件。法律适用困难的复杂案件以及两者兼有的复杂案件，在法律适用困难的复杂案件中，又包括两类：一类是未被现行法律规范所覆盖到的案件；另一类是被现行法律规范所覆盖，但法律构成错综复杂，或者存在适用的法条的内容竞合的可能性，当事人可能为多重的预备主张，需要法官精准找法的案件（如前述案件即属于此类）。有上述特征的案件，均可作为召开准备庭的重点案件。

2. 召开准备庭中争点整理方法的运用。此处的“准备庭”，类同于德国《民事诉讼法》、我国台湾地区“民事诉讼法”上规定的准备性言词辩论期日程序及日本《民事诉讼法》上规定的准备性

〔1〕 根据此部分的内容，笔者草拟《民事案件准备庭操作规程（建议稿）》（见附录F），可供参考。

口头辩论程序,[1]应采用公开开庭的形式,让原告、被告陈述诉辩意见、开示证据,法官与当事人进行充分沟通,确定争点。

在准备庭中,法官应当完成下列几项工作:(1)明确诉讼主体的适格情况,及其当事人能力、诉讼能力、代理权限等事项有无欠缺。(2)再次确定原告的诉讼请求(是否存在请求内容不明确或不完备的情形)。(3)要求原告述明作为实体法上请求权基础的法律关系。(4)由原告陈述其自认有理的相关事实经过与法律主张。(5)由被告陈述其自认有理的相关事实经过与法律主张(此时,法官宜注意听取陈述,同时整理原告、被告的无争议事实与争点)。(6)由双方提供证据,对方对证据发表质证意见,[2]当然,对于证据繁多的案件,这部分工作亦可先通过争点整理,对证据范围予以限定,之后再进行证据调查。(7)引导当事人协商确定双方的主要攻击防御方法。该部分是准备庭的重心,其目的在于为争点划定范围,使之后的争点不会泛滥,故法官应当进行心证公开,开示法律观点,为当事人的选择提供参考,并据以框定事实要件,实现诉讼主张的具体化,确定事实争点与证据争点,明确双方的举证责任。具体到本案,应让当事人就代理是否成立提供可能的法律依据,交换法律意见,将可能出现的法律问题(如本案中可能导致无权代理的四种情形)整理出来,对于当事人忽略的法

〔1〕 对相关制度的介绍,可参见邱联恭讲述,许士宦整理:《口述民事诉讼法讲义》(三),台北,元照出版公司2012年版,第132页,以及赵泽君:《民事争点整理程序研究——以我国审前准备程序的现状与改革为背景》,中国检察出版社2010年版,第66页。

〔2〕 这里的证据提供,可能与主期日庭审中证据调查的重心是不同的,这里侧重在于通过证据的出示来确定争点,而后者则强调应当通过证据调查查明事实问题。

律观点，法官如认为其对于裁判具有重要影响，应向当事人释明。在此过程中，若能引导当事人协商限缩争点（本案中，如能引导原告放弃明显不能实现目的之攻击方法，将攻击方向集中于“B 对 C 订立协议的行为构成追认或默示”），则达到了争点整理的较好效果。(8)以上争点整理后，应由法官拟定一个争点整理笔录，列明不争执事项、争执事项及举证事宜。不争执事项包括：自认、拟制自认、达成不争执协议、争执无效；争执事项包括：各种类型的争点；举证事宜包括：举证责任分配及补充证据的举证期间，均应由双方当事人确认。

需要说明的是，在前期的准备工作中，我国台湾地区“民事诉讼法”与日本《民事诉讼法》均规定有“准备程序”这一争点整理程序，[1]与前述准备庭型争点整理程序不同，适用“准备程序”进行证据出示并整理争点时，采用圆桌会议等形式进行，可以不公开开庭，这主要适用于私密性案件，或证据量大、涉及计算等案件。笔者认为，这项争点整理程序，不若前述准备庭设计有实效性。采用准备庭设计的好处在于其提供了多种选择性，若经过该次庭期，发现案情较为简单，即可在举证、质证等阶段后结束庭审，无须第二次开庭；若经过本次庭期，发现案情复杂，可在举证、质证后进行争点整理，再确定下次庭期的调查重点。而“准备程序”型的争点整理程序，因未采用开庭的形式，无论案情简单与

〔1〕 对相关制度的介绍，可参见邱联恭讲述，许士宦整理：《口述民事诉讼法讲义》（三），台北，元照出版公司2012年版，第133页，以及赵泽君：《民事争点整理程序研究——以我国审前准备程序的现状与改革为背景》，中国检察出版社2010年版，第66页。

否,均要再次开庭,可能增加诉讼成本。

(三)审判后期:在第二次开庭中注重与准备庭的衔接;关注新争点,进行争点后续归纳,最终实现集中审理的效果

进行这个程序存在的问题是,对于先期已召开准备庭的案件,如何与本次庭期进行衔接,比如,是否仍需要进行诉辩?是否需要再次进行举证、质证?是否需要再次整理争点?

1. 关于诉辩问题。准备庭中已发表的诉辩内容,正式庭中不再重复。亦可要求当事人根据准备庭中达成的争点整理笔录,有针对性地重新整理诉辩意见,提出诉讼主张。

2. 关于举证、质证问题。准备庭中已举证、质证的内容,正式庭中不再重复。对于当事人在准备庭中已经发表举证、质证意见现又提出不同意见的,法官应责令其说明理由,理由成立的,可以补充列入争点进行审理;对于当事人围绕准备庭中达成的争点整理内容提出的新证据,法官应审查其逾期举证是否具有合法的理由,确定是否准予其举证,并由对方发表质证意见。

3. 关于争点再次整理。本轮诉辩、举证、质证中可能会出现新的争点,鉴于前文对集中审理主义采相对集中化的立场,应允许法官对争点进行再次整理,由当事人围绕新争点开展诉讼攻防。在国外司法例中,德国亦允许法官进行争点的再次整理工作。"证据调查后,法官应当就事实状况和争议状况再次与当事人进行讨论,并记入笔录"。[1] 此举的好处在于,在准备庭争点

---

〔1〕 段文波:《我国民事庭审阶段化构造再认识》,载《中国法学》2015年第2期。

整理后再次通过争点整理公开心证，提升了心证公开的充分性，更有效地避免对当事人造成裁判突袭。

需要强调的是，在不采用集中审理主义立法例的情况下，为实现审理的集中化，实践中，可以通过争点协商契约来约束争点的扩散，通过审判技术的运用来弥补立法不足，具体流程如图11－1。“争点简化之协议性质上既属诉讼契约，其对当事人之拘束力自较争点整理程序所达成之效果（确认争点所在）为强，且范围亦包括确认争点之效果在内，似乎可多选用争点简化协议程序”，[1]但这种诉讼契约，仅对适用处分权主义或倾向于辩论主义的案件，当事人受其约束。[2]对于依职权主义的案件，则不具有约束力。

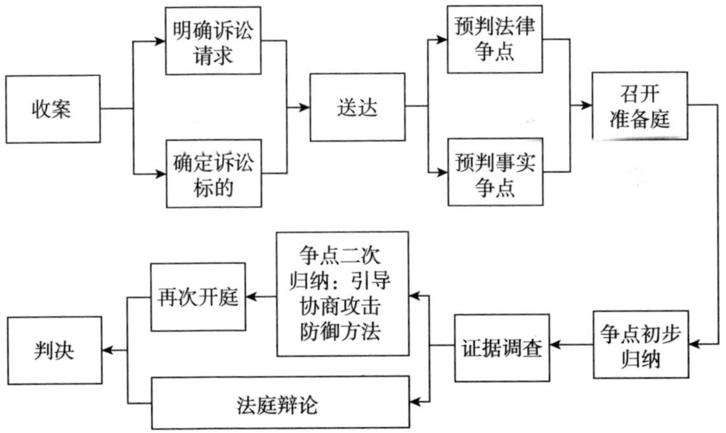

图11－1　民事案件争点协商审理流程

---

〔1〕黄柄缙、李国增、周舒雁等：《争点集中审理制度在各法院之施行状况及其检讨》，载《民事诉讼法之研讨》（十四），台湾民事诉讼法研究基金会2007年版，第347页。

〔2〕姜世明：《争点整理程序对于庭审改革的意义》，载《人民法院报》2016年7月15日，第5版。

延伸思考

应当认识到,审判是人对复杂事物的寸寸剥解,复杂案件的审理,是在探路中行进,而不是一蹴而就的,因此保持一种逐步推进的思维是重要的。在我国当下的立法、司法语境中,相对于采取绝对的集中审理模式而言,采纳一种相对宽缓的集中审理模式是更加务实有效的。另须述明,本书的写作,并不试图对民事法官们的审判模式作出过于条条框框的限定,诚如学者姜世明所述:“争点整理程序可以说是法官进行有效率审理程序的‘法宝’,但在不同制度下,不同法官的‘戏法’可能不尽相同。”[1]唯有在一定的制度架构下不断探索,才能找到于本案审理最合适的裁判模式。

〔1〕 姜世明:《争点整理程序对于庭审改革的意义》,载《人民法院报》2016年7月15日,第5版。

附录 A

本书援引的相关案例与所涉及的主题

第一章

【案例 1】各类型争点之间的逻辑关系，参见第 17 页。

第二章

【案例 2】各类型争点之间存在位序性问题，参见第 38 页。

【案例 3】诉讼标的争点的确定，参见第 45 页。

【案例 4】法律争点先于事实争点审理，参见第 46 页。

【案例 5】法律争点缺位型位序性技术运用，参见第 48 页。

【案例 6】简单型争点位序性技术运用，参见第 49 页。

【案例 7】诉讼标的争点间的位序性技术运用，参见第 50 页。

【案例 8】法律争点间的位序性技术运用，参见第 51 页。

【案例 9】事实争点间的位序性技术运用，参见第 52 页。

【案例 10】证据争点间的位序性技术运用，参见第 55 页。

【案例 11】狭义的诉讼标的争点与法律争点无逻辑关系，参见第 56 页。

【案例 12】法律争点与事实争点间无逻辑关系，参见第 57 页。

【案例 13】事实争点优先于法律争点进行审理，参见第 57 页。

【案例 14】事实争点优先于法律争点进行审理，参见第 58 页。

【案例15】证据争点引出事实争点甚至改变诉讼标的争点,参见第59页。

【案例16】在审理位序性问题上应尊重当事人的选择,参见第62页。

第三章

【案例17】争点的变动性,参见第67页。

【案例18】事实争点的变动,参见第74页。

【案例19】证据争点的变动,参见第76页。

【案例20】证据争点的变动,参见第76页。

【案例21】追加“目标诉讼标的”型诉讼标的争点变动,参见第91页。

【案例22】追加“备位诉讼标的”型诉讼标的争点变动,参见第92页。

【案例23】追加“新生诉讼标的”型诉讼标的争点变动,参见第93页。

【案例24】追加标的物但诉讼标的同类型的诉讼标的争点变动,参见第93页。

【案例25】原有诉讼标的物灭失型诉讼标的争点变动,参见第95页。

【案例26】同一物的诉讼标的变更型诉讼标的争点变动,参见第95页。

【案例27】变更标的物但诉讼标的同类型的诉讼标的争点变动,参见第96页。

【案例28】被告提出增加诉讼标的型诉讼标的争点变动,参见第96页。

第四章

【案例29】事实争点的模糊性，参见第100页。

【案例30】因遗漏主张事实而导致事实争点归纳错误，参见第107页。

【案例31】因遗漏主张事实而导致事实争点归纳错误，参见第108页。

【案例32】因主张事实含混不清导致事实争点归纳错误，参见第108页。

【案例33】因主张事实存在矛盾导致事实争点归纳错误，参见第109页。

【案例34】因主张事实存在不准确导致事实争点归纳错误，参见第110页。

【案例35】因主张事实存在可选性导致事实争点归纳错误，参见第111页。

第五章

【案例36】对证明标准释明必要性的讨论，参见第124页。

第六章

【案例37】争点协商的内涵，参见第142页。

【案例38】运用“争点互易”促成和解，参见第150页。

【案例39】运用争点协商实现对当事人实体利益与程序利益的保障，参见第152页。

【案例40】争点协商中法官对争点的暂定性释明，参见第157页。

【案例41】法官在争点协商中抓住关键争点促成和解,参见第160页。

第七章

【案例42】对争点归纳技术运用的观察,参见第172页。

第八章

【案例43】争点归纳技术在庭审中运用的问题样态,参见第199页。

附录B
相关庭审笔录

【适用"前置型"争点归纳模式的庭审笔录】

原告:厦门市甲经贸管理学校;被告:乙大学。

审判长:苏敏昌;审判员:张庆东、黄湧(主审)。

案情简介:详见附录D(2006)集民初字第727号民事判决书中的"经审理查明"部分。

以下摘选原告、被告发表诉辩意见至法庭辩论终结前的庭审笔录。

苏:现在进行法庭调查。法庭调查是通过双方当事人及其诉讼代理人的陈述、举证、质证,查明案件事实,重点是当事人争议的事实以及本合议庭认为应当调查的事实。依照《中华人民共和国民事诉讼法》第六十四条的规定[1],当事人对自己的主张有责任提供证据,反驳对方的主张也应当提供证据或说明理由。法庭调查由本案主审法官黄湧主持进行。

黄:现由原告方向法庭陈述诉讼请求以及所依据的事实和理由。

---

〔1〕 该案审理于2006年,故在法律适用方面均援引了旧法条文,下同。

原代:(1)判令被告赔偿原告直接经济损失200,000元;(2)判令被告赔偿原告可得利益300,000元;(3)判令被告承担本案诉讼费用。事实与理由:2002年7月15日,原告与被告所属计算机科学系签订了一份关于建立集美教学点,开办电子商务、计算机网络等自学考试助学班(学制为二年)的协议书。协议签订后,原告因履行协议的需要,投入了大量资金用于租赁教室、食堂、学生宿舍等用房并进行必要的装修,购买教学设施设备等事项,并于2002年和2003年依约向被告支付了572,493元办班学费分成款。然而,正值2004年招生季节,被告所属计算机科学系却分别于2004年6月25日、9月1日向原告发出《关于本年度招考新生的通知》和《关于停止招收体制改革专业自考新生的通知》(即两份"停招令"),告知原告停止任何以乙大学计算机科学系名义进行的招生宣传和招生工作,并停止为教学点的新生录取通知书及学生证盖章等。被告的上述严重违约行为,给原告造成严重损失。原告虽然是与被告下属计算机科学系签订的协议书,但被告事实上对此协议予以认可并参与了合同的履行,该协议合法有效。被告单方发出"停招令",显然构成违约,依法应承担相应民事赔偿责任。原告为维护正当合法权益,不得已诉诸贵院,请求判令如上诉求。

黄:下面由被告方针对原告的起诉进行答辩。

被代:一是被告已切实履行合同约定的义务,没有违约。当事人提起违约损害赔偿的前提是另一方当事人有违约行为,而在本案中,根据原被告双方签订的协议书,被告仅负责助学班的监督工作,提供相应的教学计划,对助学班的学籍、考务进行管理,并提供必要的盖章，办理学员证，招生工作由原告自行负责。被告所属计算机科学系因被告政策的调整，曾向原告及其他合作办学机构发出停止对各合作点新生录取通知书的签盖工作的通知，但该通知并没有得到执行，被告更没有制止原告及其他合作点的招生工作，在发出通知书后的 2004 年 7 月、2005 年 1 月仍为原告招收的新生办理了相关的报考手续，直至合作期限届满后的今天仍为原告招收的新老学员进行学籍、考务、教学等方面的管理，并为已结业的学员办理结业证，已严格履行合同约定的义务，没有违约行为。二是原告不存在所谓因被告违约行为而导致的经济损失，包括直接损失和间接损失。(1)关于房屋损失。答辩人认为被告承租的房屋并未闲置，不存在所谓的房屋损失。(2)关于装修费损失。原告曾多次、多处租赁校舍，仅凭一张装修费发票无法证明相应费用是因装修其主张的校舍而发生的。(3)关于所谓设备投入损失。原告所提交的原始凭证记载的科目、品名均属低值易耗品，依会计规则，低值易耗品系日常经营管理发生的费用，而非固定资产投资，不能计提折旧，不存在所谓设备投入损失。(4)关于可得学费及住宿费。答辩人认为其可得学费损失的计算毫无依据，从原告向被告交纳的学费分成款分析，可知原告收取的学费数逐年下降，而非其所主张的逐年上升，2003 年级学生流失也无相应的证据佐证，不存在所谓的学费损失。三是退一步来说，即使原告所主张的损失存在，其“损失”也与被告的通知没有因果关系。原告的业务范围为成考、自考助学、高考补习等，在与被告计算机科学系合作开办计算机网络、电子商务两专业的自考助学班外，还开有国际贸易、法律、行政管理、会计等多个专业的本科、专业自考助学班以及高考、成人高考补习班。原告租赁的校舍、投入的装修、购买的相关耗材并非仅为双方合作办学招收的学员所用。所谓的校舍闲置、装修及其他投入的损失,与被告的行为没有必然的因果关系。综上所述,答辩人认为被告不存在违约行为,原告所主张的损失不存在。即使存在也与被告的行为没有必然的因果关系,原告起诉缺乏相应的法律及事实依据,应驳回原告的诉求。

苏:综合原告的起诉、被告的答辩以及庭前证据交换的情况,经合议庭评议,本庭对双方无争议的事实归纳如下:2002 年 7 月 15 日,原告与乙大学计算机科学系签订一份“关于建立集美教学点,开办电子商务、计算机网络等自学考试助学班”的协议书,协议对双方的权利义务作了相应的约定。此后,原告分多次先后支付给被告乙大学 2002 年度及 2003 年度的合作办学分成款共计 572,493 元。2004 年 6 月 25 日、9 月 1 日,乙大学计算机科学系先后向原告发出《关于本年度招考新生的通知》和《关于停止招收体制改革专业自考新生的通知》两份通知。

双方当事人对本庭归纳的无争议事实有无异议?

原代:无异议。

被代:无异议。

苏:根据《最高人民法院关于民事诉讼证据的若干规定》的规定,诉讼过程中,一方当事人对另一方当事人陈述的案件事实明确表示承认的,另一方当事人无须举证。据此,本庭对上述双方当事人无争议的事实予以确认。

现在本庭对双方的争议焦点归纳如下:(1)被告向原告发出

《关于本年度招考新生的通知》和《关于停止招收体制改革专业自考新生的通知》两份通知后，是否执行了该通知？是否存在违约行为？(2)原告是否存在经济损失、损失的范围以及具体的金额？(3)被告的违约行为与原告所受损失之间是否存在法律意义上的因果关系？本庭认为前两项争议焦点属事实争议焦点，双方应围绕这两项焦点进行举证、质证；第三项争议焦点则主要是法律争议焦点，对此双方可着重在法庭辩论阶段发表意见。双方当事人对本庭归纳的争议焦点有无异议？有无补充？

原代：无异议，无补充。

被代：无异议，无补充。

苏：依照《最高人民法院关于民事诉讼证据的若干规定》所确定的举证责任分配规则，对合同是否存在违约及损失金额，均应由事实的主张方即本案的原告来承担举证责任。原告、被告是否有意见？

原代：没有。

被代：没有。

黄：现在进行庭审的举证和质证。由原告方先就本案的第一个争议焦点向法庭提交证据。

原代：证据一：协议书一份，证明内容：(1)原被告在协议中约定共同建立集美教学点开办电子商务等两个专业；(2)由被告计算机科学系提供盖章，委托原告进行招生及其他的教学工作，这个教学点名义上是乙大学集美自考助学班；(3)原告按每个学生的学费的30%分成给被告，办学所需费用由原告负担；(4)期限为三年，即2003年7月15日至2006年7月15日。

黄:被告方进行质证。

被代:对该协议书的真实性、合法性予以确认,但原告歪曲协议书的内容,协议约定,被告只是提供必要的盖章,办理学生证等,讼争助学点并不是乙大学的集美教学点,从省自考办的文件看,讼争助学点是甲经贸管理学校的教学点,被告认可该协议书,并按照协议履行义务。

黄:原告方继续举证。

原代:证据二:被告于2004年6月25日向原告发出的《关于本年度招考新生的通知》一份及2004年9月1日被告向原告发出的《关于停止招收体制改革专业自考新生的通知》一份。第一份通知证明内容:被告计算机科学系要求原告停止以乙大学计算机科学系进行招生;乙大学计算机科学系停止电子商务专业等两个专业的招生工作。第二份通知证明内容:被告停止招收体制改革专业;从2004年起成教院停止新生的报考;被告计算机科学系从通知之日起停止对录取通知书的签盖章工作。证明:协议签订后,被告履行合同义务,但至2004年6月25日被告明确单方停止履行协议义务。

黄:被告方进行质证。

被代:对这两份通知的真实性及合法性均无异议,但对关联性有异议,不能证明被告单方违约,被告虽然发出这两份通知,但这两份通知并未得到执行。2004年7月及2005年1月,被告仍为原告招收新生办理签盖章手续,没有存在违约行为。

黄:原告方继续举证。

原代:证据三:乙大学办公室函件一份。证明内容:乙大学对其下属计算机科学系行为的解释,反映被告对其违约行为的辩解,证明对象:被告认可其行为已构成违约。原告方关于第一项争议焦点的证据已举证完毕。

黄:被告方进行质证。

被代:对这份证据的真实性、合法性均无异议,对关联性有异议,该证据不能证明被告主张的行为,被告所属的办公室系被告职能部门,不能单独对外进行任何的民事活动。从这份证据内容看,因原告未提供原告法定代表人的信件,无法看出该函件是对何事进行回复,故无法体现该函件是被告对违约行为的辩解。

黄:就第一项争议焦点,被告方是否向法庭提供证据?

被代:提供2004年4月报考新生名册及2004年7月报考新生名册各一份,证明:被告虽然通知停招新生,但仍为原告于2005年度招收的新生办理了入学手续,而且直至2006年仍为原告的学生进行考务、教学等方面的管理,并为其结业的学生办理结业证,没有单方终止协议,不存在被告单方违约的事实。

黄:原告方进行质证。

原代:2004年4月及同年7月的新生花名册的真实性、合法性、关联性有异议,2004年4月、7月新生还未招收,从花名册上体现这是2003年度的学生花名册,是2003年度的学生情况,且均不是原告的学生,与原告无关联,不能证明被告不存在违约。

黄:下面由双方就本案的第二项争议焦点进行举证、质证。鉴于在本庭组织的庭前证据交换中,被告对原告出示的乙大学收费票据六份、编号为0193628的原告交纳房屋租金发票一份、厦门市瑞腾鑫有限公司开具的编号为2836476、0486550、0736552、0736553的发票四份及销售清单一份、编号为0193709的发票一份、编号为0325937、0325944、0325940、0325941发票四份及律师函一份等证据的真实性、合法性均无异议,原告对被告出示的2005年1月的新生花名册一份、2004~2006年度学生成绩报告单一份12页、2006年3月实验环节考核人数统计一份、2005年度办理结业申请报告及2006年度办理结业申请报告各一份、收费许可证、2002~2003年度的录取通知书、2004年度招生简章等证据的真实性、合法性也无异议,双方仅对上述证据的关联性未予认可,本庭对上述情况已经记录在卷。依据《最高人民法院关于民事诉讼证据的若干规定》,对于上述证据,本次庭审不再重新组织质证。现在由原告方开始举证。

原代:关于第二项争议焦点:证据一:房屋租赁合同一份,证明内容:原告租赁集美银江路的房屋作为办学地点;租赁期限为三年;租金60万元;约定由原告对租赁物进行改造,即原告对租赁物投入改造费用。

黄:被告方进行质证。

被代:房屋租赁合同是原告与第三人签订的,故对真实性及合法性无法确认。

黄:原告方,是否需要补充?

原代:我方已经向法庭提供租金发票,被告对真实性无异议,发票表明的地点与合同约定的地点,也与法庭认定的教学点一致,租赁期限与合作办学的期限是一致,且租赁用途也是办学,足以体现合同是用于讼争办学的。

黄:被告方有何意见?

被代:对真实性仍无法认可,也无法确认租赁的房屋与讼争办学的关联性。

黄:原告方继续举证。

原代:证据二:金额分别为54,120元、59,015元、80,880元的购买易耗品的供货清单三份,证明内容:原告购买铁柜等易耗品分别花费:热水器等54,120元、铁柜等59,015元、其他易耗品80,880元,这是为了教学投入相应的设备设施。

黄:被告方进行质证。

被代:对三份供货清单的真实性、合法性有异议,无法核实该清单的明细,对关联性也有异议,无法证明与发票的对应关系,另外,这三份供货清单是低值易耗品,不能计提折旧。

黄:原告方继续举证。

原代:证据三:2002年度、2003年度、2004年度的学生花名册各一份,证明内容:从人数变化证明可得利益的损失。关于第二项争议焦点已经举证完毕。

黄:被告方质证。

被代:对这三份证据的真实性、合法性无法确认,与本案也无关联性,即使是真实的,学生人数也不能根据花名册来计算,相当部分的学员虽然报名了但未实际入学,原告提供的学生花名册不能证明原告的招生情况。

黄:被告,你方认为,2002年度、2003年度、2004年度双方合作办班的具体人数是多少?

被代:根据我们的统计2002年度为140人、2003年度为100

多人,2004 年度也在递减。

黄:被告方,是否有准确的学生人数?

被代:没有。

黄:被告方是否有保留该三年度的学员人数方面的档案?

被代:2003 年度成教院被撤销,档案无法找到。

黄:原告方,发表对被告方的意见。

原代:我方同意按学费分成来计算学员人数。从分成款计算得出:2002 年度的人数应是 160 人左右,此后,每年流失 20 人左右。

黄:被告方向法庭提供证据。

被代:提供原告致被告继续教育与职业教育学院的报告一份及其附件(包括学校情况汇报一份、房屋租赁合同两份及校区照片十四份)一组,证明内容:原告原有的校舍已不够使用,被告于 2005 年 2 月又承租了第二校区校舍,原来租赁的校舍作为第一校区使用,并未闲置,不存在房租损失。

黄:原告方质证。

原代:对集美银江路的房屋租赁合同的真实性、合法性无异议,对相关的照片的真实性、合法性无异议,房屋租赁合同及照片可以证明原告为了教学需要进行投入,被告本对该房屋租赁合同的真实性、合法性有异议,但现又作为证据提供,应视为对其真实性、合法性的确认。对这份报告的真实性及合法性予以认可,但当时是为了更高层次办学的需要而制作的报告,目的是弥补原告的损失,但实际上原告的损失未得到弥补。

黄:被告方,有无补充?

被代:这份报告及附件是原告当时一并提供的,可以体现有两个校区,符合客观事实。

黄:被告方继续举证。

被代:证据四:向凤林居委会调取到的租赁合同,有居委会的出纳签名,证明内容:原告2005年又承租一个办学场所。关于第二项争议焦点我方举证完毕。

黄:原告方进行质证。

原代:对该合同的真实性及合法性表示异议,其与本案也无关联,即使该合同是真实的,该合同的承租人是林某,且租期也不一致,是另有用途。

黄:由被告方继续举证。

被代:证据五:福建省自学考试简介一份,证明内容:办学专业每年1、4、7、10月开考四次,被告不是在招生季节通知停招新生,不会严重影响其招生。2005年度助学单位名单一份共六页,证明内容原告2005年度仍许可开办讼争协议约定专业之自考助学班,且根据福建省自学考试简介,福州大学、福建农林大学、漳州师范学院等高校均开考上述专业,被告停招新生并不影响其招生,原告未能按其预期人数招生与被告停招没有必然的因果关系。

黄:原告方进行质证。

原代:对上述简介与2005年度助学单位名单的真实性、合法性无异议,但对关联性有异议,无法证明被告的证明对象。

黄:原告方,有无问题向被告方发问?

原代:无。

黄:被告方,有无问题向原告方发问?

被代:有问题向原告法定代表人发问。原告在2002~2003年度是否承租集美党校的房屋作为校舍?

原告:是。

被代:原告是否同时向集美区供销联合社承租房产作为校舍? 时间为何时?

原告:是以前的事情,与本案无关。

黄:原告方,明确2002年、2003年、2004年的招生人数是多少?

原代:2002年为160人、2003年为175人,2004年为40人。

黄:被告方,明确2002年、2003年、2004年的招生人数是多少?

被代:2002年为140人、2003年为100人、2004年为90人。

张:本合议庭成员认为尚有几个问题须进一步核实,双方应如实回答。被告方,乙大学计算机科学系当时与原告签订合作办学协议时,是否有取得乙大学的授权?

被代:没有授权。

张:原告方,除了与乙大学合作办学招收的学生外,你校是否还招收其他专业的学生? 其他专业的学生是否也居住在你方承租的宿舍?

原代:有招收其他专业的学生,其他专业的学生没有居住在承租的宿舍。

张:原告方,你方在诉求中提出30万元的可得利益,请明确一下具体的计算依据。

原代:具体计算如下:可得学费损失:2003年招生数为141人,2003年为175人,招生人数在明显提升。2004年可招收人数仅按160人计:(1)停招令后2004级减招120人,学费损失为:商务专业60人×3100元(学费)=186,000元;网络专业60人×3200元(学费)=192,000元;两年学费损失为(186,000元+192,000元)×2=756,000元,扣除乙大学分成30%,即756,000元×30%=226,800元,原告实际可得学费损失为756,000元-226,800元=529,200元。(2)2003级学生受影响而流失38人,学费损失为38×3200元(学费)=121,600元,扣除乙大学分成,实际可得学费损失为85,120元。(3)综上,(1)+(2)=529,200元+85,120元=614,320元,原告仅可得学费损失高达600,000余元,原告仅诉求300,000元。可得住宿费损失:(1)120人×1000元/人·年(住宿费)×2年=240,000元;(2)38人×1000元/人·年(住宿费)×1年=38,000元,以上合计:278,000元。

苏:被告方,你方陈述计算机科学系与原告的合作办学未经过乙大学的授权,事后是否经过乙大学的认可?

被代:经过。

苏:原告方有无其他补充?

原代:2004年度被告停止原告招收新生后,批准强化中心招收学生,该年度强化中心为900多人,与原告的招收人数相比可以体现被告的“停招令”对原告的影响。

苏:被告方是否需要补充?

被代:900多人并非实际生员数,且乙大学并未单独批准任何一个助学单位再招收相同专业。

苏:下面合议庭对当事人提供的证据进行认证。合议庭经评议后认为,原告所提供的合作办学协议书,被告对其真实性、合法性、关联性均无异议,本庭对该证据的“三性”予以确认,该证据可直接作为认定本案事实的依据。对原被告在庭前证据交换中提供的、经本庭确认并记录在卷后不再重新组织质证的相关证据,因另一方在质证时仅对证据的关联性未予认可,对其真实性、合法性均无异议,因此,本庭对于该部分证据的真实性、合法性,均予以确认,对该部分证据与其证明对象之间的关联性问题,本庭将综合本案的其他证据事实另行确认。

对于原告提供的金额为54,120元、59,015元、80,880元购买易耗品的供货清单三份、与裕隆公司的租赁合同一份,被告提供的原告致被告继续教育与职业教育学院的报告一份,对方当事人质证时对证据的“三性”均不予认可,本庭认为,对于上述证据的真实性、合法性,质证方虽不予认可,但均未能提出充分的理由,也无法提供充分的证据予以反驳,因此,本院对上述证据的真实性、合法性予以确认,其关联性问题,本庭将在综合本案的其他证据事实后另行确认。

对于原告、被告双方所提供的其他证据,因另一方在质证时,对证据的真实性、合法性及关联性均不予认可,且其提出异议的理由具有一定的合理性,对此,本庭也将在综合全案的证据事实慎重评议后再对证据的真实性、合法性及关联性作出确认。

苏:法庭调查结束,下面进行法庭辩论。[1] 辩论时,双方应在

---

〔1〕 本案审理于2006年,当时的《民事诉讼法》及《最高人民法院关于适用〈中华人民共和国民事诉讼法〉若干问题的意见》并未规定法庭调查与法庭辩论在征得当事人同意情况下可以合并进行,故本案审理中未采用将两者合并进行的庭审方式。

法庭调查的基础上，围绕本案的争议焦点即被告是否违约、原告所受损失情况以及违约行为与所受损失之间是否存在因果关系发表辩论意见。在辩论中，双方应提出法律适用的意见，讲明道理，不得进行人身攻击。现在进行第一轮发言，时间限定在5分钟，先由原告方发言。

原代：被告显然存在违约行为，根据双方的合作办学协议，原被告双方在集美建立电子商务及网络教育的教学点，双方约定，被告要提供其名义委托原告进行相应的招生及教学工作，还约定分成的比例，合作的期限为三年，在合作期内的2002年度、2003年度，双方按合同履行义务，原告也投入相应的资金，也按约定支付给被告分成款。2004年6月及9月，即在招生的时候，被告三次向原告致函，被告明确要求原告停止以其名义停止招收新生。新生报到的时间是2004年9月，而非2004年4月、7月，故被告提供的2004年4月、7月的花名册是不真实的。由于被告的单方停止招生行为，造成原告的损失。原告在合作教学点的损失为：2002～2003年租金的16万元及另外承租裕隆公司房屋租金损失60万元；对租赁的房屋的改造装修投入；由于2004年招生人数的减少，造成可得利益减少，影响了投资的收回。从本案证据的人数看，自考的人数呈上升趋势，原告教学成绩一直存在优势，在没有其他因素影响的情况下，因被告的“停招令”，造成原告如上的损失，应由被告承担赔偿责任。

苏：由被告方发言。

被代：关于被告的行为不构成违约行为以及原告主张的各项损失缺乏事实依据与法律依据这两方面的内容，我方在答辩阶段及举证、质证阶段已充分阐述,不再重复。这里着重对“原告所主张的损失与被告的通知是否存在法律意义上的因果关系”发表意见。原告的业务范围为成人高考、自考助学、高考补习等,在与被告计算机合作开办计算机网络、电子商务两专业的自考助学班外,还开有国际贸易、法律、行政管理、会计等多个专业的本科、专业自考助学班以及高考、成人高考补习班。原告租赁的校舍、投入的装修、购买的相关耗材并非仅为双方合作办学招收的学员所用。而根据福建省自学考试委员会办公室的相关规定,体制改革试点专业的考生仅被要求按全日制教学方式集中授课。在原告处就读的学生不一定都需要住宿。即使需要住宿的也不一定就在原告提供的宿舍住宿。就算原告能招到足够的学员,也不能保证每个学员都在其原告安排的宿舍住宿。所谓的校舍闲置、装修及其他投入的损失与被告的行为没有必然的因果关系。

苏:现在进行第二轮辩论,上一轮已经发表过的意见不得重复。(略)

苏:法庭辩论结束,下面由双方当事人陈述最后意见。(以下从略)

【简要评析】

本案在庭审前曾组织当事人进行过证据交换,在证据交换过程中根据双方的诉辩主张,确定了本案的无争议事实,并对相关证据进行了举证、质证,在证据交换结束前,法官初步归纳了本案的争议焦点,并对举证责任进行过初步的分配,为开展“前置型”争点归纳模式的庭审筑好了基础。

本次庭审体现有以下几个特点:一是审理线条清晰。根据证据交换的情况，确定本案的无争议事实，告知当事人对无争议事实无须举证，接着归纳争议焦点，并就事实争点分配举证责任，由此确定了案件的审理脉络，之后的审理，均围绕"一争点一组证据"进行举证、质证的方式进行，诉辩对抗集中、针对性强，有利于法官查明案件事实。二是对争点的分类得当。将第1、2项争点确定为事实争点，围绕该争点组织当事人进行举证、质证；将第3项争点确定为因果关系的法律评价问题（当然，对于第3项争点是否属于法律争点，可能会有不同的认识，如当事人间的主要争议在于"违约行为是否导致损失"这一事实问题，争议在性质上可能是事实争点；如主要争议在"违约行为与损失之间的关系是否达到因果关系的标准"，则争议在性质上可能是法律争点，本案法官侧重于后者），将其归于法律争点的范畴，告知当事人在法庭辩论阶段进行论证。三是充分运用到了庭前证据交换的成果，对于无争议事实，告知当事人无须举证；对于证据交换中已进行过举证、质证的证据，由法官宣读对这些证据的认证意见，告知当事人无须重复举证、质证，提高了审判效率。四是在该种审理模式下，判决书的相关内容被提前拟定出来，减省了判决书的制作成本。如庭审中对无争议事实归纳内容，可直接粘贴于判决书的"经审理查明"部分；庭审中围绕"一争点一组证据"进行举证、质证的内容，亦可修改后粘贴于判决书的争点分析部分，提高了审判效率。

【适用"后置型"争点归纳模式的庭审笔录】

案情简介：详见附录D(2015)集民初字第1239号民事判决书中的"经审理查明"部分。

本案共进行二次庭审，以下摘选原、被告发表诉辩意见至法庭辩论终结前的庭审笔录,供参照。

【第一次庭审】

原告:美亚财产保险有限公司上海分公司(以下简称美亚保险公司);被告:福建联冠物流公司有限公司(以下简称联冠物流公司)。

庭审笔录摘要:

审:现在进行法庭调查,先由原告方向法庭陈述诉讼请求以及其所依据的事实和理由。

原代:诉讼请求:1. 判令被告支付原告赔偿款人民币576,659.38元及该款自2015年1月9日起至实际支付之日止,按中国人民银行同期贷款利率计算的利息;2. 本案诉讼费由被告承担。

事实与理由:2014年5月14日,福州西科拉电子科技有限公司作为卖方,向山东泰开电缆有限公司出售射线式CCV交联电缆在线监测仪X-RAY 8000 NXT一台,交货地点为买方山东泰开电缆有限公司生产现场。上述货物由原告承保货物运输险,保单号为0000025539,被保险人为福州西科拉电子科技有限公司,保险金额为1,309,000元。

2014年6月16日,上述货物由被告负责从福州西科拉电子有限公司发货仓库运往目的地山东泰开电缆有限公司收货仓库,运单号LG17670541。2014年6月23日运抵目的地时,其中一只木箱破损并有水渗入木箱。

原告委托公估公司及检验公司对受损货物进行勘验和评估后,本次事故的总损失金额为576,659.38元。

2015年1月8日,原告向被保险人福州西科拉电子科技有限公司支付了0000025539号保险凭证下的赔偿款共计人民币576,659.38元,并取得了保险人出具的豁免责任和代位求偿书。

综上,被告作为保险标的物的承运人,由于木箱破损、雨水渗入造成货物毁损,其理应承担赔偿责任。原告作为保险人,已向被保险人支付保险赔款,取得保险代位求偿权。为维护原告的合法权益,依照《中华人民共和国民事诉讼法》的相关规定,向贵院提起诉讼,望判如所请。

审:被告方发表答辩意见。

被代:(1)联冠物流公司运单上体现由其代理运输涉案的设备三件,而后其委托福建盛丰物流集团有限公司(以下简称盛丰物流公司)实际承运,在承运期间发生货损,原告应向实际造成货损的盛丰物流公司索赔,因此我方向法庭申请追加盛丰物流公司为本案被告;(2)根据《买卖合同》第十一条的索赔规定,索赔应由中国商检局出具证明,公估报告只能显示货物是否损坏,并不能体现实际受损的货物的价值,而卖家实际索赔破损设备价值没有权威机构出具的价值鉴定,仅凭商业发票、清单列示不足为证,而且原告所提供的清单不全,商业发票价格与买卖合同价格对比明显存在问题。

审:被告方在答辩中申请追加盛丰物流公司为本案被告,并在庭前提交了申请追加被告的申请书,请问原告方对此有何意见?

原代:是否追加盛丰物流公司为本案被告,由法院依职权决定。

审:根据原告、被告双方的诉辩意见,本庭初步归纳本案的争议焦点为:(1)是否应追加盛丰物流公司作为本案被告?(2)涉案木箱的破损、雨水渗入箱体,是否因为被告装箱、保管不当造成?(3)货物损失的金额如何核定?原、被告双方对本庭归纳的争议焦点是否有补充?

原代:没有。

被代:没有。

审:根据法律规定,下面对争议焦点涉及的事实认定问题进行初步的举证责任分配:对于第1项争点,涉及“联冠物流公司是否转委托盛丰物流公司承运涉案货物”这一事实,应由主张转委托合同成立并生效的一方,即联冠物流公司承担举证责任;对于第2、3项争点,涉及损害事实的存在及金额确定,由主张损害事实存在的原告美亚保险公司承担举证责任。以上举证责任分配,原、被告有否意见?

原代:没有。

被代:没有。

审:下面进行庭审举证和质证,双方应围绕争议焦点分别举证,当事人在出示和宣读证据时,应当说明证据的名称和证明对象,另一方在质证时,就对方所提供证据的真实性、合法性及关联性分别发表意见。也可在质证时先就真实性发表意见,对合法性、关联性的意见,留待围绕各争点综合相关证据进行论述时再发表,先请原告方进行举证。

原代:(1)货物销售合同(复印件),证明福州西科拉股份有限公司系保险标的的卖方,对保险标的具有保险利益;(2)LG1767054运单(复印件),证明涉案货物由被告联冠物流公司承运,货物在运抵目的地时有木箱破损，并有水渗入；(3)预约保险合同、保单，证明原告就该货物承保了货物运输险；(4)公估报告，证明本次事故是由于货物间挤压致木箱破损，雨水自破洞进入木箱造成的，本次事故的总损失额为576,659.38元；(5)付款凭证、豁免责任和代位求偿书，证明原告已支付了保险赔款576,659.38元，原告取得了代位求偿权。

审：现在由被告方进行质证。

被代：对于证据1，真实性没有异议；对于证据2，真实性没有异议，但被告只是承接人，实际承运人是盛丰物流公司，我方已经将这单货物的运输委托给盛丰物流公司；对于证据3，真实性没有异议；对于证据4，报告主体的真实性没有异议，但是对附件第3项(专家清单)、第5项、第10项(索赔金额明细)的真实性有异议，价值清单中所有货物的价值(不含增值税)已经超过119万元，而买卖双方签订的买卖合同约定包括增值税、报关费用、保险等加在一起是119万元，这二者是矛盾的，我方对该清单中的价值存在异议；该清单中M6902D价值最高，且恰好就是损坏最严重的，因此，我对这项的价值也存在异议；对于证据5，真实性没有异议。

审：原告是否有补充？

原代：对于证据2，本案涉及的是陆上运输，双方也无须签订委托合同，运单就是运输合同的证明，表明本案被告与西科拉公司存在运输合同关系。对于证据3，DHL作为货运代理人，为货主投保，在保单第一页中清楚体现，对于运输区段，是预约保险合同中显示可以投保的区段。对于证据4，首先，公估程序合法合规，被告如无证据将其推翻，即应认可评估的价值；其次，根据我国法律规定,在保险代位求偿案件中,对保险赔偿的关系是不进行审理的。在本案中,涉案货物确实已经发生损害,在定损时候是按照重置受损货物的方式进行的。

审:原告方提出,保险代位求偿案件中,对保险赔偿的关系是不进行审理的,法律依据在哪里?

原代:《最高人民法院关于审理海上保险纠纷案件若干问题的规定》(法释〔2006〕10号)第十四条,〔1〕我方认为本案可以参照适用该条规定。

审:清单中所列的金额为119万元,是不包括关税和增值税的,与买卖双方所签订的合同(证据1)中的价格构成有矛盾,请作说明。

原代:我方需要庭后核实,五个工作日内向法庭提交说明。

审:下面由被告方出示证据。

被代:运输单据两张,证明本案讼争的货物的实际承运人不是联冠物流公司,而是盛丰物流公司。

审:原告方进行质证。

原代:对被告提交的证据真实性没有异议,该运单已经清楚地显示福州西科拉电子有限公司已经把货物交给了联冠物流公司,运单中也表明货物受损的事实。至于是否追加盛丰物流公司作为本案的共同被告,由法庭依法作出决定。

审:被告方是否有补充?

被代:运单只是显示联冠物流公司接了这单货物。

---

〔1〕 该案审理于2015年,故在法律适用方面均援引旧法条文,下同。

审:双方是否还有新的证据提交?

原代:没有。

被代:没有。

审:根据原告、被告在举证、质证阶段的观点,法庭进行第二次的争点归纳,本庭归纳的争议焦点如下:(1)盛丰物流公司与本案是否有利害关系?是否应当追加其参加本案诉讼?(2)涉案木箱的破损、雨水渗入箱体,是否因为被告装箱、保管不当造成?(3)《最高人民法院关于审理海上保险纠纷案件若干问题的规定》(法释〔2006〕10号)第十四条是否可以理解为在代位求偿案件中,法院不审理保险合同关系以及赔付是否适当?(4)公估报告中的损失计量是否准确?以上第1、2、4项争点属于事实争点,第1项事实争点的举证责任由被告联冠物流公司承担,第2、4项争点的举证责任由原告美亚保险公司承担。双方对本庭归纳的上述争议焦点应当进一步补充证据,在下一次庭审前向法庭提交。对于是否追加盛丰物流公司为本案被告,法庭将根据双方提交的材料进一步核实后决定,双方对此有何意见?

原代:没有。

被代:没有。

审:鉴于本案还有事实需要双方当事人进一步举证证明,本次庭审到此结束,现在宣布休庭。下次开庭时间另行通知。

【第二次庭审】

原告:美亚财产保险有限公司上海分公司(以下简称美亚保险公司);被告一:福建联冠物流公司有限公司(以下简称联冠物流公司);被告二:福建盛丰物流公司集团有限公司(以下简称盛

丰物流公司）。

审：本案于2015年4月22日进行第一次庭审，在第一次庭审中被告联冠物流公司向本院申请追加盛丰物流公司为共同被告并提交了初步证据，原告提出对此由法庭依法确定。庭后，法庭经审查，同意追加盛丰物流公司为本案被告，同时，原告于庭后向法庭明确了以侵权法律规范来主张权利。现在进行法庭调查，先由原告方向法庭陈述诉讼请求以及所依据的事实和理由。

原代：我方的诉讼请求和事实与理由变更如下：诉讼请求：（1）判令两被告连带支付原告赔偿款人民币576,659.38元及该款自2015年1月9日起至实际支付之日止，按中国人民银行同期贷款利率计算的利息；（2）本案诉讼费由两被告承担。

事实与理由：与第一次庭审相同部分从略。补充部分：涉案货物由联冠物流公司又委托盛丰物流公司实际承运上述货物。

审：被告一进行答辩。

被一代：除了第一次庭审中的答辩意见，补充：实际承运人是盛丰物流公司，而本案以侵权法律规范为基础来审理，因此应当按照“谁侵权，谁负责”的原则来认定责任的承担。

审：被告二进行答辩。

被二代：（1）从目前的证据来看，没有证据证明本案货物的损失责任在我方；（2）盛丰物流公司作为被告主体资格不符，如果按照原告所述，那还应当将敦豪物流公司追加作为被告；（3）保险公估报告不具备证明的效力；（4）即便本案中盛丰物流公司应当承担赔偿责任，但由于货物没有保价，也只能按照不超过运费三倍的标准进行赔偿。

审:在第一次庭审中,法庭在庭审结束时,归纳了本案的争议焦点,即:(1)盛丰物流公司与本案是否有利害关系?是否应当追加其参加本案诉讼;(2)涉案木箱的破损、雨水渗入箱体,是否因为被告装箱、保管不当造成?(3)《最高人民法院关于审理海上保险纠纷案件若干问题的规定》(法释〔2006〕10号)第十四条是否可以理解为在代位求偿案件中,法院不审理保险合同关系以及赔付是否适当;(4)公估报告中的损失计量是否准确?根据原告、被告双方的诉辩意见,本庭认为本案的争议焦点还应包括:即便盛丰物流公司应承担责任,那么是否应当按照运单中记载的按照运费的三倍进行赔偿?这项争点,宜放在前述的第2项争点后由两方当事人进行论证。原告、被告双方对本庭归纳的争议焦点是否同意?是否有补充?

原代:没有。

被一、二代:没有。

审:以上争点中,第1、2、4项属于事实争点,本院在上一次庭审中已根据法律规定对举证责任进行过分配,即第1项事实争点的举证责任由被告联冠物流公司承担,第2、4项争点的举证责任由原告美亚保险公司承担。各方是否有意见?

原代:没有。

被一代:没有。

被二代:没有。

审:下面进行庭审举证和质证,双方应围绕争议焦点分别举证,当事人在出示和宣读证据时,应当说明证据的名称和证明对象,另一方在质证时,就对方所提供证据的真实性、合法性及关联性分别发表意见,也可在质证时先就真实性发表意见,对合法性、关联性的意见,留待围绕各争点综合相关证据进行论述时再发表,先请原告方进行举证。

原代:与第一次庭审相同。(从略)

审:现在由被告方进行质证。

被一代:同第一次庭审质证意见。

被二代:对于证据1,真实性无异议;对于证据2,我方不发表意见;对于证据3,真实性没有异议;对于证据4,原告没有提供该公估公司是否具备资格对精密仪器进行公估的证据,且公估报告第6页中载明,很少有机构具备对该设备的检测能力,该机构也委托了其他检测机构进行检测,没有证据证明其委托的检测机构具备检测资质,在检验报告第1页也没有鉴定人的签名,因此,该公估报告显然不具备合法性;对于证据5,真实性没有异议。

审:原告方是否有补充?

原代:对于证据4,公估报告最后载明了公估机构资质范围及公估业务许可证、营业执照,显示该公估机构所具有的相关资质,其中包括保险标的承包前的检验、估价及风险评估、对保险标的出险后的查勘检验、估损及理算等,公估机构已经尽到谨慎和专一的考量,充分表明该报告的公正、独立和严谨性;对于证据5,我方依然主张,在代位求偿案件中,不对保险关系进行审理。

审:下面由被告方出示证据。

被一代:运输单据两张,证明本案讼争的货物的实际承运人不是联冠物流公司,而是盛丰物流公司。

审:原告方进行质证。

原代:除第一次庭审意见,补充:关于赔偿限额为运费三倍的条款是盛丰物流公司与联冠物流公司间的约定,不能约束原告;该约定违反了《合同法》第四十条的规定,是无效条款。

被二代:对被告一提交的两张运单真实性没有异议,但关联性有异议,该运单并不能够表明两张运单关联的是同一票货物;此外即使是同一票货物,由于没有进行保价,因此也应当按照运费的三倍进行赔偿。

审:被告方是否有补充?

被一代:运单内容中可以显示货物信息,客户签收的时候是两张运单,是一起给客户的,客户签收时会在两张单据上同时签名,因此可以看出这两张是具有关联性的。

审:原告、被告二对被告一提交的证据发表质证意见?

原代:对于被告一在第一次庭审中提交的两张运单关联性没有异议。

被二代:对于被告一关于运单关联性的说法我方不予认可。

审:原告、被告是否还有新的证据提交?

原代:没有。

被一、二代:没有。

审:根据《最高人民法院关于适用〈中华人民共和国民事诉讼法〉的解释》第二百三十条的规定,人民法院根据案件具体情况并征得当事人同意,可以将法庭调查和法庭辩论合并进行,原被告双方是否同意将法庭调查与法庭辩论合并进行?

原代:同意。

被一代:同意。

被二代:同意。

审:下面由原告、被告围绕本庭归纳的争议焦点,结合以上举证、质证情况,分别发表辩论意见。

审:对于第一项争议焦点,即"盛丰物流公司与本案是否有利害关系,是否应当追加其参加本案诉讼",双方发表辩论意见。

原代:(1)根据被告一在第一次庭审中提交的证据可以看出,本案货物的实际承运人为盛丰物流公司,联冠物流公司没有取得托运人许可,对货物进行转运,存在过错,此外,被告一未尽到监督的义务,因此,两被告为共同被告。(2)原告是以侵权为由起诉,是否追加敦豪货运公司是原告的权利,因此我方不追加敦豪货运公司。

被一代:实际承运人为盛丰物流公司,我方也提交了证据证明,被告作为侵权人,应当赔偿。

被二代:(1)根据《合同法》第一百二十一条、第一百二十二条的规定,我方不应作为本案被告;本案中,原告与盛丰物流公司之间并没有合同关系,从合同相对性来说,被告不应当承担责任;(2)如果原告放弃对敦豪货运公司的追偿,那么我方也不应当承担责任。

审:对于第二项争议焦点,即"涉案木箱的破损、雨水渗入箱体,是否因为被告装箱、保管不当造成",双方发表辩论意见。

原代:根据原告所举证的公估报告,本次货物是因为货物间叠码挤压致损,被告盛丰物流公司未履行叠码齐整这一基本义务致木箱破损,对雨天情形又未采取必要的防范措施,致雨水渗入木箱导致货物损失,对此应承担全部的赔偿责任。

被一代:同意原告的意见,导致货损是因为被告二的装箱行为不规范及防范措施不及时造成。

被二代：公估公司及检测机构不具备公估及检测资质，其作出的事实认定与责任认定不合法，不应作为本案的判案依据。

审：对于第三项争议焦点，即被告二提出“即使要赔偿，也只能按照运费三倍来赔偿”，双方发表辩论意见。

原代：(1)该约定是盛丰物流公司与联冠物流公司之间的约定，而我方主张的是侵权，应当以实际损失为准，不受该约定的约束；(2)该条款是格式条款，应当认为无效；(3)根据《合同法》的规定，关于约定的违约损失赔偿明显过低或者过高的，可以请求法庭调整，如果按照三倍赔偿，明显过低，应当进行调整；(4)联冠物流公司的运单中并没有关于三倍运费赔偿限额的约定，不应当约束我方。

被一代：(1)同意原告的第二条意见；(2)道路交通运输中并没有关于赔偿限额的约定；(3)由于实际承运人的过错造成破损，存在重大过错的，应当按实际损失赔偿，如果设定限额有违侵权法的基本原则。

被二代：格式条款并非完全无效，只要尽到提示说明义务即可有效。

审：对于第四项争议焦点，即“《最高人民法院关于审理海上保险纠纷案件若干问题的规定》(法释〔2006〕10号)第十四条是否可以理解为在代位求偿案件中，法院不审理保险合同关系以及赔付是否适当的问题”，双方发表辩论意见。

原代：根据《上海市高级人民法院关于审理保险代位求偿权纠纷案件若干问题的解答(二)》第九条的规定，我方认为，受理保险人代位求偿权应当仅就造成保险事故的第三人与被保险人之间的法律关系进行审理。

被一代:最高人民法院的该解释是基于海上保险,不适用陆地运输。如果不审理赔偿金额,将会造成相关方的重大损失。

被二代:同意被告一的意见。

审:对于第五项争议焦点,即"公估报告中的损失计量是否准确的问题",双方发表辩论意见。

原代:(1)公估报告的结论是准确的,也不存在通融赔付的情况。(2)关于增值税是否应当扣除,我方认为应当由被告举证是否应该扣除,而我方购买了新的设备来置换,不存在增值税的问题。此外,原告索赔的金额不包括增值税。(3)对于公估报告中价值的分配问题,由于本案货物的配件需重新配置,单个配件的重新配置价格会相对高一点,该价格是合理的。

被一代:同第一次法庭答辩及调查意见。

被二代:同意被告一的意见。对于损失的具体配件,没有被告一、被告二的工作人员在场进行确认,只是公估公司单方作出认定。

原代:公估机构委托德凯质量认证公司进行检验,在实践中是很正常的现象。

审:托运时货物是由谁装上车的?

原代:我方不清楚。

被一代:盛丰物流公司装车。

被二代:我方不清楚。

审:请陈述两张货运单有何关联?

被一代:一张是我方的运单,作为委托单据,另一张是盛丰物流公司接收承运的运单,两张运单订在一起,随车通行,一般如果有货损的话,只记载在一张上面,签收的时候在两张上都会签字。

被二代:正常情况下,如果有货损的情况,两张单都应当签,签收的时候两张也都应当签,因此,两张货单会订在一起。

审:双方是否有问题需要问对方?

原代:没有。

被一、二代:没有。

审:双方陈述最后意见。

【简要评析】

本案案情较为复杂,历经两次庭审。因未于庭前进行过证据交换,故采用"后置型"争点归纳模式进行庭审。

本次庭审有以下几个特点:一是审理工作逐步推进,较为耐心。争点归纳分为几个阶段,先于第一次庭审原告、被告诉辩后初次归纳争点及分配举证责任,目的在于为审判指明大致方向,再于原告、被告举证、质证后进行第二次的争点归纳及分配举证责任,正式确定案件的审理脉络,第三次归纳争点则发生在第二次庭审中,在追加的第二被告提出一项新的抗辩意见后,法官重新归纳争点,并依审判逻辑对案件的五项争点进行排序,力求实现审判脉络的明晰与简洁。二是审理思路由粗到细,较为务实。因庭前未进行证据交换,在第一次庭审诉辩后尚不具备围绕"一争点一组证据"进行举证质证的条件,故法官在初步归纳争点后,先粗线条地进行审理,允许当事人按证据目录进行举证质证,待法官通过庭审,能正确确定案件争点后,再引导案件进入精细化审理的阶段,要求当事人围绕“一争点一组证据”发表论证意见,通过激烈的诉辩对抗,为法官裁判提供正反面的参考意见。三是允许质证意见分块发表,较为合理。在诉辩后的举证、质证阶段,允许当事人仅对证据的真实性发表意见,快速地将涉案证据筛选一遍,待围绕“一争点一组证据”进行分析论述时,再由当事人重点就证据的合法性、关联性发表意见。此种安排的好处有二:一方面,对真实性问题进行集中质证,效率较高;另一方面,关联性问题通常需要引述其他证据,在证明同一争点的证据群中一起论述,既能减省开庭时间成本,又符合通常的论证说理方式。四是庭审笔录中的相关内容可直接粘贴于判决书相关板块,能有效减省判决书的制作成本,较为经济。

附录C

相关庭审视频

【庭审流程】

一、原告提出的诉讼请求。原告甲诉称其与被告乙公司签订销售合同,向乙公司购买2.6万元的家具,付款后,乙公司未提供家具,甲多次催促其返还款项无果,诉至法院。乙公司工商登记资料显示,该公司是认缴制,个别股东未实际出资,甲诉请:1.判令解除案涉合同;2.判令被告返还已付款项及支付违约金;3.判令丙等三名股东对乙公司不能清偿部分承担补充赔偿责任。其中,第3项诉求的法律依据在于《最高人民法院关于适用〈中华人民共和国公司法〉若干问题的规定(三)》第十三条第二款,即"股东没有实缴出资,股东要对公司不能清偿部分在未实缴出资范围内承担补充赔偿责任"。(原告诉讼请求可参见庭审视频1,请用微信扫描文前所附二维码观看,下同)。

二、被告答辩意见。被告乙公司及二名股东未到庭参加诉讼。被告股东之一丙到庭答辩称:1.涉案合同是原告与另外一名股东个人订立,与公司无关;2. 现有公司文件上的签名不是丙签名,丙不是乙公司股东;3. 给付之诉与侵权之诉不能合并审理;4. 原告未提供证据证明股东存在过错及过错与损失存在因果关系,故股东不承担侵权责任(参见庭审视频 2)。

三、第一次争点归纳情况。在诉辩后,审判员进行第一次争点归纳:1. 股东出资责任加速到期是否可以适用于本案(法律争点);2. 原告与被告乙公司是否订立买卖合同? 3. 被告丙是否为乙公司股东。第 2、3 项争点为事实争点(参见庭审视频 3)。

四、第二次争点归纳情况。举证、质证完毕后,审判员进行第二次进行争点归纳(参见庭审视频 4)。归纳方式:询问型归纳(与第一次争点宣示型归纳的区别);归纳特点:围绕争点进行询问,在询问式的争点归纳过程中,当出现事实问题的时候,直接开展询问,避免审理中出现遗漏(参见庭审视频 5、6)。

附录 D
相关民事判决书

【区分“无争议事实与争议事实”的判决书撰写模式】

福建省厦门市集美区人民法院

民事判决书

（2006）集民初字第 727 号

原告：厦门市甲经贸管理学校，住所地厦门市集美区××路××号。

法定代表人：×××，校长。

委托代理人：刘洋，福建厦门九信律师事务所律师。

委托代理人：彭丹姬，福建厦门九信律师事务所律师。

被告：乙大学，住所地厦门市××路××号。

法定代表人：×××，校长。

委托代理人：刘剑飙，厦门世礼律师事务所律师。

原告厦门市甲经贸管理学校与被告乙大学合作办学合同纠纷一案，本院于 2006 年 6 月 28 日受理后，于 8 月 3 日召集双方当事人进行庭前交换证据,于8月17日依法对本案进行了公开开庭。原告厦门市甲经贸管理学校委托代理人刘洋、彭丹姬,被告乙大学委托代理人刘剑飙、刘宁到庭参加诉讼,本案现已审理终结。

原告厦门市甲经贸管理学校诉称,2002年7月15日,原告与被告所属计算机科学系签订一份关于建立集美教学点,开办电子商务、计算机网络等自学考试助学班(学制为二年)的《协议书》。协议签订后,原告因履行协议的需要,投入了大量资金,并于2002年和2003年依约向被告支付了572,493元办班学费分成款。被告计算机科学系却分别于2004年6月25日、9月1日向原告发出《关于本年度招考新生的通知》和《关于停止招收体制改革专业自考新生的通知》(即两份"停招令"),告知原告停止任何以乙大学计算机科学系名义进行招生宣传和招生工作,并停止为教学点新生录取通知书及学生证盖章等。被告的严重违约行为,不仅造成原告房租损失、装修费用损失、设备投资损失等直接经济损失200,000元,而且造成原告可得利益损失300,000元。原告诉请:1.判令被告赔偿原告直接经济损失200,000元;2.判令被告赔偿原告可得利益300,000元;3.判令被告承担本案诉讼费用。

被告乙大学辩称:1.被告所属计算机科学系因被告政策的调整,曾向原告及其他合作办学机构发出停止对各合作点新生录取通知书的签盖工作的通知,但该通知并没有得到执行,被告已切实履行合同约定的义务,没有违约;2.原告不存在所谓因被告违约行为而导致的经济损失,包括直接损失和间接损失。其损失也与被告的通知没有因果关系。请求驳回原告的诉求。[1]

本院经过审理，对查明的事实认定如下：

一、原告、被告双方没有异议的事实如下，本院予以确认：

2002年7月15日，乙大学计算机科学系（甲方）与原告（乙方）签订一份“关于建立集美教学点，开办电子商务、计算机网络等自学考试助学班”的《协议书》，双方约定：甲方负责助学班的监督，提供相应教学计划、大纲、有关指导材料，并委托乙方负责联系招生、教学工作；乙方以甲方名义负责助学班的招生、管理、教学、辅导、考试等组织工作；乙方负责收缴学生学费等费用，并于开学后一个月内按每位学生学费的30%交给甲方等内容。该协议事后已得到被告乙大学的认可。此后，原告承租校舍招生办学，并于2002～2004年分多次支付被告乙大学合作办学分成款共计572,493元。2004年6月25日、9月1日，乙大学计算机科学系先后向原告发出《关于本年度招考新生的通知》和《关于停止招收体制改革专业自考新生的通知》两份通知。

以上事实，有原告举证的原告、被告签订的协议书一份、被告向原告发出《关于本年度招考新生的通知》和《关于停止招收体制改革专业自考新生的通知》等证据证实及原告、被告的当庭陈述证实。

二、原告、被告争议的焦点有：

（一）被告向原告发出《关于本年度招考新生的通知》和《关于停止招收体制改革专业自考新生的通知》两份通知后，是否执

[1] 最高人民法院出台《民事诉讼文书样式》，规定在诉辩意见后，应另起一段简要写明当事人举证、质证的一般情况。下列两份判决书亦同。

行该通知?是否存在违约行为?

原告主张,被告乙大学所属计算机科学系于2004年6月25日、9月1日向原告发出《关于本年度招考新生的通知》和《关于停止招收体制改革专业自考新生的通知》,告知原告停止任何以乙大学计算所科学系名义进行招生宣传和招生工作,并停止为教学点新生录取通知书及学生证盖章,被告的上述行为已构成严重违约。

被告认为,被告所属计算所科学系虽因被告政策的调整曾向原告发出停止对新生录取通知书签盖工作的通知,但该通知并未得到执行,在发出通知书后的2004年7月、2005年1月,被告仍为原告招收的新老学员进行学籍、考务、教学方面的管理,已切实履行合同约定的义务,没有违约行为。

本院认为,原告对该项争点,举有《关于本年度招考新生的通知》和《关于停止招收体制改革专业自考新生的通知》两份证据,被告在质证中对两份证据的真实性、合法性不持异议。该两份通知载明:停止任何以乙大学计算机科学系名义进行的招生宣传和招生工作,停止对合作点新生录取通知书的签、盖工作。上述通知系单方意思表示,其载明内容反映出,被告乙大学已向原告表示其不再履行为原告招收新生之录取通知书进行签、盖的义务。现被告认为,在发出通知书后其仍有继续履行合同约定的义务。依《最高人民法院关于民事诉讼证据的若干规定》第五条第二款的规定,[1]对合同是否履行发生争议的,应由负有履行义务的当

〔1〕 该案审理于2006年,故在法律适用方面均援引旧法条文,下同。

事人承担举证责任。被告就此情节,举有证据三份,即2004年4月、2004年7月、2005年1月报考新生名册各一份,原告经质证认为,除对2005年1月报考新生名册的真实性、合法性无异议外,对2004年4月、7月两份新生名册的真实性、合法性、关联性及对2005年1月新生名册的关联性均持有异议。本院审查认为,基于原告已于庭后补充陈述意见认可已招收2004级新生41人,本院对被告在发出通知书后其仍有为原告新生41人履行合同约定义务一节事实予以确定。但被告所举之2004年4月、7月两份新生名册,原告不予认可,该份证据系被告自行制作、盖章,本院对其真实性难以查知。对其关联性,依被告所述,由名册中载明的报名集体号为998005可推断出该批新生即为原告新生,但原告质证认为,被告虽曾确定原告的报名集体号为998005,但事实上曾有混乱,从2004年4月、7月两份新生名册体现出来的报名地址看,该部分生源不属原告招收。本院认为,对比被告提供的2004年4月、7月与2005年1月报考新生名册,在原告认可的2005年1月报考新生名册中所载明的报名地址统一为厦门市集美区××路××号(此恰为原告地址),而2004年4月、7月新生报考名册的报名地址则不统一且与原告地址不同,由此,难以排除被告有授予其他教学点同一报名集体号的可能,故难以仅依报名集体号即论断该批新生与原告存在关联。基于以上分析,本院认为,被告在向原告发出《关于本年度招考新生的通知》和《关于停止招收体制改革专业自考新生的通知》后,除履行为原告新生41人办理合作办学合同约定的义务外,对原告未再履行合同约定的相关义务,原告诉称被告违约成立。

（二）原告因被告违约于2004年度减少招生的学生人数有多少？

原告认为，如被告未违约，2004年的招生人数应达165人，现因受被告两份通知的影响，2004年度招生人数骤减至41人，依此计算，原告因被告违约于2004年度减少招生的学生人数应为124人。

被告认为，随着各大院校相继扩招，我省自考新生逐年递减，从趋势看，原告2004年度因被告发放通知而减少招生的学生人数应计为60人较为合理。

本院认为，关于原告因被告违约于2004年度减少招生的学生人数，原告、被告各执一词，双方均未提供有力证据予以证实。由于此事实事涉原告损失的计量，确有依合理尺度予以确定的必要。本院认为，对被告于2002年、2003年多次收取学费分成款总金额572,493元一节，原告、被告均予认同，由此可推断出原告于2002～2003年中平均每年每年级招收的学生数，此项数值应可作为计算2004年度原告所能招收新生的重要参照。被告所持我省自考新生逐年递减趋势一说，一方面难以确证，另一方面原告所能招收的学生人数主要取决于原告的教学质量及硬件建设，外界之影响究竟能达到何种程度本院难以作出预估。据此，本院认为，关于原告因被告违约于2004年度减少招生的学生人数，比照被告违约前，即原告正常招生情况下2002年、2003年每年级学生人数的平均数值计算较为合理。查原、被告认同的被告收取原告学费分成款票据，2002年、2003年被告收取金额分别为155,073元（对2002级生源收取）、285,720元（对2002级、2003级生源收取),依被告的分成比例(30%)计算,原告2002年可得学费收入(对2002级生源收取)、2003年可得学费收入(对2002级、2003级生源收取)分别为516,910元、952,400元,依此,原告平均每年每年级的收入为489,770元。此项数额除以原、被告认可的每名学生年学费3100元,应为原告在2002~2003年中平均每年每年级招收的学生数。参照此项数值,本院确定原告因被告违约于2004年度减少招生的学生人数为489,770元/(3100元/人)-41人=117人。

(三)原告是否因被告违约受有损害及具体金额?

原告主张,因被告违约行为造成原告经济损失如下:一、直接损失。包括:1.租金损失计280,000元。对此,原告举有房屋租赁合同(租赁期三年,2003年7月至2006年7月)及交纳租金发票(金额为600,000元)各一份。2.装修费用损失120,000元。对此,原告举有交纳装修费用发票一份(金额为251,300元)。3.设备投资损失150,000元(对此举有购买电脑配件、床等相关发票予以证明)。以上三项损失共计450,000元,原告仅诉求赔偿200,000元。二、可得利益损失300,000元。

被告认为,原告不存在直接经济损失与可得利益损失。即便原告存在损失,依合同的约定,被告的违约时间仅为一年,损失的计算亦只能依一年计算。

本院认为,在原告与被告签订的合作办学协议书中,双方约定,原告以被告名义负责助学班的招生、管理、教学、辅导、考试等组织工作,被告提供必要盖章和就业推荐工作,并办理学生证等内容。上述条款是双方协议的一项重要内容,对原告得以保障招收生源起决定性作用。现由于被告停止履行合同义务,直接导致原告生源锐减,对此造成的损失,被告应承担赔偿责任。对于损失金额的计算,《中华人民共和国合同法》第一百一十三条第一款定有明文规定:损失赔偿额应当相当于违约所造成的损失,包括合同履行后可以获得的利益,但不得超过违反合同一方订立合同时预见到或者应当预见到的因违反合同可能造成的损失。就损失计算的期间,审查原告、被告订立的合作办学合同,应将双方确定的合作期限理解为三年(2002 年 7 月至 2005 年 7 月),此项解释,一方面符合合同的文义(参见《协议书》第六条),另一方面与本案所涉及之体制改革试点专业自学考试考试合格一科即承认一科,考生可根据需要到任一助学点助学的特点亦能相符,具有合理性。现被告于 2004 年除履行为原告新生 41 人办理合作办学合同约定的义务外,已单方解除合同。其违约期应计为一年,被告所可能预见或应当预见的损失亦应以一年计。毕竟,本案之合作办学合同有别于一般之商事合同,对被告的预见能力不应苛求。

就损失的构成,本案的损害赔偿应包括所受损失与可得利益损失两部分。1. 关于所受损失,本院认为,(1)原告主张之租金损失,其相关证据(交纳租金发票)已经被告质证,被告对其真实性没有异议,被告虽对原告举证之房屋租赁合同持有异议,但未能提供相关证据予以反驳,本院对原告上述举证之真实性予以认可。本院认为,在举证责任上,原告证明因被告违约行为导致原告生源锐减并提供已投入房屋租金发票,应为已尽基本的举证义务,就法律目标而言,为了保护信赖人,我们在此情形亦必须对证明的标准予以适度降低。另外，从原告提供的房屋租赁合同可见，原告负有不得将房子转租他方及不得将房子做非办学之用的义务，因此，被告的违约行为客观上将导致原告已投入的部分租金无法从营利中收回。现被告一方面主张原告所承租的校舍另有其他专业学生居住，原告承租之房屋并未闲置；另一方面被告举有原告与他方订立的其他房屋租赁合同复印件一份，欲证明原告不断扩大经营范围，反证被告违约行为并未导致原有的房屋空置。对此，本院认为，被告前项意见实为损益相抵之主张，具体而言，其认为原告于被告违约中亦有获益，此项利益，应从原告损失中扣减。然而，依证据法则，原告之是否从被告违约中获益，其举证责任应在于被告，本案中，被告并未提供证据对此节事实予以证明，应属举证不能，故本院对被告的该项主张不予认可。对于被告所举之原告与他方订立的其他房屋租赁合同，原告对其真实性不予认可，从被告所举证据分析，即便原告于他处另有承租房屋，亦难以证实被告违约行为未对原告造成诉争租金损失，被告提供之证据与本案欠缺关联性，本院对其证明对象不予认可。依判决前文分析，因被告之违约，造成原告2004年仅招新生41人，生源减少117人，使原告本应从学费收入中回收的房屋租金成本无法全额回收，对此被告应承担赔偿责任。对该项损失的计算，本院认为，应计算为(600,000元/3年)×(117人/158人)=148,101元。(2)原告主张的易耗品之损失。本院认为，在被告违约后，机会仍对于原告开放，原告可以将该部分易耗品卖往别处或通过另一途径来满足其需要，他必须抓住这一机会，原告在此并无作为，对此损害应属“可避免的损害”，原告应自行担责。(3)原告主张装修之损失。原告就此项诉请提供交纳装修费用发票一份,被告对其真实性不持异议,但认为其与本案诉请无关联性。本院认为,仅从该份发票载明的内容尚难证实此项支出与本案诉争之损失之间存在关联性,故本院对此项诉请不予支持。2. 关于可得利益损失,原告主张,应参照招收2002级、2003级学生学费的收入来计算本应招收的2004级学生的可得利益损失。具体而言,该校2002年招生数为141人,2003年为175人,参照前两年招生情况,2004年可招收人数仅按160人计,扣除被告在下发停招通知后继续为原告办理入学手续的41人外,2004级减招120人,两年的学费损失为529,200元。另外,2003级学生受影响而流失的学费损失为85,120元。综合以上两项,原告仅可得学费损失高达600,000余元,原告仅诉求300,000元。被告认为,可得学费损失的计算毫无依据,从原告向被告缴交的学费分成款分析,原告学生数逐年下降,现全国乃至福建省的自考新生都在大幅度减员,原告计算方法有误,且2004级招收的新学员离合作期限届满仅有一年,其学费应按一年计算。本院认为,司法的目标是使原告处于假若被告履行了其允诺的原告所应处的处境。在具体衡量中,本案尚存在诸多不定因素,但对被告收取学费分成款金额572,493元一节,原、被告均予认同,由此来推断2002年、2003年原告招收学生的学费收入较为可行。依判决前文的分析,对原告可得利益的计算亦应以一年计。又依判决前文所述的计算方法,可得出2002~2003年原告每年每年级的学费均收入为489,770元。此项数额,系被告违约前,即原告正常招生情况下的可得学费均收入,可作为2004年因被告违约而减少的学费收入的参照。

鉴于庭后原告、被告双方对原告可得利益为学费收入的45%一节事实均予确认,本院计算原告可得利益的损失为(489,770元-41人×3100元/人)×45%=163,202元。

综上所述,本院认为,原告厦门市甲经贸管理学校与被告乙大学所属计算机科学系签订的合作办学合同,事后已经被告乙大学认可,该合同是双方真实意思表示,且不违反法律、法规的强制性规定,合法、有效,应成为双方解决争议的依据。根据前文对争议焦点一的分析判断,被告的行为已构成违约,应对原告承担违约损害赔偿责任。依《中华人民共和国合同法》第一百一十三条,此项损失包括合同履行后可以获得的利益,但不得超过违反合同一方订立合同时预见到或者应当预见到的因违反合同可能造成的损失。本案中,依对前述争议焦点二、三的分析判断,原告的损失为房租损失148,101元,原告因错过本可与招收生源订立合同的机会而丧失的可得利益为163,202元,后项数额是从被告前两年所收取的学费分成款中计得,应为被告所能预见。被告的违约行为与原告的上述损失相关,符合因果关系的判断标准,对损失依法应予赔偿。原告诉请的其他损失缺乏事实与法律依据,本院不予支持。据此,依照《中华人民共和国民事诉讼法》第六十四条,《最高人民法院关于民事诉讼证据的若干规定》第二条,《中华人民共和国合同法》第一百零七条、第一百一十三条第一款之规定,判决如下:

一、被告乙大学应于本判决生效之日起10日内向原告厦门市甲经贸管理学校支付赔偿款311,303元;

二、驳回原告厦门市甲经贸管理学校的其他诉讼请求。

案件受理费10,010元,由被告乙大学负担6232元,由原告厦门市甲经贸管理学校负担3778元。上述款项限于本判决生效之日起七日内缴纳。

如不服本判决,可在判决书送达之日起十五日内,向本院递交上诉状,并按对方当事人的人数提出副本,上诉于厦门市中级人民法院。

审 判 长　苏敏昌
审 判 员　张庆东
审 判 员　黄　湧
二〇〇六年十二月十三日
代书记员　吕晓明

【简要评析】

本案在庭审前法官曾组织双方当事人进行证据交换,在该过程中,确认了双方无争议事实,并初步归纳案件的争议焦点,在此基础上,本案的庭审采用了"前置型"的争点归纳模式进行(参附录B),对应地,本篇文书采用了"区分无争议事实与争议事实的判决书撰写模式"。

在争议事实认定上,文书按"是否执行涉案《通知》、是否存在违约行为""招生减少人数"(违约的程度)"是否受有损失及损失金额"三项事实争点进行分析论证,这三部分的位序安排较为合理,如不存在违约行为,即不存在审理"是否受有损失及损失金额"的必要;如不能确定"违约的程度",就无法确定"损失金额",

前一项事实争点的解决，均为后一项事实争点成立及解决的前提，结构布局得当，合乎审判逻辑。在对三项事实争点的分析中，均详细罗列双方当事人围绕争点提供的各项证据，对证据进行了综合分析认证，进而得出了事实认定结论。在此基础上，文书在"本院认为"部分，先阐述案件的诉讼标的争点，再围绕前文所述的事实争点，简要地对违约损害赔偿责任的成立及赔偿金额作出论证，并对涉案的法律争点（即"违约行为与损失之间的关系是否达到因果关系的标准"）作出判断，据而得出判决结论。

【先分部分再围绕各个争点论述的判决书撰写模式】

福建省厦门市集美区人民法院

民事判决书

（2018）闽0211民初4172号

原告：中国人民财产保险股份有限公司厦门市分公司，住所地福建省厦门市思明区湖滨北路68号。

法定代表人：施培德，总经理。

委托诉讼代理人：吴永安，福建勤贤律师事务所律师。

委托诉讼代理人：黄美玲，福建勤贤律师事务所律师。

被告：厦门洁净万家清洁服务有限公司，住所地福建省厦门市海沧区沧虹东里13号2103室。

法定代表人：朱淑容，总经理。

委托诉讼代理人:林德成,福建旭恒律师事务所律师。

第三人:厦门新成功瑞集汽车有限公司,住所地福建省厦门市集美区后溪镇岩昌路177号。

法定代表人:陈毓鸿,执行董事。

委托诉讼代理人:连凤刚,男,该公司员工。

委托诉讼代理人:黄慧,女,该公司员工。

原告中国人民财产保险股份有限公司厦门市分公司(以下简称中国人民财产保险厦门分公司)与被告厦门洁净万家清洁服务有限公司(以下简称洁净万家清洁服务公司)、第三人厦门新成功瑞集汽车有限公司(以下简称新成功瑞集公司)保险人代位求偿权纠纷一案,本院于2018年9月7日立案后,依法适用简易程序,公开开庭进行了审理。原告中国人民财产保险厦门分公司委托诉讼代理人吴永安,被告洁净万家清洁服务公司法定代表人朱淑容及委托诉讼代理人林德成、实习律师陈嘉鑫到庭参加诉讼,第三人新成功瑞集公司委托诉讼代理人连凤刚、黄慧到庭参加诉讼。本案现已审理终结。

中国人民财产保险厦门分公司向本院提出诉讼请求:1. 判令被告向原告支付赔偿款85,905.25元及利息(利息自原告支付保险赔偿金给被保险人新成功瑞集公司之次日即2018年7月28日起计至实际还款之日,按中国人民银行同期贷款利率计算);2. 判令被告承担本案诉讼费用。事实与理由:2017年12月26日,厦门新成功汽车集团有限公司作为投保人在原告处投保财产一切险,被保险人为新成功瑞集公司、晋江富海鸿汽车贸易有限公司等18家公司,保险标的为存仓物料、库存商品车等8个保险标的,同时附加试车扩展条款，保险金额共计659,127,700元，保险期限自2018年1月1日至2018年12月31日。2018年3月底，被保险人新成功瑞集公司委托被告对公司外墙、屋檐及广告牌进行清洗。2018年4月1日，被告员工在清洗的过程中，因移动脚架不慎导致脚架倾斜，砸到停放于车位的一辆商品车，造成该车受损，保险事故发生后，经原告定损，受损车辆损失金额共计101,065元，扣除免赔额15,159.75元（101,065元×15%免赔率）后须赔付85,905.25元。原告于2018年7月27日将前述85,905.25元支付给被保险人新成功瑞集公司，并依法取得保险人代位求偿权。现依据《中华人民共和国保险法》等相关法律规定，特提起诉讼，请求判如所请。

洁净万家清洁服务公司辩称：1. 被告致损的商品车，非原告保险标的的项目范围。根据原告提供的财产一切险的保险单（证据第1页），被保险人为厦门新成功英翔汽车有限公司，而非新成功瑞集公司。即使被保险人涵盖新成功瑞集公司，保险标的信息列明仅仅是库存商品车，而被告致损车辆是停放至露天停车位的。根据原告提供的证据第3页，放置在室外的露天的保险标的，只有遭受盗窃或遭遇暴风雨等自然灾害致损，原告才负责赔偿。从原告提供的财产一切险的保险单中，未找到原告对应的赔偿责任。被告致损的商品车，非原告保险标的项目致损应负责赔偿的范围，原告无权行使保险代位求偿权，要求被告支付案涉赔偿款；2. 被告已与第三人达成协议，案涉车辆由被告买走，维修费用已结清，第三人依保险合同应向原告退还保险赔偿款。被告在第三人处施工前，发现施工现场停放着两台车辆，及时提醒第三人移车,防止施工时遭到损坏,第三人只移开一台,另一台未移开,案涉车辆受损,第三人未听被告警示,应当预见自己的施工现场存在安全隐患,而未加以注意和防范,应对本次事故负有过错责任。2018年4月23日,双方协商签订了《委托修理合同》,约定第三人维修案涉车辆后,由被告买走,且被告按中国人民财产保险公司的定损清单为准:按定损清单配件金额的30%赔付给第三人,作为这次事故的赔偿金。案涉车辆修理完后,被告按照第三人通知再交1万元结清修理费,并按第三人的要求,以32.5万元的车价结清车款,将车提走。根据原告提供的证据第6页第5行的约定:双方同意保险人对任何被保险人的欺诈、错误告知、隐瞒或违反保险合同条件等违法或过错行为其本身的损失不负赔偿责任。第三人要求被告承担定损清单配件金额的30%,说明第三人在本次事故中至少存在着70%的过错责任,在此情况下,第三人隐瞒自己的过错行为,骗取保险理赔,应将保险理赔款退还原告,原告诉求被告支付保险理赔款,在财产一切险保险单并无依据;3.第三人在保险理赔中,扩大委托维修范围,增加原告的保险理赔款,被告持有异议。事故发生后,第三人与被告约定,由被告将车买走,被告按定损清单配件金额的30%向第三人赔付,根据《委托修理合同》第四条维修项目的规定,本次事故受损部位:车顶、车盖、玻璃、天窗等,并无大灯损坏和维修必要,但在原告的财产损失确认书第21项中列明,替换了大灯,价值高达20,007元,这是第三人的擅自行为,未经被告同意。此外,仅天窗总成配件就花去21,590元,被告再三请求确认后再维修,却遭到拒绝,如果保险理赔款最终法庭判由被告支付,被告请求法庭依法中止审理,被告将根据《委托修理合同》与第三人约定的仲裁条款,向厦门仲裁委员会申请对车辆的维修费用发生的争议裁决。综上,原告诉求被告支付保险理赔款,缺乏事实和法律依据,被告与第三人车辆损害纠纷已经了结,第三人取得原告保险理赔款,没有合同、法律上的依据,应由第三人全部退回原告。

第三人新成功瑞集公司述称,原告提供的证据材料第10页备注中“本保险合同项下被保险人名称”已列明了被保险人包括新成功瑞集公司;涉案车辆由朱淑容个人买走,与被告没有关系。

当事人围绕诉讼请求依法提交了证据,其中有原告中国人民财产保险厦门分公司提交的财产一切险保险单、工程项目维修申请单、事情经过报告、财产损失确认书、车辆受损照片、索赔函、权益转让书、国内支付业务付款回单、被告工商信息及财产一切险的保险条款等证据;被告洁净万家清洁服务公司提交的《委托修理合同》、《汽车买卖合同》及附件订购预算表、银行转账凭证等证据。本院组织当事人进行了质证。对于相关证据的质证及认证意见,本院将在判决书的说理部分围绕对争点的分析进行阐述。对于双方当事人不持异议及与本案争点无关的证据,均已在卷佐证,本院不再一一赘述。

本院经审理认定事实如下:2017年12月26日,厦门新成功汽车集团有限公司作为投保人在原告处为被保险人新成功瑞集公司等18家公司投保财产一切险,保险标的为存仓物料、库存商品车等8个保险标的,同时附加试车扩展条款,保险金额共计659,127,700元,保险期限自2018年1月1日至2018年12月31日。2018年3月底,被保险人新成功瑞集公司委托被告清洗公司外墙、屋檐及广告牌。2018年4月1日，被告员工在清洗过程中，因移动脚架不慎导致脚架倾斜，砸到被保险人停放于车位的一辆沃尔沃S90 LMB T4智远版18款商品车，造成该车受损。嗣后，新成功瑞集公司与朱淑容（系洁净万家清洁服务公司法定代表人）订立《汽车买卖合同》，约定由朱淑容（乙方）向新成功瑞集公司（甲方）购买前述涉案车辆，车辆价格为325,000元，加上购置税、保险及上牌费等，车辆全款为367,800元，并约定付款期限，双方另约定：该车辆为乙方施工致损车辆，乙方全责承担维修费用，并以协议费购买等内容。该合同订立后，朱淑容将车提走，新成功瑞集公司留下一把车辆钥匙和行驶证。

2018年4月23日，朱淑容（甲方）与新成功瑞集公司（乙方）协商后，签订了《委托修理合同》，约定"甲方应在提车前一次向乙方付清剩余全部维修费用……经双方协商确定，以中国人民财产保险公司的定损清单为准：按定损清单配件金额的30%赔付给乙方，作为这次事故的赔偿金"。

案涉车辆修理完后，朱淑容于2018年9月23日向新成功瑞集公司转账支付10,000元，新成功瑞集公司将预留下的车辆钥匙和行驶证交给朱淑容。

事故发生后，经原告定损，车辆损失金额共计101,065元。原告于2018年7月27日支付被保险人新成功瑞集公司理赔85,905.25元（其中扣除了绝对免赔金额101,605×15%）后，向被告行使追偿权无果，遂提起诉讼。

原告、被告诉称、辩称的其他事实，于本案审理无涉，不再一一查明。

本院认为,原告提起本案诉求的请求权基础在于《中华人民共和国保险法》第六十条第一款,依该条规定,因第三者对保险标的的损害而造成保险事故的,保险人自向被保险人赔偿保险金之日起,在赔偿金额范围内代位行使被保险人对第三者请求赔偿的权利,具体于本案,围绕上述法律规范能否适用,存在以下争议:

一、案涉受损车辆是否属于保险标的项目范围?

原告认为,根据财产一切险保险单可证明投保人新成功集团在第十一页备注部分将第三人作为投保对象,该保险单第一页保险标的项目中第五项、第六项都是库存商品车,本案受损商品车为库存商品车,属于保险标的范围。

被告认为,原告所主张的保险标的项目第五项、第六项指的是库存车辆,被告致损商品车停放在露天停车位,不属于库存范围,非原告保险标的项日致损应负责赔偿的范围,不应当涵盖在理赔范围内,原告无权行使保险代位求偿权,要求被告支付案涉赔偿款。

第三人与原告持相同意见。

本院认为,根据《最高人民法院关于审理海上保险纠纷案件若干问题的规定》(法释〔2006〕第10号)第十四条规定,[1]法院在审理保险人代位求偿权案件中,应当仅就造成保险事故的第三人与被保险人之间的法律关系进行审理,该规定虽仅适用于海上运输,但其蕴涵的法理仍可供其他保险代位求偿权案件的审理借鉴适用。案涉受损车辆是否属保险标的项目范围,涉及保险合同

〔1〕 该案审理于2018年,故在法律适用上均援引旧法条文,下同。

中载明的“库存商品车”在解释上是否包括“停放于露天停车位的展示车辆”的问题,此属于保险公司的判断范围,除非存在违反国家法律、行政法规规定等情形,司法对此不宜贸然介入并作出评判,本院尊重原告对此问题的解释结论。

二、原告是否对被告享有保险代位求偿权?

被告认为,1. 其已与第三人达成《委托修理合同》与《汽车买卖合同》,维修费用已结清,案涉车辆由其买走,第三人依保险合同应向原告退还保险赔偿款,原告不再享有保险代位求偿权。另,原告与第三人签订权益转让书并未通知被告,即便存在保险代位求偿,该求偿权对被告也不产生效力;2. 对于第三人提出的“《委托修理合同》及《汽车买卖合同》的合同主体应为第三人与朱淑容”的观点,被告认为,虽然两份合同的主体均为朱淑容,但朱淑容系被告法定代表人,该行为是公司行为。朱淑容购买该受损车辆系代表公司向第三人履行赔偿义务,被告已经履行相应赔偿义务,不再承担责任。

原告认为,1.《委托修理合同》中没有被告的任何信息,合同甲方签名处只有朱淑容签字,没有公司盖章,该合同是属于第三人和朱淑容之间的合同。关于《汽车买卖合同》,亦同此理;2. 前述两份合同是朱淑容个人对车辆进行购买和对保险不足部分的补偿,在合同中双方并未约定第三人同意保险公司放弃保险代位求偿权等内容,故原告行使代位求偿权合法有据;3. 权益转让书只是保险公司与第三人之间的约定,保险人行使代位追偿权系法定的权益,不需要通知被告。

第三人与原告持相同意见。

本院认为,对于案涉保险代位求偿权是否成立,须依序对以下问题逐一作出判断:1. 关于涉案之《汽车买卖合同》及《委托修理合同》与被告是否具有关联性,是否可作为案涉保险代位求偿权纷争的证据使用?本案诉讼中,各方当事人对两份合同的真实性均不持异议,但原告及第三人认为,两份合同与本案审理没有关联性。本院认为,从订立时间看,该两份合同均系在涉案车辆受损后订立(其中前份合同订立于事故发生的当日,后份合同订立于事故发生后的二十余日),综观事故处理的全程,应认定合同的订立是双方在车辆受损后对损失承担进行协商的结果。虽然合同的一方主体为朱淑容个人,但考虑到其为洁净万家清洁服务公司的法定代表人,应视为其系在代被告公司承担相关的债务,因此,该两份合同与案涉纠纷具有内在关联;2. 关于对案涉相关合同条款应如何理解适用?《汽车买卖合同》中约定:该车辆为乙方施工受损车辆,乙方全责承担维修费用,并以协议费购买。但在其后订立的《委托修理合同》则约定"经双方协商确定,以中国人民财产保险公司的定损清单为准:按定损清单配件金额的30%赔付给乙方,作为这次事故的赔偿金"。应理解为,后一份合同中的约定已对前一份合同的约定作出了变更。本案审理的关键在于,对《委托修理合同》的前述约定应当如何解释方显合理?被告认为,该条约定表明,被告只需承担定损清单配件金额的30%,即承担了全部的赔偿责任,无须再予赔偿,而第三人及原告则认为,该条仅系对保险理赔不足部分(预估为定损清单配件金额的30%)进行了赔偿的约定,对于保险理赔后的代位求偿权,第三人并未放弃,故原告仍有权对被告行使代位求偿权。本院认为,对该条约定进行文义解释,并不能得出第三人对定损清单配件金额的70%放弃索赔的解释结论,在2019年1月8日开庭中,朱淑容作为被告公司的法定代表人陈述:"第三人提出我方购车,他们的赔偿款预计70%,我方赔30%。其实当时是约定,保险理赔之后不能理赔的部分由我们来理赔"。该陈述也反映出,第三人是认为定损清单配件金额的70%可由原告处得到理赔,才向被告主张了30%的赔偿款,故原告在理赔后产生的对被告的保险代位求偿权仍然是存在的。至于原告可得行使代位求偿的金额,将在下文"三、"中作出认定。3. 关于被告是否已按《委托修理合同》支付了赔偿款?经查,各方当事人均认可,在《委托修理合同》的履行过程中,朱淑容于2018年9月23日向新成功瑞集公司转账支付10,000元后,新成功瑞集公司即将预留下的车辆钥匙和行驶证交给朱淑容,之后再未向朱淑容主张过其他的赔偿款。此情节审理的关键在于,对第三人的行为应如何解释?依《中华人民共和国民法总则》第一百四十条规定,"行为人可以明示或者默示作出意思表示",同时《最高人民法院关于贯彻执行〈中华人民共和国民法通则〉若干问题的意见(试行)》第六十六条也规定:"一方当事人向对方当事人提出民事权利的要求,对方未用语言或者文字明确表示意见,但其行为表明已接受的,可以认定为默示"。本院认为,对第三人将预留下的车辆钥匙和行驶证交给朱淑容并不再向被告主张赔偿款的行为,应依前述法律规定解释为其已对被告的赔偿金额(1万元折合了定损清单配件金额的30%)予以认可,因此,应认定被告已按《委托修理合同》向第三人支付了赔偿款。4. 在被告已按《委托修理合同》向第三人支付部分赔偿款后,原告就该部分赔偿款是否仍有权利对被告行使保险代位求偿权？本院认为，根据《最高人民法院关于适用〈中华人民共和国保险法〉若干问题的解释》第十条第一款规定，“因第三者对保险标的的损害而造成保险事故，保险人获得代位请求赔偿的权利的情况未通知第三者或者通知到达第三者前，第三者在被保险人已经从保险人处获赔的范围内又向被保险人作出赔偿，保险人主张代位行使被保险人对第三者请求赔偿的权利的，人民法院不予支持”。本案中，鉴于被告已向第三人履行了定损清单配件金额30%的赔偿义务，对此部分，原告向被告主张保险代位求偿权没有法律依据，本院不予支持。

三、原告向被告主张代位求偿权的金额应当如何确定及利息诉求是否应得到支持？

本院认为，依前述分析，原告仍享有对被告的保险代位求偿权，但在求偿金额计算中，应扣除第三人与被告约定并已履行完毕的定损清单配件金额30%的赔偿款（如前分析，第三人默示同意该笔赔偿款为1万元），对于剩余70%的赔偿款，是否均应由被告承担，则应根据被告与第三人在案涉保险事故发生中的是否均有过错及过错比例来确定。对于侵权之事实，原告提供工程项目维修申请单、事情经过报告及事故发生时现场照片作为证据，被告对其真实性、合法性没有异议，但提出该组证据无法证明第三人不存在过错，第三人对其真实性、合法性及关联性没有异议。由上述证据可以认定，案涉车辆系因被告员工移动脚架不慎导致脚架倾斜砸损，被告虽陈述，在施工过程中，其在通知第三人挪移开第一辆车之后仍告知第三人要挪移第二辆车（即本案致损车辆)但第三人的员工未予办理,但在第三人当庭对此主张不予认同后,被告并未提供证据予以证明,故本院对其主张不予采信,被告对其过错行为所造成的损失应当承担全部赔偿责任。

对于被告针对原告举证的权益转让书等证据提出“债权转让应该要通知债务人,本案中没有通知被告,对被告没有效力”一节,本院认为,保险人行使代位追偿权系法定的权益,对债权之移转过程中,无须向债务人履行通知义务,故对被告的该项抗辩理由不予采纳。

对于被告针对原告举证财产损失确定书等证据提出“第三人在保险理赔中,扩大委托维修范围,增加原告的保险理赔款,最典型的就是大灯的替换,大灯没有破就进行了替换”一节,本院认为,案涉《委托修理合同》第四条中将维修项目确定为:本次事故受损部位;车顶、车盖、玻璃、天窗等,该条系概括性规定,具体的维修项目需待车辆拆卸后才能最终确定。被告于庭审中提出“当时被告有说要进行维修要经过被告的确认,但是遭到了第三人的拒绝”,但其对此主张并未提供证据予以证实,本案中,被告在车辆维修后取车及支付赔偿金时亦未对维修项目提出异议,且依双方在《委托修理合同》第四条:“维修费用以中国人民财产保险公司的定损核价金额或乙方(即本案第三人)根据实际维修项目确认金额结算”之约定,被告既已授权由保险公司进行定损核价,非有违反法律、行政法规等重大情形,自应接受保险公司的核价结论。本案庭审中,围绕定损之争,被告还提出,依《委托修理合同》第八条约定,凡因本合同引起的争议,应提交厦门仲裁委员会进行仲裁,故本案应当中止审理,待仲裁后再予审理。本院审查认为，本案案由虽为保险代位求偿权纠纷，但在此诉讼标的之下，涵盖了委托维修合同等次一级法律关系的审理，对于这些次一级的法律关系，若被告认为需要依约提交仲裁裁决，与上位法律关系相同，其亦应当依《最高人民法院关于适用〈中华人民共和国民事诉讼法〉的解释》第二百一十六条的规定，于本案开庭审理前提出，方不致对原告造成延滞诉讼的突袭。本案中，被告未依法律规定于本院开庭审理前提出仲裁申请，且其于 2018 年 11 月 7 日在向本院提交的管辖权异议申请书中，还请求将本案移送厦门市海沧区人民法院审理而不提及仲裁裁决等事项，其抗辩显在拖延诉讼，本院不予采纳。

关于原告提出的理赔款的计算利息的主张是否可以得到支持？本院认为，因追偿的责任尚处于不确定状态之中，因而由此责任而形成的债权也并非确定。只有在法院作出裁判后，当事人迟延履行其应当履行的义务才产生迟延债务的责任问题。故对该项主张不予支持。

综上，依据《中华人民共和国民法总则》第一百四十条、《中华人民共和国侵权责任法》第六条第一款、《中华人民共和国保险法》第六十条第一款、《最高人民法院关于贯彻执行〈中华人民共和国民法通则〉若干问题的意见（试行）》第六十六条、《最高人民法院关于适用〈中华人民共和国保险法〉若干问题的解释（四）》第十条第一款、《中华人民共和国民事诉讼法》第六十四条第一款、《最高人民法院关于适用〈中华人民共和国民事诉讼法〉的解释》第二百一十六条之规定，判决如下：

一、被告厦门洁净万家清洁服务有限公司应于本判决生效之

日起十日内向原告中国人民财产保险股份有限公司厦门市分公司支付赔偿款60,133.68元;

二、驳回原告中国人民财产保险股份有限公司厦门市分公司的其他诉讼请求。

如果未按本判决指定的期间履行给付金钱义务,应当依照《中华人民共和国民事诉讼法》第二百五十三条之规定,加倍支付迟延履行期间的债务利息。

本案案件受理费1948元,减半收取974元,由原告中国人民财产保险股份有限公司厦门市分公司承担292元(已缴纳),由被告厦门洁净万家清洁服务有限公司承担682元,限于本判决生效之日起七日内向本院缴纳。

如不服本判决,可在判决书送达之日起十五日内,向本院递交上诉状,并按对方当事人的人数提出副本,上诉于厦门市中级人民法院。

审判员　黄　湧

二〇一九年四月八日

法官助理　吴淑贞

代书记员　陈小卢

代书记员　朱天澄

【简要评析】

一、根据案情复杂度分块依序说理

考虑该案案情复杂,争点类型、数量较多,在"本院认为"部分，不宜直接采用“诉讼标的争点—可能的法律争点—事实争点”这样一个撰写思路。本篇文书在“本院认为”部分，先根据双方的诉辩主张，将该部分的内容划分为三个子部分，即“案涉受损车辆是否属于保险标的项目范围”“原告是否对被告享有保险代位求偿权”“代位求偿权的金额应当如何确定及利息诉求是否应得到支持”，为判决书的说理确定一个大致的框架。在这三个部分中，“案涉受损车辆是否属于保险标的项目范围”涉及在保险代位求偿案件中法院是否应对保险合同法律关系进行审查以及审查的程度问题，该争点应当首先解决，然后才能对案涉保险代位权是否可以行使作出判断；在确定案涉保险代位权仍然可以行使后，才进一步审理代位求偿权的金额认定等问题。以上三个子部分存在较为严密的逻辑关系，宜依序进行。

二、在子部分下考虑各争点的布局问题

（一）在“案涉受损车辆是否属于保险标的项目范围”部分

重点考虑两个问题：首先，是否可以类推适用《最高人民法院关于审理海上保险纠纷案件若干问题的规定》第十四条规定，仅就造成保险事故的第三人与被保险人之间的法律关系进行审理，而不再审理保险人与被保险人之间的保险合同法律关系；其次，即便对保险合同进行审查，是否应考虑，在相关保险条款的解释上，充分尊重保险公司的判断，除非其存在违反国家法律、行政法规规定等情形，司法对属于保险公司判断范围的事项不贸然评判。以上两部分的关系，属于一种递进式的论证关系，有先后位序之分。

（二）在“原告是否对被告享有保险代位求偿权”部分

第一，先处理案涉之《汽车买卖合同》及《委托修理合同》（由朱淑容签订）与被告是否具有关联性问题，在确定朱淑容系在代被告公司承担相关的债务之后，才进一步对上述合同中的条款如何解释问题作出判定；第二，经解释，认定上述合同中的相关约定“仅系对保险理赔不足部分（预估为定损清单配件金额的30%）进行了赔偿的约定，对于保险理赔后的代位求偿权，第三人并未放弃”，在此解释结论的基础上，才对“被告是否已按《委托修理合同》支付了相应的赔偿款”作出判定；第三，经对相关证据进行分析，得出“被告已向第三人履行了定损清单配件金额30%的赔偿义务”结论后，确定对原告主张的与此相应部分的保险代位求偿诉求不予支持。

（三）在“代位求偿权的金额应当如何确定及利息诉求是否应得到支持”部分

本部分有三项争点：第1项争点为被告与第三人在案涉保险事故发生中的是否均有过错及过错比例？第2项争点为《财产损失确定书》中相关维修项目是否存在“扩大委托维修范围”，从而存在增加原告的保险理赔款问题？第3项争点为理赔款的计算利息的主张是否可以得到支持？该三项争点间亦存在位序性关系。若经审理，被告对损害的发生不存在过错，下文就无须再就第1项、第2项争点进行审理。只有在判明被告对损害的发生存在过错之后，才进入到对损失的金额如何认定以及对理赔款是否计算利息等争点的审理，进一步解决赔偿金额的核算问题。理顺这些争点间的逻辑关系，有助于提高文书的清晰性与简洁性。

【直接按争点线索进行论述的判决书撰写模式】

福建省厦门市集美区人民法院
民事判决书

（2015）集民初字第1164号

原告：林建宾，男，1977年9月15日出生，汉族，住厦门市集美区。

委托代理人：徐德文，福建联合信实律师事务所律师。

委托代理人：叶志琳，福建联合信实律师事务所律师。

委托代理人：陈美合，女，1976年11月15日出生，汉族，住厦门市湖里区。

被告一：厦门胜源达汽车服务有限公司，住所地厦门市集美区天英一里67号。组织机构代码56841946－1。

法定代表人：连跃龙，总经理。

被告二：许雪芳，女，1973年1月20日出生，汉族，住福建省南安市。

委托代理人：易振东，男，1989年7月8日出生，汉族，住福建省安溪县。

原告林建宾与被告厦门胜源达汽车服务有限公司（以下简称胜源达汽车公司）、许雪芳返还原物纠纷一案，本院立案受理后，依法由审判员黄湧适用简易程序，公开开庭进行了审理。原告林建宾及其委托代理人徐德文、陈美合，被告二许雪芳及其委托代理人易振东到庭参加诉讼,被告一胜源达汽车公司经本院合法传唤,无正当理由拒不到庭,本院依法缺席审理。本案现已审理终结。

原告林建宾诉称:原告与被告一胜源达汽车公司签订《汽车租赁挂靠合同》,约定原告将其自有的闽D63F37福特福克斯小型汽车委托被告公司代管代租,代管代租期间从2013年9月13日至2014年9月13日,被告公司每年需支付原告租金36,000元,租金以每半年支付一次。合同签订后,原告将车辆交给被告公司出租经营,被告公司向原告支付半年租金18,000元。合同届满后,原告多次向被告公司要求归还车辆及支付所欠租金18,000元未果。后发现,被告公司故意隐瞒原告于2014年7月13日擅自将车辆过户给被告二许雪芳(新号牌为闽D569H8)。二被告行为已严重侵害原告的合法权益,据此,请求判令:1.被告一和被告二立即将闽D569H8福特福克斯小型轿车(发动机号码7J34206,车辆识别代码LVSFCFME37F161298)返还给原告,并协助办理车辆过户手续。如无法返还车辆,要求二被告共同赔偿损失约4万元;2.请求法院判令二被告赔偿原告自2014年3月13日起按3000元每月计至车辆实际返还之日止的车辆使用费,暂计至2015年3月13日为36,000元;3.本案诉讼费用由二被告承担。

被告一胜源达汽车公司未到庭参加诉讼,亦未提交书面答辩状。

被告二许雪芳辩称:胜源达汽车公司把涉案车辆放在车行寄卖,我方购车时,登记车主为胜源达汽车公司,我方系以合法买卖方式获得该车,原告无权要求返还车辆。车辆使用费与我们无关，亦不应赔偿。

经审理查明，原告与被告二胜源达汽车公司签订《汽车租赁挂靠合同》，约定原告将自有闽 D63F37 福特福克斯小型汽车（发动机号码 7J34206，车辆识别代码 LVSFCFME37F161298）委托被告一代管代租，代管代租期间从 2013 年 9 月 13 日至 2014 年 9 月 13 日，被告一每年需支付原告租金 36,000 元，租金以每半年支付一次。合同签订后，原告将车辆交给被告一出租经营，被告一向原告支付半年租金 18,000 元。合同届满后，原告多次向被告一要求其归还车辆及支付所欠租金 18,000 元未果。后发现，被告一隐瞒原告，将涉案车辆过户到自己名下，并委托厦门易车来汽车服务有限公司售卖，该车于 2014 年 7 月 15 日过户至被告许雪芳名下，被告许雪芳后又将车再次转让给他人。

在案件审理中，被告许雪芳主张，在取得车辆时已支付了 39,500元的购车款，对此，原告不予认可，此节事实成为本案的事实争点 A；关于涉案车辆的价值，原告、被告双方未达成一致意见，此节事实成为本案的事实争点 B。

以上事实，有原告提供的《汽车租赁挂靠合同》、《汽车购销合同》、《机动车销售统一发票》、《税收通用缴款书》、养路费票据、行驶证、车管所查询单，以及原被告的当庭陈述加以佐证，本院予以确认。

本院认为，围绕诉辩要点，本案应重点审查以下三个问题：一、对于可能涉及的程序问题，需先行解决。根据原告在庭审中的陈述，原告在本案立案前曾至公安机关报案，拟立刑事案件，公安机关未予立案。对于可能涉及刑事犯罪嫌疑的民商事纠纷案件,是否应适用先刑后民原则处理,实践中存在不同认识。本院认为,只有依据《中华人民共和国民事诉讼法》第一百五十条第五项"本案必须以另一案的审理结果为依据,而另一案尚未审结的"的规定,民事案件的审理必须以刑事案件的审理结果为依据的情形下,民事案件才应中止审理。本案不存在上述情形,法院有依法审理之权限。

二、原告诉请的请求权基础规范在于《中华人民共和国物权法》第三十四条,[1]该条规定无权占有不动产或者动产的,权利人可以请求返还原物。被告许雪芳提出的抗辩权基础规范在于《中华人民共和国物权法》第一百零六条,该条规定受让人从无权处分人处取得涉案物时如属善意,且以合理价格受让取得,权利人无权要求其返还,但可诉请无权处分人赔偿损失。根据诉辩情况,本案的争议焦点包括两项:一是法律争点:被告许雪芳在取得涉案车辆所有权后,在获知该车辆系被告胜源达汽车公司无权处分时,将车辆再次转让与他人,是否构成对《中华人民共和国物权法》第一百零六条所规定的"善意"的违反。这涉及对该法条中"善意"的解释问题。对此,原告认为被告许雪芳在知道被告胜源达汽车公司是无权处分后匆匆将车转让出去,属恶意行为;被告许雪芳则认为对于善意的判断应以其取得车辆时为准。二是事实争点:被告许雪芳在取得车辆时是否支付了合理的对价(即上文所列事实争点A)。被告许雪芳提供了《二手机动车销售合同》《银行卡客户交易查询》等证据证明已支付合理对价,原告对以上

---

〔1〕 该案审理于2015年,故在法律适用上均援引旧法条文,下同。

证据真实性持有异议。

以上两项争点,从审判效率考虑,法律争点在审理位序上优先于要件事实争点,应先作判断。

对于法律争点,本院认为,对《中华人民共和国物权法》第一百零六条进行文义解释,对于“善意”的判断,应以取得涉案物时为准,而在受让人此后的再次转让行为中,其是否明知涉案车辆系被无权处分,并非该条文所规定的判断是否“善意”之评判要素。原告的该项主张于法无据,本院不予支持。

对于事实争点A,本院认为,针对《二手机动车销售合同》《银行卡客户交易查询》的真实性问题,庭后被告许雪芳提供了《二手机动车销售合同》的原件,并补充《结婚证》等间接证据以证明《银行卡客户交易查询》上的汇款人即为其丈夫,该证据已经原告补充质证。另,本院对厦门易车来汽车服务有限公司法定代表人郭海波进行调查取证,其对涉案交易的真实性亦予以了确认。故本院对被告许雪芳支付39,500元取得车辆的事实予以认定。

综上,被告许雪芳购买车辆的行为符合善意取得的要件规定,原告无权要求被告许雪芳返还车辆及赔偿车辆使用费。

三、关于被告胜源达汽车公司的法律责任。根据已查明的事实,该公司擅自处分他人财产,应承担返还责任。鉴于涉案车辆已由被告许雪芳善意取得,无法返还,被告胜源达汽车公司对此应承担赔偿损失的责任。关于车辆的价值(即前文所列的事实争点B),原告考虑鉴定时间耗时过长,建议按被告胜源达汽车公司向被告许雪芳出售车辆时的价格39,500元计算,被告胜源达汽车公司未提出反驳证据,鉴于原告主张符合诉讼效率原则,且不违反法律规定,本院予以采纳。因涉案车辆已于2014年7月15日转移所有权,原告提出由被告胜源达汽车公司按3000元每月的标准,赔偿自2014年3月13日起至车辆实际返还之日止的车辆使用费一节,难以全额得到支持。考虑被告胜源达汽车公司擅自处分原告车辆,对原告因此造成的其他损失,应承担赔偿责任。该损失可参照双方约定的租金标准计算为18,000元。依据《中华人民共和国物权法》第三十四条、第一百零六条,《中华人民共和国民事诉讼法》第六十四条第一款、第一百四十四条之规定,判决如下:

一、被告厦门胜源达汽车服务有限公司应于本判决生效之日起十日内赔偿原告林建宾车辆损失39,500元及其他损失18,000元。

二、驳回原告林建宾的其他诉讼请求。

如果被告未按本判决指定的期间履行给付金钱义务,应当依照《中华人民共和国民事诉讼法》第二百五十三条之规定,加倍支付迟延履行期间的债务利息。

本案案件受理费1450元,减半收取725元,由被告厦门胜源达汽车服务有限公司负担,被告厦门胜源达汽车服务有限公司应于本判决生效之日起七日内向本院缴纳。

如不服本判决,可在判决书送达之日起十五日内向本院递交上诉状,并按对方当事人的人数提出副本,上诉至厦门市中级人民法院。

审 判 员　黄　湧

二〇一五年六月八日

代书记员　林雅菲

【简要评析】

本案原告、被告双方存在一定争议，但争点较少，无须如前引(2018)闽0211民初4172号案件采用将“本院认为”部分分为若干子部分来分析的方式，可径行采用“诉讼标的争点—可能存在的法律争点—事实争点”这一脉络来展开文书的说理。

由于“对于可能涉及刑事犯罪嫌疑的民商事纠纷案件，是否应适用先刑后民原则处理”事涉程序争点问题，须先行解决，该篇文书将其放在第一部分先做简要分析。

在其后的论证中，文书先交代诉讼标的争点(原告将《中华人民共和国物权法》第三十四条作为请求权基础是否具有正当性)，据以确定法律要件的审查范围。通过分析该项请求权基础的法律要件，从原告与被告许雪芳的诉辩中，将“能否确定被告许雪芳法律责任”的审查重点集中在两个问题上：一是“被告许雪芳在取得涉案车辆所有权后，在获知该车辆系被告胜源达汽车公司无权处分时，将车辆再次转让与他人，是否构成对《中华人民共和国物权法》第一百零六条所规定的‘善意’的违反”，这涉及对该法条中“善意”的解释问题，系一项法律争点；二是“被告许雪芳在取得车辆时是否支付了合理的对价”(事实争点A)。以上两项争点，从审判效率考虑，法律争点在审理位序上优先于要件事实争点，宜先做判断。其理由是：若经审查，被告许雪芳的行为构成对“善意”的违反，则其提出适用善意取得制度即失去依据，法官可对其抗辩理由不予采纳，而无须再通过分析证据去解决被告“在取得车辆时是否支付了合理的对价”这一事实争点问题，这有利于节约当事人举证及法院调查取证的成本(本案中原告即向法院提出对“被告许雪芳是否支付合理对价”的调查取证的申请),提升诉讼效率。只有在对被告许雪芳的善意予以认可的情况下,我们才需要进一步判断合理的对价是否支付问题,引出下文对事实争点A的分析判断。

附录 E

复杂案件争点记录表格

广义诉讼标的争点：

<table>
<tr><td colspan="2">争点类型
阶段反映
及位序关系</td><td>诉讼标的争点（狭义）</td><td>法律争点</td><td>事实争点</td><td>证据争点</td></tr>
<tr><td rowspan="6">阶段反映</td><td>庭前阅卷</td><td></td><td></td><td></td><td></td></tr>
<tr><td>证据交换</td><td></td><td></td><td></td><td></td></tr>
<tr><td>第一次开庭诉辩意见发表后</td><td></td><td></td><td></td><td></td></tr>
<tr><td>第一次开庭举证、质证后</td><td></td><td></td><td></td><td></td></tr>
<tr><td>第二次开庭</td><td></td><td></td><td></td><td></td></tr>
<tr><td>争点协商</td><td></td><td></td><td></td><td></td></tr>
<tr><td colspan="2">争点位序关系</td><td colspan="4"></td></tr>
</table>

附录 F

民事案件准备庭操作规程(建议稿)

第一条　(目的及依据) 为了解决复杂案件审判中存在的“漂流化”现象,实现民事审判的实质化,根据《中华人民共和国民事诉讼法》《最高人民法院关于适用〈中华人民共和国民事诉讼法〉的解释》以及《最高人民法院关于民事诉讼证据的若干规定》等法律、司法解释的规定,总结审判实践中的经验做法,制定本规程。

第二条　(功能) 准备庭之制度设计,旨在通过采用公开开庭的形式,由原、被告陈述诉辩意见、进行举证质证,由法官与当事人进行充分沟通,据以确定案件争点,划定下一次庭审的审理范围。

第三条　(适用对象) 对于复杂民商事案件的审理,采用“准备庭 + 正式庭”的审理模式。

本规程所称的复杂民商事案件,主要指法律构成错综复杂,或者存在适用法条内容复数的可能性,当事人可能为多重的预备主张,需要在各项主张中选择确定法律依据的案件。

第四条　(准备庭转换) 若经过准备庭审理,发现案情较为简单,可在一次庭期结束庭审的,则准备庭转换为正式庭审,按照法定的庭审流程进行审理,无需再次开庭审理。

第五条　(参审人员与审理流程)与正式庭审的参审人员与审理流程一致。

第六条　(审查内容)重点围绕以下内容依序进行审查:

(一)诉讼主体的适格情况,及其当事人能力、诉讼能力、代理权限等事项有无欠缺;

(二)确定原告的诉讼请求(核查是否存在请求内容不明确或不完备的情形);

(三)要求原告进行法律意见表明,述明作为实体法上请求权基础的法律关系,并具体陈明在该项请求权基础下可能存在的预备性法律主张;

(四)由当事人依序陈述相关事实经过与法律主张;

(五)法官初步归纳案件争点,当事人围绕争点进行举证、质证;

(六)法官引导当事人协商确定本案的主要攻击防御方法,划定正式庭的审理范围。

第七条　(预备性法律主张的收集)可以要求当事人在准备庭的诉辩阶段一次性陈明同一请求权基础之下的所有预备性法律主张,亦允许其在举证、质证阶段后补充该项主张。

第八条　(争点整理)主要包括对程序争点、法律争点、事实争点及证据争点的整理。

(一)程序争点:指在案件审理中,当事人之间、当事人与法官之间因程序问题而产生的具有实质性内容的争执。

(二)法律争点:指法律规范内容的解释与填补、法条冲突的选择、法律效力的确定等方面的争点。

(三)事实争点:指根据法条的构成要件所归纳的待证事实方面的争点。

(四)证据争点:指证据关联性、合法性、真实性方面的争点、举证责任分配上的争点及证明标准问题上的争点。

第九条 (对审理方向的梳理)梳理之目的在于固定争点范围,防止争点变动。法官可以通过开示法律观点、心证公开等方式,据以框定事实要件,实现诉讼主张的具体化,并据此进行举证责任分配,确定双方的举证责任。

第十条 (引导争点协商)当事人在法官的指导下,就有关的争点进行充分讨论,同意限缩有关争点(包括双方对各自所执的争点进行交易而就争点项下争议达成一致,也包含了单方对争点的放弃),订立诉讼契约,据以约束争点,实现审理集中化。

第十一条 (争点失权协议)在特定案件中,引导当事人订立争点失权协议,禁止经过争点整理程序的争点发生变动。

第十二条 (准备庭与正式庭的衔接)正式庭将围绕准备庭划定的审理范围进行审理,引导当事人针对争点诸项发表诉辩对抗意见。

对经过争点协商后当事人一致同意限缩的争点,在正式庭中不再作为审理的内容。

对于订立争点失权协议的案件,除出现因不可归责于当事人的客观原因之外,正式庭中不再对协议范围之外的争点进行审理。

准备庭中举证质证内容,正式庭中不再重复,但考虑到准备庭中的举证质证与正式庭中证据调查重心的不同(前者侧重在于通过证据的出示来确定争点,而后者则强调通过证据调查查明事实问题),可允许当事人补充发表举质证意见。

后　记

一名优秀的民事法官，不仅要对民法的体系知识（可称为静态的知识）有充分掌握（此为归纳整理出案件的法律要件的基础），而且要能在诉讼对抗中动态地运用这些知识，认真地听取、科学地分析判断诉辩意见，通过谨慎、适度的释明，使法官的审理判断体系与当事人的攻击防御体系实现对接，从而逻辑性、经济性地确定审理的思路、步骤，最后，他（她）依据法、经验法则来得出正确的判断。这需要一个较长的训练过程。他（她）注定是一名实践主义者。

经过这些年的历练，阿正法官沿着这条成长的路径已慢慢成熟起来。在思维模式上，由原先偏重于理科生的思维模式，转变为文理并蓄的一种思维模式；从原先喜欢抽象思维，厌恶杂乱无序，转变为更能关注具体的人与事，能接纳一定范围的杂乱，善于从杂乱中寻找有价值的线索来丰富判断的素材；由之前的爱套用既有模式去削足适履地处理案件，转变为时刻关注情境的变化，能灵活地调整裁判思路，顺应形势发展。在与当事人的关系处理上，由原先理性冷漠，不愿意将内心所思向外透露，转变为更加温暖开放，愿意将心证内容适度地与当事人进行交流。在实体法与程序法的运用上，由原先的侧重运用实体法律规定解决问题，转变为亦能高度重视程序法的世界，善于运用位序、协商等方法简化争议，更能以当事人对程序利益与实体利益的选择为重来处理纷争。对阿正法官来说，争点归纳已成为一种复杂性的思维模式，一种有温度的审判态度。阿正法官走出了自我的封闭，他能更加客观地追寻事物的逻辑。我们说，他成长了！

在全书的最后，我想交代一下自己的写作心路。我缺乏才气，对文字把握的水平一般，心性上又不够坚韧，因此，写作一事，对于我来说，是一件困难的事，我不得不以固定工作时间长度的笨办法来推进自己的写作，这无疑是一种煎熬。但苦中作乐，在碎片化的时代，能有一件事能长久地坚持，聚拢自己的能量，其中的快乐也只有自己能感知。为了这种快乐而付出努力，这是公平的。

我得感谢攻读法律硕士学位时的论文导师徐国栋教授，我的写作热情，是在徐老师那次悉心指导下被点燃的，这是本书能够写就的第一因。还有尊敬的齐树洁教授，肯定我以基层法官视角来观察民事审判工作，将我写作的论文推荐给他的研究生，给予我极大的鼓励。不能忘记《法律适用》编辑部吕芳老师、《人民司法》编辑部杨海燕老师的大力支持，在我第一次向国家级刊物投稿时，吕芳老师就为我的投稿撰写了【编者按】予以推荐，我的第一篇有关争点的文章，是海燕编辑认真审稿发表的，这都激发了我持续写作的热情。在本书的修改及再版过程中，《法律适用》编辑部杨小利编辑予以了悉心的指导，提出了非常宝贵的意见，曾在“无讼阅读”工作的范否主编、王莹编辑积极推介，我身边的同事们积极建言献策，正是他们的认可与接纳，才使本书得以顺利出版，在此，我表示衷心的感谢！最后要感谢的是我的妻子与我俩的父母，每日里埋头在读写之中，没有他们多年来的支持，本书是不可能完成的。

絮絮叨叨，本书写的很多都是自己从业多年来断断续续的思考内容，我并不企图将这些零乱的思绪太过勉强地理论化、规制化，这本小册子是简陋的，如本书第一版中所载明的，我所想做的，用本雅明比较美丽的话来说就是，“像小孩把刚采到的满手鲜花一整捧捧给你”，或许，这比较接近诉讼的实态吧。

黄　湧

2020 年 8 月

图书在版编目(CIP)数据

民事审判争点归纳：技术分析与综合运用 / 黄湧著. --2版. --北京：法律出版社，2021(2024.10重印)
ISBN 978-7-5197-4948-4

Ⅰ.①民… Ⅱ.①黄… Ⅲ.①民事诉讼-审判-研究-中国 Ⅳ.①D925.118.24

中国版本图书馆CIP数据核字(2020)第177010号

民事审判争点归纳:技术分析与综合运用
MINSHI SHENPAN ZHENGDIAN GUINA:
JISHU FENXI YU ZONGHE YUNYONG

黄 湧 著

责任编辑 李 群 陈昱希
装帧设计 汪奇峰

出版发行 法律出版社
编辑统筹 法规出版分社
责任校对 张红蕊
责任印制 耿润瑜
经　　销 新华书店

开本 A5
印张 11.875　**字数** 256千
版本 2021年1月第2版
印次 2024年10月第4次印刷
印刷 北京中科印刷有限公司

地址:北京市丰台区莲花池西里7号(100073)
网址:www.lawpress.com.cn
投稿邮箱:info@lawpress.com.cn
举报盗版邮箱:jbwq@lawpress.com.cn
销售电话:010-83938349
客服电话:010-83938350
咨询电话:010-63939796

书号:ISBN 978-7-5197-4948-4　　**定价**:68.00元
凡购买本社图书,如有印装错误,我社负责退换。电话:010-83938349